Stundenblätter
Plenzdorf
„Die neuen Leiden des jungen W.“

Otmar Leppla / Hartmut Fischer

Stundenblätter
Plenzdorf
„Die neuen Leiden des jungen W."

Sekundarstufe I

29 Seiten Beilage

Ernst Klett Verlag

Reihe: Stundenblätter Deutsch
Herausgeber dieses Heftes: Jürgen Wolff

Als Textausgabe wird die für Deutschland, West-Berlin, Österreich und die Schweiz lizensierte Taschenbuch-Ausgabe des Suhrkamp-Verlages, suhrkamp taschenbuch 300, in der 8. Auflage von 1976 zugrundegelegt. Alle Seitenangaben beziehen sich auf diese Ausgabe.

CIP-Kurztitelaufnahme der Deutschen Bibliothek

Leppla, Otmar:
Stundenblätter Plenzdorf „Die neuen Leiden des jungen W.“:
Sekundarstufe I / Otmar Leppla; Hartmut Fischer.
1. Aufl. – Stuttgart: Klett, 1985.
(Reihe: Stundenblätter Deutsch)
ISBN 3-12-927481-2

NE: Fischer, Hartmut:

ISBN 3-12-927481-2

1. Auflage 1985

Satz: G. Müller, Heilbronn, und Wilhelm Röck, Weinsberg
Druck: Wilhelm Röck, Weinsberg
Einbandgestaltung: Zembsch' Werkstatt, München

Inhalt

Vorbemerkungen

Ulrich Plenzdorfs Roman „Die neuen Leiden des jungen W." zählt mit einer Auflage von inzwischen über einer Million Taschenbuchexemplaren in der Bundesrepublik Deutschland zu den meist gelesenen Werken deutschsprachiger Gegenwartsliteratur. Dies läßt sich sicher darauf zurückführen, daß der auch in der DDR ungemein erfolgreiche Roman die Probleme Jugendlicher thematisiert und von nahezu allen Jugendlichen in Ost und West uneingeschränkte Zustimmung erfährt. Die hohe Auflagenzahl ist wohl auch ein Ergebnis der Hereinnahme des Romans in den Kanon der Schullektüre. Nach unseren Erfahrungen ist kein anderes Werk von den Schülern so bereitwillig als „Pflichtlektüre" akzeptiert worden. Mit diesem Roman hat der Lehrer die Chance, auf aktuelle Bedürfnisse der Schüler einzugehen, an ihre Erfahrungen anzuknüpfen und durch den stark schülerorientierten methodischen Aufbau des Unterrichtsmodells ihrer Leseerwartung auch gerecht zu werden. Auf diesem Weg kann den Schülern der Zugang zu literarischen Großformen eröffnet werden, indem bestehende Ressentiments gegen Literatur schlechthin reduziert werden.

Das Unterrichtsmodell versucht primär der jugendspezifischen Thematik des Werkes gerecht zu werden, ohne dabei den Bezug zum Briefroman Goethes und zum (kultur-) politischen Hintergrund der DDR der frühen siebziger Jahre zu vernachlässigen. Das Modell schließt bewußt auch die exemplarische Betrachtung der Verfilmung des Werkes ein.

Die Analyse unserer mehrjährigen unterrichtspraktischen Erprobungen hat ergeben, daß das Modell vorwiegend in den Abschlußklassen der Sekundarstufe I *aller* Schularten eingesetzt werden kann. Dies verlangt allerdings eine schülerspezifische Differenzierung des Anspruchsniveaus durch den Lehrer. Darüber hinaus eignet sich das Modell für den Einsatz in den Grundkursen Deutsch der 11. Klassen der gymnasialen Oberstufe. Besonders empfehlen wir die Verwendung in den Berufsbildenden Schulen aller Fachrichtungen, da das Werk die Problematik von Auszubildenden anspricht und gerade für diese Zielgruppe Identifikationsangebote bereithält.

Literaturwissenschaftliche und -didaktische Anmerkungen

Ulrich Plenzdorf erzählt in seinem Roman „Die neuen Leiden des jungen W." die Geschichte des 17jährigen Edgar Wibeau, der seine Mechanikerlehre abbricht, sein Elternhaus in der Provinz verläßt und sich in eine Gartenlaube in der Großstadt zurückzieht. Dort lebt er in den Tag hinein, verrichtet unregelmäßig Gelegenheitsarbeit in einer Malerkolonne am Bau und versucht, eine Liebesbeziehung zur Verlobten eines Germanistikstudenten zu knüpfen. Für die Arbeit in der Malerkolonne will er ein Farbspritzgerät erfinden. Im Rahmen dieser Arbeit stirbt er aufgrund eigener Unachtsamkeit durch einen Stromschlag.

Diese Geschichte Ulrich Plenzdorfs hätte wohl kaum Aufsehen bei Literaturwissenschaft und -kritik erregt, würde nicht einerseits dieser Edgar Wibeau in der Laube auf ein Exemplar von Goethes „Die Leiden des jungen Werther“ stoßen, aus diesem im Umgang mit seinen Zeitgenossen reichlich zitieren, ja würde nicht gar die Handlung deutliche Parallelen zum Goetheschen Briefroman aufweisen. Andererseits lebt Edgar Wibeau nicht irgendwo, sondern in der DDR. Edgar verläßt das provinzielle Mittenberg im Bezirk Frankfurt/Oder und zieht in die Laube nach Berlin – Hauptstadt der DDR. Schaut man sich eine Bibliographie der Sekundärliteratur zu diesem Werk an – eine hervorragende erstellte Manfred Behn-Liebherz für seinen Lexikonartikel über Ulrich Plenzdorf in dem von Heinz Ludwig Arnold herausgegebenen „Kritischen Lexikon zur deutschsprachigen Gegenwartsliteratur“ – so zeigt sich, daß den Wissenschaftlern und Rezensenten zuerst der Werther-Bezug augenfällig geworden ist. Ein „Roter Werther in Blue Jeans“ ist Edgar Wibeau für Rolf Michaelis in der „Frankfurter Allgemeinen Zeitung“ vom 7. 10. 1972, Heinz Piontek sieht ihn in der „Neuen Zürcher Zeitung“ vom 29. 5. 1973 „Im Zeichen ‚Werthers‘“, Peter Wapnewski nimmt Plenzdorfs Roman zum Anlaß, im „Merkur“ über „Zweihundert Jahre Werthers Leiden“ zu reflektieren, wo er vom „DDR-Werther Edgar Wibeau“ (Wapnewski, P., 1975, S. 544) spricht, und Ilse H. Reis untersucht „Ulrich Plenzdorfs Gegen-Entwurf zu Goethes ‚Werther‘“ (Bern/München 1977). Für Jürgen Scharfschwerdt ist Edgar Wibeaus Geschichte die eines „Werther in der DDR“ (in: Schiller-Jahrbuch, 1978, S. 235–276), und Gerhard Kluge stellt die Frage „Plenzdorfs neuer Werther – ein Schelm?“ (in: Amsterdamer Beiträge zur Neueren Germanistik. Heft 7/1978, S. 165–206). Schließlich wird von Hans-Robert Jauß in der Zeitschrift „Der Deutschunterricht“ 1978 anhand Plenzdorfs Roman die Frage „Klassik – wieder modern?“ untersucht, werden Parallelen zwischen Werther-Tracht und Jeans aufgearbeitet, Bezüge der Zitate zur gegenwärtigen Situation in der DDR angeführt (vgl. Jauß, H.-R., 1978, S. 46ff). Aus der Fülle dieser Arbeiten, die in erster Linie herauszufinden versuchten, inwiefern Plenzdorf die Werther-Problematik variiert bzw. aktualisiert hat, soll Franz Peter Waiblingers Untersuchung „Zitierte Kritik“ etwas näher betrachtet werden. Er möchte u. a. verdeutlichen, daß der tödliche Unfall Edgars „prinzipiell“ der Selbsttötung Werthers gleichzusetzen sei: „Wenn Edgar seinen Tod (Werthers Tod, die Verf.) auf diese Weise billigt, unterscheidet sich der tödliche Unfall nicht mehr prinzipiell vom Selbstmord, auch wenn es heißt: ‚Ich meine, ich hätte nie im Leben freiwillig den Löffel abgegeben.‘“ (Waiblinger, F. P., 1976, S. 76).

Die Untersuchungsweise, das Werk primär als Werther-Adaption zu verstehen, ist nicht auf die Bundesrepublik Deutschland begrenzt, sondern sie findet sich etwas reduzierter auch in der DDR. „Junger Werther in Blue Jeans“ lautet die Schlagzeile, mit der Rainer Kendl seinen Artikel im „Neuen Deutschland“ vom 8. 6. 1972 überschreibt, und unter der Rubrik „Der neue Werther“ wird in der Zeitschrift „Neue Deutsche Literatur“ (hrsg. vom Deutschen Schriftstellerverband der DDR) über das Werk diskutiert. Auch in der Zeitschrift „Sinn und Form“, wo Plenzdorfs Romanfassung erstmals veröffentlicht wurde, entsteht eine Kontroverse zwischen Heinz Plavius und Ernst Schuhmacher über die Bewertung des Werther-Bezugs. Plavius hält es für „eine horrible Simplifikation, wenn Ernst Schuhmacher das Verhältnis Edgars zu Werther ‚vor allem als amüsanten Einstieg in die Geschichte bzw. als amüsante Verfremdung‘ ansieht, . . .“ (Plavius, H., 1973, S. 452).

Deutlich aus dem Rahmen, sowohl bezüglich der Wertung als auch in der Betrachtungsweise, fällt Marcel Reich-Ranickis Beitrag „Der Fänger im DDR-Roggen“ in der „ZEIT“ vom 4. 5. 1973. Er spricht abfällig von einem „Werkchen“ (Reich-Ranicki, M., 1974, S. 131). „Plenzdorfs Rückgriff auf den *Werther* (Kursivdruck im Original) erweist sich als ein amüsanter Trick, als ein frappierender Gag.“ (a.a.O., S. 133). Reich-Ranicki behauptet, daß für Plenzdorf der „klassische Stoff“ letztlich doch nur ein „Aufhänger“ (ebda.) ist, und so geht er daran zu beweisen, wie stark der Autor auf Salingers „Catcher in the Rye“ – übrigens Edgar Wibeaus Lieblingslektüre – zurückgegriffen habe, wie sehr Edgar Züge des Holden Caulfield trage. Zwar kann dieser Ansatz, was den Vergleich der verwendeten Sprachmuster angeht, durchaus überzeugen, aber die Reduktion Edgar Wibeaus auf eine DDR-Kopie Holden Caulfields, als „Fänger im DDR-Roggen“, muß von uns wie von den meisten Fachwissenschaftlern als einseitig abgelehnt werden. Deutlich verändert, wenn auch vom gleichen Ansatz ausgehend, verläuft die Diskussion in der DDR-Zeitschrift „Sinn und Form“, die von Robert Weimanns richtungsweisendem Aufsatz „Goethe in der Figurenperspektive“ eingeleitet wurde. Robert Weimann definiert seinen Ausgangspunkt:

> „Das höchst widersprüchliche, konfliktreiche Verhältnis des Individuums Edgar Wibeau zu unserer gegenwärtigen Gesellschaft wird im Spiegel des ‚Werther‘, das heißt im Gleichnis eines poetisch gestalteten Verhältnisses zu einer vergangenen Gesellschaft, näher bestimmt, präzisiert, vielleicht sogar verändert.“ (Weimann, R., 1973, S. 224).

Vorrangig ist also für Weimann das Verhältnis Edgars zur gegenwärtigen Gesellschaft, d.i. die DDR-Gesellschaft um 1970, jedoch greift der Autor in der Darstellungsweise auf ein „Werk des humanistischen Erbes als Thema und Impuls“ (a.a.O., S. 223) zurück, um in die gegenwärtige gesellschaftliche Diskussion mit literarischen Mitteln einzugreifen. Die Beschäftigung mit den „Neuen Leiden“ darf also „nicht primär (und schon gar nicht ausschließlich) aus der Funktion des Werther-Bezugs“ (a.o.O., S. 224) verstanden werden. In seiner umfassenden Interpretation, in die er immer wieder Goethes Briefroman und auch Salingers „Catcher in the Rye“ einbezieht, gelangt Weimann zu dem abschließenden Urteil:

> „Edgar Wibeau ist vielleicht zu Zeiten ein proletarischer Holden Caulfield, aber er ist kein Werther in Jeans.“ (a.o.O., S. 234)

Für Ernst Schuhmacher ist die Betrachtungsweise Weimanns noch zu sehr in literaturgeschichtlichen Beziehungen verhaftet. Er bezweifelt, daß das Interesse an Plenzdorfs Arbeit von der Kunstfertigkeit abhänge, in der der Autor das literarisch-kulturelle Erbe in die Erlebniswelt eines jungen Menschen von heute eingearbeitet habe. (Vgl. Diskussion um Plenzdorf, 1973, S. 241). Er dagegen meint, „daß das Interesse an Plenzdorfs Arbeit in viel stärkerem Maße dadurch bedingt und bestimmt ist, daß sich hier ein junger Mensch von hier heute in der Sprache der heutigen jungen Generation artikuliert“. (ebda.)
Die Redaktion von „Sinn und Form“, an ihrer Spitze Wilhelm Girnus, hatte versucht, die „Diskussion um Plenzdorf“ durch Leitfragen zu strukturieren. In den ersten drei der sieben Leitfragen ging es um den Bezug zu Goethes „Werther“, aber darüber hinaus wurde in den folgenden drei Fragen auf Grundsätze gegenwärtiger DDR-Literatur abgehoben:

> „4. Hat die Kunst nur das Recht, ‚repräsentative‘ Gestalten der Jugend der DDR (im

Sinne mustergültiger Charaktere) darzustellen?

5. Wird durch die künstlerische Darstellung eines ‚verhaltensgestörten' Jugendlichen zwangsläufig das positive Ideal negiert oder vernichtet?
6. Muß in einem Kunstwerk die Darstellung des sozialpolitischen ‚Gegengewichts' unbedingt in Gestalt eines vorbildhaften Gegenhelden erfolgen?"

(Diskussion um Plenzdorf, 1973, S. 221)

Während sich die Literaturwissenschaftler eher am ersten Teil des Fragenkanons orientierten, nahmen die (jugendlichen) Rezipienten eher auf die Fragen vier bis sechs Bezug. Gerd Adloff sieht es u. a. mehr als Aufgabe der Literaturwissenschaftler und Germanisten an, den Zusammenhang zwischen Goethes Werther und Plenzdorfs Wibeau zu untersuchen, findet dies auch „sehr interessant und wichtig, für diese Handlung jedoch nicht tragend . . ."
(Stimmen. 1973, S. 867. So auch: Peter Gugisch. Diskussion um Plenzdorf, 1973, S. 251).

Um die Bewertung der Gestalt Edgar Wibeaus wird in „Sinn und Form" recht kontrovers diskutiert. Dabei läßt sich als Tendenz ausmachen, daß Jugendliche eher in Edgar Wibeau ein realistisches Abbild eines (großen) Teiles der DDR-Jugend wiedererkennen, wohingegen Angehörige des Kultur-Establishments – stellvertretend dafür sei Wilhelm Girnus angeführt – bemüht sind, Edgar Wibeau den Realitätsbezug abzusprechen oder einzuschränken. So darf seine Hymne auf Jeans nicht als bare Münze, sondern muß als Parodie verstanden werden (vgl. Girnus, W., 1973, S. 1280). Die Sprache Edgars ist als „Ironisierung der Gestalt des Wibeau" (ebda.) zu sehen, insgesamt ist Edgar Wibeau eine von Plenzdorf „mit stark karikierenden Strichen gezeichnete *Kunstgestalt* (Hervorhebung im Original)" (a.o.O., S. 1282).

Mit der Veröffentlichung der Diskussion um die „Neuen Leiden" in „Sinn und Form" 1973 verändert sich auch die Betrachtungsweise der bundesrepublikanischen Literaturkritik und -wissenschaft. Nicht mehr das Werk steht im Vordergrund, sondern seine Rezeption in der DDR wird primärer Untersuchungsgegenstand, wird zum kulturpolitischen Paradigma. Für Joachim Kaiser in der „Süddeutschen Zeitung" vom 24. 9. 1973 ist Werk, Autor oder Edgar Wibeau ein „Schwarzes Schaf mit gutem Kern"; Fritz J. Raddatz untersucht im „Merkur" Nr. 12/73, inwiefern Ulrich Plenzdorf eine „Flucht nach innen?" vollzieht; Dieter E. Zimmer beschäftigt in der „ZEIT" vom 20. 4. 1973 die Frage, ob es in der Kulturpolitik der DDR „Nicht mehr so dogmatisch" zugeht. Diese Betrachtungweise veranlaßt nun „Sinn und Form"-Chefredakteur Girnus zu einer massiven Retourkutsche gegen die Rezensenten in der Bundesrepublik Deutschland:

„Edgar Wibeau ‚ein tragischer Held', gefallen im Kampf gegen die sozialistische Gesellschaft? Kaputtgegangen an unserer Realität? Das bedauernswerte Opfer des Kollektivismus? Das ist die typische Interpretationslinie der Konterrevolution."
(Girnus, W., 1973, S. 1279. Vgl. auch S. 1277).

Und in der Tat hatte sich auch die Betrachtung teilweise zu sehr vom Werk gelöst, war in die deutschlandpolitische Dimension abgetrieben.

Zusammenfassend lassen sich bis hierhin drei verschiedene Ansätze ausmachen:

1. „Die neuen Leiden des jungen W." werden *primär* als Werther-Adaption verstanden. Diese Betrachtungweise findet sich vorwiegend bei Germanisten in der Bundesrepublik Deutschland, aber auch in der DDR.
2. Die „Neuen Leiden" werden als gesellschaftskritischer Roman über Verhält-

nisse der DDR verstanden. Vorrangiger Tenor der Diskussion in „Sinn und Form“ 1973.

3. Die „Neuen Leiden“ werden von westlichen Germanisten als kulturpolitisches Paradigma der DDR der frühen siebziger Jahre betrachtet.

Ulrich Plenzdorf hat den Rezensenten selbst folgendes auf den Weg gegeben: „Der Text ist bewußt auf Auslegbarkeit geschrieben.“ (Diskussion um Plenzdorf. 1973, S. 243). Und uns erscheint diese Auslegbarkeit mit diesen skizzierten drei Betrachtungsweisen noch lange nicht erschöpft. Wichtiger erscheint uns zusätzlich ein Ansatz, der die „Neuen Leiden“ in erster Linie als Jugendliteratur, d.h. als Literatur, die sich mit Problemen Jugendlicher intensiv auseinandersetzt und die auch von Jugendlichen bereitwillig rezipiert wird, betrachtet. Wolfgang David faßt dies zusammen: „Wibeau ist kein Charakter, nicht einmal ein psychologischer Typus, er figuriert als Demonstrationsobjekt jugendtypischer Verhaltens-, Denk-, meinetwegen Fühlweisen.“ (Diskussion um Plenzdorf II, 1973, S. 675).
Und dieser Aspekt wird für den Unterrichtspraktiker, der das Werk in der Schule mit Jugendlichen „verarbeitet“, bei aller Notwendigkeit der anderen dargestellten Sichtweisen, zur vorrangigen Betrachtungsweise.
Einer nicht repräsentativen Umfrage der FDJ-Zeitschrift „Forum“ (Heft 8, 1973) zufolge, würden mit dieser literarischen Figur von 284 Jugendlichen, die die Hallenser Inszenierung gesehen haben, 64% befreundet sein wollen. 62% hätten es lieber gesehen, wenn Edgar nicht tödlich verunglückt wäre. (vgl. H. Fischbeck, U. Plenzdorf: Die neuen Leiden des jungen W., in Diskussion Deutsch, Heft 18/1974, S. 344) Aus dieser Befragung zieht Dieter Wiedemann folgendes Fazit:
„Zusammenfassend kann festgestellt werden, daß trotz des starken Engagements der befragten Jugendlichen für Edgar seine Meinungen und Verhaltensweisen von einer – dem eigenen Erfahrungsbereich entsprechenden – kritischen Position her bewertet und auf ihre Brauchbarkeit für das eigene Verhalten und für die eigene Meinungsbildung hin überprüft worden sind. Hier wurde, mit den Mitteln der Kunst zu eindeutigen Entscheidungen im Sinne unserer Politik und Ethik herausgefordert.“ (Dieter Wiedemann, Würden Sie mit Edgar befreundet sein wollen?, in Forum, Heft 8, 1973, S. 15)
Helmut Fischbeck folgert aus dem Gesagten des DDR-Kritikers, daß man von anderen Rezeptionsbedingungen als in der DDR ausgehen müsse, wenn man dem Text und damit auch der zentralen Figur bei uns gerecht werden will. Diese sind für ihn begründet „in der spezifischen Weise, mit der bei uns etwa Schüler, Lehrlinge oder Studenten mit Konflikten konfrontiert werden, die ihnen aus ihrer jeweiligen Situation erwachsen.“ (H. Fischbeck, a.a.O., S. 344) Er fordert aus diesem Grunde, daß die Romananalyse auf jeden Fall von der Phase des Auffindens ähnlicher oder gar identischer Haltungen bei Jugendlichen in beiden deutschen Staaten weiterschreiten muß zur Beschreibung und Kommentierung derjenigen Vorgänge und Persönlichkeitsmerkmale, die sich *nur* aus der gesellschaftlichen Realität der DDR erklären lassen.
Dieser Forderung können wir aus mehreren Gründen nicht entsprechen.

1. Die unterrichtspraktische Erprobung unseres Modelles über mehrere Jahre an verschiedenen Realschulen des Landes hat zweifelsfrei ergeben, daß die Mehrzahl der Schüler den Roman liest und rezipiert, ohne überhaupt zu bemerken, daß die Handlung in der DDR spielt und ohne

zu registrieren, daß der Roman DDR-spezifische Probleme thematisiert. Die überwältigende Mehrzahl unserer Schüler erkennt in der Titelgestalt Edgar Wibeau eine zeittypische Figur, mit der sie sich ebenso stark identifiziert wie DDR-Jugendliche. Den jugendlichen Lesern gefällt dieser Edgar Wibeau, weil er weitgehend so denkt, redet, fühlt und handelt wie sie selbst, weil er ihre aktuellen Bedürfnisse repräsentiert, ihre ‚Befindlichkeit' widerspiegelt und nicht, weil er in der DDR lebt und dort seine Erfahrungen macht. Die Erfahrungen des Edgar Wibeau sind u. E. weitgehend identisch mit den Erfahrungen unserer Jugendlichen, die diese in ihrer konkreten gesellschaftlichen Wirklichkeit ebenfalls machen. Niemand wird heute noch ernsthaft bestreiten können, daß gerade in den letzten Jahren zwischen der nachwachsenden Generation und einer allzu oft selbstgefälligen Erwachsenenwelt in der Bundesrepublik Deutschland ein tiefer Riß entstanden ist. Viele Jugendliche, die ihre emotionalen und psychischen Grundbedürfnisse, ihre Gefühlswelt und hohe Sensibilität in den Mittelpunkt ihrer Überlegungen und Entscheidungen stellen, kollidieren mit diesen qualitativ neuen Ansprüchen schließlich auch mit der gesellschaftlichen Wirklichkeit in der Bundesrepublik, der sie sich ohnehin nicht mehr alle anpassen können oder wollen. Jeder, der die Probleme junger Menschen in der Bundesrepublik Deutschland ernst nimmt, wird zugeben müssen, daß die Jugend der achtziger Jahre in einer immer perfekter organisierten Gesellschaft lebt, die jeden von uns durch die Perfektionierung technokratischer Wirtschafts- und Verwaltungsabläufe immer stärker in den Griff nimmt. Auch in der Bundesrepublik wird Individualität zunehmend unterdrückt und angepaßtes Wohlverhalten erwartet und gefordert. Statt Spontaneität dominieren zunehmend Apathie, Depression und Aussteigermentalität. Eine repräsentative Umfrage des als seriös geltenden Instituts für Demoskopie in Allensbach aus dem Jahre 1979 bestätigt diese Aussage. Deswegen fällt es uns sehr schwer, in der Persönlichkeit der Titelfigur Edgar Wibeau Persönlichkeitsmerkmale zu finden, die sich *nur* aus der gesellschaftlichen Realität der DDR erklären lassen. Aus den genannten Gründen sind wir der Überzeugung, daß es in der folgenden Unterrichtseinheit zunächst unser Ziel sein muß, die literarische Figur eines autonomen Werkes der deutschen Literatur durch werkimmanente Analyse den Schülern transparent zu machen.

2. Die elementare Motivation für die jugendlichen Leser des Romans stellt nach unserer Meinung das Interesse am Menschen Edgar Wibeau dar und nicht so sehr das Interesse an den Sozialisationsbedingungen in der DDR. Indem die Schüler in den Stunden 5–8 ein „Psychogramm" der Titelfigur entwerfen, sich mit seinem Leben, seinen Vorstellungen und Wertmaßstäben identifizieren oder auch davon kritisch distanzieren, kann diese werkimmanent angelegte Charakterisierung einen wichtigen Beitrag zur Selbsterkenntnis und eigenen Standortbestimmung der Schüler in einer für sie entscheidenden Sozialisationsphase leisten. Der Schüler kann durch die prüfende und wertende Auseinandersetzung des ihm durch literarische Fiktion vermittelten Existenzentwurfes eventuell existierende Rollenbegrenzungen seiner eigenen Person überwinden und insgesamt mehr Rollenflexibilität gewinnen. Die ihm durch Literatur vermittelte Menschenkenntnis ist sicher ein wichtiger Beitrag des Deutschunterrichtes und fördert soziales Lernen.

Diese von uns gewählte didaktische Akzentuierung schließt keinesfalls aus, daß wir auf die Kenntnisse und Analyse des sozialpolitischen und soziokulturellen Kontextes, in dem Edgar Wibeau nun einmal steht und auf den er reagiert, verzichten würden. Auch er ist geprägt durch das gesellschaftliche Umfeld, in dem er lebt. Diese Kenntnisse werden später erarbeitet. Sie bilden die Voraussetzungen für die Erarbeitung der Autorintention und die Durchführung unserer Rezeptionsanalyse.

Aufbau und Struktur des Unterrichtsmodells

In Analogie zu unserer literaturdidaktischen Perspektive und Schwerpunktsetzung ist der methodische Gesamtaufbau des Modells gestaltet. Es lassen sich dabei fünf lernpsychologisch aufeinander aufbauende Sequenzen ausmachen:

1. Unangeleitetes häusliches Lesen des Romans
2. Analyse der werkimmanenten Romanstrukturen mit drei Schwerpunkten (Stunden 1–9)
   - Analyse der komplexen Aufbaustruktur
   - Analyse der Personalstruktur unter besonderer Berücksichtigung der Titelfigur
   - Analyse der Autorintention
3. Medienvergleich (Stunden 10–13)
4. Aspekte der Rezeption und Wirkungsfunktion (Stunden 14–16)
5. Bezug des Romans zur literarischen Vorlage (Stunden 17 u. 18)

Lediglich der Medienvergleich kann aus der hierarischen Anordnungsstruktur der einzelnen Sequenzen herausgenommen werden. Ansonsten stellt die jeweils vorausgehende Phase Kenntnisse und Fertigkeiten bereit, auf die in der folgenden – methodisch wie inhaltlich – aufgebaut wird. Die einzelnen Teilsequenzen nehmen nicht die gleichen Bearbeitungszeiträume in Anspruch, wodurch aber keine besondere Gewichtung ausgesprochen wird. Das Modell läßt jedem Lehrer die Freiheit, innerhalb der Teileinheiten eigene Schwerpunkte zu setzen.

Bei der methodischen Gestaltung des Unterrichtsmodells versuchten wir mehrere Verfahren zu verfolgen:

Die Schüler setzen sich zunächst einmal selbständig mit einer literarischen Großform auseinander, d. h. der Lehrereinfluß bleibt auf die Begrenzung der Lesezeit beschränkt. Das selbständige Lesen ist die unabdingbare Voraussetzung für die von uns vorgestellte Analysemethode.

In der ersten Phase leiten wir den Prozeß der Textanalyse ein. Hierbei werden beim überwiegend werkimmanenten Umgang mit dem Roman analytische Verfahren im Mittelpunkt stehen. Die methodischen Verfahren und Arbeitstechniken (Gliedern, Vergleichen, Zusammenfassen, Referieren, Zitieren usw.), die in dieser Phase zur Anwendung kommen, sind überwiegend kognitiver Art. Dennoch wollen wir auch in dieser Teilsequenz subjektives Betroffensein nicht „hinweganalysieren“. Bereits in der Einführungsstunde haben die Schüler die Gelegenheit, ihre Widersprüche zum Text, zu der Handlung, zu den Figuren und den Problemen zu artikulieren. Die Lernplanungen und Lernorganisationen der anderen Stunden erlauben es den Schülern immer wieder, ihre eigenen Probleme in den Roman zu projizieren und damit ihre Rezipientenrolle schrittweise auszubauen. Gerade die in unserem Modell durchgeführte Rezeptionsanalyse wird sehr stark die emotiona-

le Beteiligung der Schüler herausfordern, weil das Rezeptionsverhalten der potentiellen Adressaten in den Mittelpunkt der Analyse und Bewertung gerückt wird.
Insgesamt erstreben wir eine Synthese von rationalem und emotionalem Textzugang und -umgang. Die Beschränkung auf nur kognitive Kompetenzen des Lernens haben wir in den meisten Unterrichtsstunden vermieden.

Romananalyse

Diese die ersten neun Stunden umfassende Teilsequenz widmet sich in erster Linie der begrifflich analytischen Arbeit am Text. Im Anschluß an die häusliche Lektüre, für die der Lehrer etwa acht Tage Zeit einräumen sollte, wird den Schülern zunächst ein Überblick über die Gesamthandlung vermittelt, ehe sie anschließend die recht schwierige Aufbaustruktur des Romans kennenlernen und sich der besonderen Funktionen dieses Aufbaus bewußt werden.
Auf diesen ‚literaturwissenschaftlichen' Komplex folgt die Klärung der Personenkonstellationen, wobei wir den Schwerpunkt auf die Analyse des Rollenverhaltens und Rollenverständnisses der Hauptfigur legen. Den Abschluß dieser arbeitsintensivsten Phase bildet die Analyse der Autorintention, wobei zum erstenmal der rein werkimmanente Umgang mit dem Text durch die Hereinnahme eines Sekundärtextes durchbrochen wird. Diese Maßnahme wird der Klasse zu diesem Zeitpunkt sicher neue Impulse vermitteln und kann die Schüler selbst zum Auffinden und zur Auswertung weiterer Sekundärliteratur anregen.
Die sicherlich wichtigste Aufgabe dieser umfangreichsten Teilsequenz ist es, mit den Schülern Techniken der rationellen Texterschließung einzuüben und durch intensive Textarbeit Ergebnisse zu entwikkeln, die dann in den Nachfolgephasen zu einer kritischen Reflexion befähigen. Die Bereitschaft zu Textarbeit in Stillarbeitsphasen oder in häuslicher Arbeit soll verstärkt werden, in dem man diese arbeitsteilig differenziert und vermehrt Gruppenarbeit initiiert. Wesentliche Vorarbeit zu den Stunden 4–7 wird arbeitsteilig zu Hause geleistet. Gerade in dieser Phase kommt der Gruppenarbeit eine erhebliche Bedeutung für die Entwicklung eines notwendigen Arbeitsbewußtseins zu. Hier muß der Lehrer erst einmal in seiner Klasse die Voraussetzungen testen, damit Gruppenarbeit sinnvoll und effektiv wird. Erst wenn in den Klassen bestimmte Formen und Inhalte der Kooperation trainiert worden sind, ist Gruppenunterricht sinnvoll.

Medienvergleich

Im Mittelpunkt der Stunden 10–13 steht die vergleichende Analyse von Film und Romanvorlage. In erster Linie werden hierbei die besonderen literarischen Techniken des Romans und die analogen filmischen Mittel untersucht und verglichen werden. Selbstverständlich werden auch inhaltliche Fragestellungen bei dem Vergleich eine Rolle spielen: Bringt der Film neue Handlungselemente? Welche werden besonders hervorgehoben? Wie gelingt das dem Regisseur? Bleiben die verwendeten Dialoge und Monologe inhaltlich im Rahmen der Romanvorlage? usw.
Beide Werke werden also hinsichtlich ihrer unterschiedlichen Produktions- und Rezeptionsbedingungen, ihren Intentionen und medienspezifischen Strukturen zu analysieren sein.

Rezeptionsanalyse

Nachdem die Schüler bereits in der ersten Stunde ihre Erwartungen, Vorurteile, Einstellungen und Rezeptionsmuster, mit denen sie an den Roman herangingen, diskutieren und reflektieren konnten, sollen sie nun in der folgenden Phase (Stunden 14–16) durch die Verarbeitung von notwendigen zusätzlichen Informationen, die sie über den Roman und seine Entstehungs- und Wirkungsbedingungen einholen (s. Literaturliste auf S. 79ff.), diese überdenken, kontrollieren und gegebenenfalls auch korrigieren. Gerade in diesem schwierigen Stadium des Unterrichts muß den Schülern deutlich bleiben, daß auch durch die Information der angebotenen Zusatztexte eine streng eindimensionale Interpretation des Romans letztlich nicht möglich ist.

Ziel dieser Rezeptionsanalyse kann und darf es u. E. nicht sein, das gesamte Spektrum der kontroversen Rezensionen der gesamtdeutschen Polit- und Kulturszene über Ulrich Plenzdorf in den Mittelpunkt der Analyse zu rücken oder die Schüler in die komplexe und nicht immer ideologiefreie Wertungsproblematik einzuführen. Diese Aufgabe sollte den Leistungskursen der Sekundarstufe II vorbehalten bleiben.

Im Mittelpunkt unserer Rezeptionsanalyse steht einzig und allein das Rezeptionsverhalten der jugendlichen Leser in Ost und West und die Reflexion desselben. Dazu haben wir die entsprechenden Materialien bereitgestellt.

Bezug des Romans zur literarischen Vorlage

Wie schon im literaturwissenschaftlichen Teil dargelegt, kann die Werther-Analogie nicht den Kern unseres Unterrichtsmodelles darstellen, weil sich dadurch eine sehr verengende literarisierende und ästhetisierende Perspektive ergeben würde. Damit würde man einerseits den gesellschaftlichen Kontext des Romans vernachlässigen und andererseits die Interessen und Erwartungen der Schüler hinsichtlich des Analyseverfahrens enttäuschen.

Der Vergleich des Plenzdorf-Textes mit der literarischen Vorlage soll in unserem Modell zwei wichtige Aufgaben erfüllen: Einmal wird durch den Vergleich zusätzlich die Verstehensfähigkeit der Schüler für den Plenzdorf-Roman aktiviert und gefördert.

Auf der anderen Seite ist der Umgang mit der Tradition unter bestimmten Voraussetzungen immer produktiv. Jeder poetische Text der Vergangenheit kann zum Verständnis der eigenen gegenwärtigen Situation etwas hergeben. Soll diese Gegenwart nicht als bloßes Schicksal oder Zufall begriffen werden, sondern als geschichtlich geworden verstanden werden, müssen wir ihre Herkunft besser begreifen lernen. Diese Dimension wollen wir durch den Vergleich des Romans mit der Vorlage transparent machen.

Leistungskontrolle

Leistungskontrolle kann und darf sich bei dem Unterrichtsmodell nur auf den kognitiven Bereich beschränken. Die im Modell zahlreich vorhandenen affektiven Lernziele entziehen sich naturgemäß direkter Messung. Für alle kognitiven Lerninhalte und deren Überprüfung haben wir eine Leistungskontrolle in Form eines lernzielorientierten Tests angeboten. Dieser Test versteht sich als Vorschlag, der entsprechend der jeweiligen individuellen Realisation des Unterrichtsmodells gekürzt, ergänzt oder auch verändert werden kann. Als Alternative zu dieser Form der Leistungskontrolle bieten wir im Lernzielbereich „mündliche und schriftliche Kommunikation“ die Herstellung einer literarischen Charakteristik an. Hierzu liefern wir über die Erarbeitung eines Rasters bis hin zur modellhaft ausgestalteten Charakteristik („Zaremba“) die notwendigen Impulse.

Darstellung der Einzelstunden

1. Stunde: Einführung in den Roman

Thematik/Intentionen

Die erste Stunde dient der Einführung in die Romananalyse. Der häuslichen Lektüre folgt die Aufforderung, die ersten Leseeindrücke zu fixieren. Bei allen unseren Modellversuchen haben wir von den Schülern nahezu uneingeschränkte Zustimmung zu Plenzdorfs Roman erhalten. Unsere Erfahrungen decken sich weitgehend mit denen, die Kaiser/Pilz ebenfalls in einem Unterrichtsversuch nach der häuslichen Lektüre feststellten:
Betroffenheit durch die Problematik, Identifikationsmöglichkeiten, unmittelbares Angesprochensein durch die Sprache und der Reiz der ungewöhnlichen Darstellung. (Vgl. Kaiser/Pilz, S. 85) Als Negativa wurden die etwas verwirrende Aufbaustruktur ebenso genannt wie der dauernde Perspektivenwechsel und die Rolle des toten Ich-Erzählers, mit der sich einige Schüler nicht zurechtfanden. Die Funktion dieser ungewöhnlichen Erzählstruktur als Möglichkeit der objektiveren und differenzierteren Wirklichkeitsdarstellung kann und soll in der Einführungsstunde noch nicht angesprochen werden und wird von den Schülern in der ersten Stunde auch nur ansatzweise erkannt. Die wenigsten Schüler maßen der Tatsache, daß der Roman von einem DDR-Autor stammt und in der DDR spielt, besondere Bedeutung zu. Die meisten sind der Meinung, daß im Roman eine Thematik bzw. Problematik angesprochen wird, die allgemeine Bedeutung hat und die auf jedes gesellschaftliche System übertragbar sei.
In dieser Einführungsstunde werden einige grundlegende Fakten und Daten des Romans erarbeitet: Die Handlungsorte werden ebenso bestimmt und lokalisiert wie die Handlungszeit. Die Schüler sollen weiterhin Kriterien nennen, woran erkennbar ist, daß der Text von einem DDR-Autor stammt und teilweise auch spezifische DDR-Probleme anspricht. Als solches sollen die Schüler das „Jeans-Problem“ identifizieren.
Blue jeans sind in der DDR schon seit vielen Jahren ein begehrter Artikel, und zwar nicht nur, weil sie bequem zu tragen und praktisch sind. Der Autor Ulrich Plenzdorf läßt die Hauptfigur Edgar Wibeau über die Vorteile von Jeans sagen:

> „Ich meine natürlich echte Jeans. (. . .) Jeans sind die edelsten Hosen der Welt. Dafür verzichte ich doch auf die ganzen synthetischen Lappen aus der Jumo, die ewig tiffig aussehen. Ich meine, Jeans sind eine Einstellung und keine Hosen.“ (S. 26/27)

Daß das Tragen dieses westlichen Kleidungsstückes für Jugendliche in der DDR stille Opposition und Ausdruck ihres Protestes ist, hat sogar die DDR-Führung schon längst erkannt. So hat die DDR inzwischen versucht, den Jeans-Anforderungen in eigener Produktion zu entsprechen. Man entschloß sich, schwere Jeans-Stoffe selbst herzustellen, doch auch diese Maßnahme nutzte nichts. Die DDR-Jugend fand die ‚hausgemachten‘ Jeans unzureichend und forderte immer wieder die „echten“ aus dem Westen. So orderte die DDR schließlich massenhaft Jeans-Kleidung bei einer großen amerikanischen Firma. Diese echten US-Jeans, die DDR-

Jugendliche inzwischen für teures Geld erwerben können, sind noch immer „politische Hosen“, auch wenn die DDR-Führung es längst aufgegeben hat, Jeans ideologisch zu ächten. Die Zeiten sind auch in der DDR längst vorbei, in denen das Tragen von Jeans als Ausdruck antisozialistischen Verhaltens gewertet wurde. Dennoch wird die Übernahme westlicher Moden nach wie vor noch mit Skepsis beobachtet.

Lernziele

Die Schüler sollen
- spontan ihre Einstellungen und Meinungen zum Roman äußern
- Handlungsorte und Handlungszeit bestimmen können
- an der Problematik/Thematik „Echte Jeans“ erkennen und begründen, daß der Text von einem DDR-Autor stammt und in der DDR spielt
- DDR-spezifische Begriffe aus dem Text isolieren und ihre Bedeutung erklären können
- durch die Erstellung eines Lebenslaufes von Edgar Wibeau das Inhaltsverständnis beweisen

Unterrichtsverlauf

Phase 1:
Einstellungen und Meinungen der Schüler zum Roman

In der Einstiegsphase der Einführungsstunde geht es zunächst darum zu untersuchen, welche Motivationen und Einstellungen von den Schülern in den Unterricht eingebracht werden. Aus diesem Grunde werden die Schüler zu Beginn der Stunde aufgefordert, ihre Meinungen und Einstellungen zum Roman zu äußern. Die Schüler nennen Gründe, warum ihnen der Roman gefallen hat. Auch die Schwierigkeiten und Klippen beim Lesen und Verstehen sollen beim Namen genannt werden. Diese Spontanbewertungen sollten an den beiden Nebentafeln stichwortartig skizziert werden. Der spontanen Wiedergabe des ersten Leseeindruckes folgt die Entwicklung der Zielformulierung: „Bevor wir in den folgenden Stunden das sicher nicht leicht zu durchschauende Aufbauschema des Romans genau kennenlernen, wollen wir heute zunächst einmal überprüfen, *wo* und *wann* die Romanhandlung spielt und *was* sich überhaupt ereignet!“

Phase 2:
Bestimmen von Handlungsort und -zeit

In der Erarbeitungsphase werden zunächst die Handlungsorte bestimmt. Dazu sollte sich der Lehrer unbedingt eine Wandkarte der DDR besorgt haben. Daß dieser Roman von einem DDR-Autor geschrieben wurde und auch eine typische DDR-Problematik beinhaltet, sollen die Schüler am Beispiel der „Jeans-Problematik“ erkennen. Der Lehrerimpuls „Es handelt sich hierbei um die Aussage der Titelfigur über ein Kleidungsstück“ wird die Schüler problemlos auf diese Thematik aufmerksam machen. Ob die nachfolgende Frage des Lehrers: „Wieso handelt es sich hierbei um eine spezifische DDR-Problematik?“ von den Schülern selbst und zufriedenstellend beantwortet werden kann, hängt von ihrem Informationsstand ab. Unter Umständen muß der Lehrer die entsprechenden Details in einem kurzen Lehrervortrag einbringen. Keine besonderen Schwierigkeiten dürfte dagegen die Erklärung des Satzes von Edgar Wibeau: „Jeans sind eine Einstellung und keine Hosen“ bereiten. Die Schüler werden erkennen, was ein „echter Jeansträger“ ist und ihn genauer beschreiben. Auch die sich anschließende Identifizierung und Erläuterung anderer spezifischer DDR-Begriffe dient der Erweiterung und Vertiefung des Textverständnisses. Aus Zeitgründen muß in der Stunde auf eine umfassende Begriffserklärung verzichtet werden. Diese Aufgabe sollen die Schüler in einer Hausarbeit nachholen. Eine knappe Erklärung der Abkürzungen und Begriffe sollte allerdings schon in der Stunde geleistet werden. Mit dem Impuls „Nun wollen wir noch die Handlungszeit bestimmen!" leitet der Lehrer zum nächsten Lernschritt über. Die Schüler werden an den verwendeten Daten erkennen, daß keine genauen Jahreszahlen genannt werden und somit die Handlung in der nicht näher bestimmten Gegenwart spielt.

Phase 3:
Überprüfen des Handlungsverlaufs

Am Ende der Stunde soll das Inhaltsverständnis der Schüler überprüft werden. Hierzu empfehlen wir als Verständniskontrolle die Anfertigung des Lebenslaufes von Edgar Wibeau. Dieser sollte von den Schülern in tabellarischer Form in einer kurzen Stillarbeit erstellt werden. Die genaue Auswertung der Ergebnisse dient der Schließung eventuell vorhandener Verständnislücken.

2. + 3. Stunde: Erzählebenen und Handlungsstruktur

Thematik

Ulrich Plenzdorf hat für seine „Neuen Leiden" eine recht komplexe Erzähltechnik gewählt, die allerdings durch typographische Mittel dem Leser einfacher zugänglich gemacht wird. Grundlegend für Plenzdorfs Anlage ist die Retrospektive: Zum Beginn der Handlung ist Edgar Wibeau, die Titelfigur, schon tot. Dem Leser wird dies schon anhand der beiden ersten Seiten des Textes klar, die eine Notiz der „Berliner Zeitung" vom 26. Dezember sowie drei Todesanzeigen enthalten.

Der Leser erfährt aus der Zeitungsnotiz, daß der Jugendliche Edgar W. durch einen Stromunfall infolge unsachgemäßer Basteleien in einer Laube im Ost-Berliner Bezirk Lichtenberg starb. In Todesanzeigen vom 30. und 31. Dezember bekunden Berliner (Ost) und Frankfurter (Oder) Kollegen sowie die Mutter ihre Trauer. Plenzdorf läßt anschließend Edgars Vater Recherchen über das Leben seines Sohnes anstellen, indem er vier Bezugspersonen seines Sohnes in folgender Reihenfolge befragt: Edgars Mutter, seine geschiedene Frau (S. 9–16); Willi Lindner, Edgars besten Freund (S. 16–43); Charlie Schmidt, Edgars große Liebe (S. 43–86); Addi Berliner, Edgars Brigadeleiter in Berlin (S. 86ff.).

Diese Erzählebene, in der die Zwiegespräche in wörtlicher Rede angeführt werden, wird drucktechnisch durch ein Einrücken um fünf Anschläge abgesetzt. Doch schon nach eineinhalb Seiten wird dieser Dialog durch Edgar unterbrochen, der sich aus dem Jenseits für die Dialogpartner unhörbar einschaltet und direkt die Dialoge kommentiert. Eine weitere Erzählebene stellen 16 Zitate aus Goethes „Werther" dar, die teilweise im Rahmen der väterlichen Recherchen (S. 17–19) oder in den „Jenseits-Kommentaren" exakt zitiert werden. Diese Zitate kommentieren ebenfalls die jeweilige psychische Befindlichkeit Edgars bzw. Situationen, in denen er agiert (Näheres s. 7. Stunde).

Faßt man diese Erzähltechnik zusammen, so operiert Plenzdorf auf zwei Erzählebenen:

1. Die Recherchen des Vaters, von uns im folgenden „Dialog-Ebene“ genannt, bilden das Handlungsgerüst.
2. „Jenseits-Kommentare“ Edgars und Zitate aus Goethes „Werther“ kommentieren die Aussagen der Figuren in der „Dialog-Ebene“. Diese zweite Ebene nennen wir im folgenden „Kommentar-Ebene“.

Plenzdorf hat die beiden Ebenen kunstvoll verknüpft, indem Edgar aus dem Jenseits die Recherchen seines Vaters überwacht und sich mit seinen Kommentaren direkt einschaltet. Während dieser Zeit wird für den Leser der Verlauf auf der „Dialog-Ebene“ gestoppt. Mit zunehmender Seitenzahl gewinnen dann die Kommentare Edgars mehr an Umfang, erzählen seitenlang nahezu losgelöst von der „Dialog-Ebene“.

Im Mittelpunkt des Dialogs mit der Mutter (S. 9–16) steht der Konflikt Edgars im Betrieb, der zu seinem Weggang nach Berlin (Ost) führt. In den Gesprächen mit Willi (S. 16–43) ermittelt der Vater die Umstände, unter denen Edgars Aufbruch und seine Einnistung in der Laubenkolonie stattfanden. In den fast kargen Dialogen mit Charlie versucht der Vater, deren Rolle im Leben seines Sohnes zu ergründen, wobei gerade auf den Seiten 43–86 die Anteile der zweiten Erzählebene deutlich an Umfang und Informationsgehalt zunehmen. Schließlich beschreibt Addi (S. 86ff.) seinen vergeblichen Versuch als Brigadeleiter, das „arbeitsscheue Subjekt“ Edgar zu einem nützlichen Glied der sozialistischen Gesellschaft zu erziehen.

Edgars Kommentare lassen sich bezüglich der einzelnen Dialogpartner in ihrer Tendenz differenzieren. Edgar korrigiert nahezu alle Aussagen seiner Mutter. So weist er z. B. energisch darauf hin, daß er schon Erfahrungen mit Mädchen gemacht habe (S. 10) oder daß er dem Meister die Grundplatte nicht auf den Fuß geworfen, sondern sie schlicht fallen gelassen habe (S. 13). Zu den Aussagen Willis ergänzt Edgar in der Regel Details, so z. B. seine Philosophie über Jeans und Jeansträger (S. 26ff.). Charlies spärliche Aussagen werden manchmal in nahezu epischer Breite erläutert, gleich ob es sich um seine Empfindungen für sie oder um seine Affronts gegen ihren Partner Dieter handelt (S. 73ff.). Für Addi findet Edgar nur tadelnde Worte (vgl. S. 87 und 102), wohingegen sich gerade hier seine Kommentare stärker auf Zaremba und die Entwicklung des nebellosen Farbspritzgerätes beziehen. Gerade auf den Seiten 86ff. löst sich die „Kommentar-Ebene“ immer stärker von der „Dialog-Ebene“ ab und gewinnt eigenes erzählerisches Gewicht. Die Beschreibung der Kommentierung durch die Werther-Zitate wird an dieser Stelle ausgeklammert, es sei nochmals auf die 7. Stunde verwiesen.

Plenzdorf hat es mit Hilfe der beschriebenen Erzähltechnik erreicht, Ausschnitte aus dem Leben eines Jugendlichen aus verschiedenen Perspektiven darzustellen. Inwieweit man diese Erzähltechnik als Garant von Objektivität bewerten darf, hängt nicht nur davon ab, ob man den einzelnen Figuren bzw. deren Äußerungen Wahrhaftigkeit ab- oder zuspricht. Entscheidend erscheint uns an dieser Stelle vielmehr die Würdigung des Versuchs, mit erzähltechnischen Mitteln eine Lebensbeschreibung der inneren wie der äußeren Welt eines Jugendlichen zu gestalten und damit die Möglichkeiten der Fiktion zu nutzen. Doch scheint es, daß Plenzdorf gerade die klare Trennung der Erzählebenen mit zunehmender Seitenzahl nicht mehr durchhält, Edgar auf seitenlangen Passagen nicht mehr kommentiert, sondern als traditioneller Ich-Erzähler fungiert und somit auch zu sehr erzählerisch dominiert.

Intentionen

Die 2. und 3. Stunde schließen insofern an die Eingangsstunde an, da in der 1. Stunde u. a. auch die komplexe Erzählstruktur als ein Hindernis angeführt wurde, das den einfachen Zugang zum Text im Rahmen der häuslichen Lektüre erschwerte. In diesen beiden Stunden geht es darum, dem Schüler die Handlungsstruktur zu erschließen, um ihn zu einer Beschreibung und Bewertung der Erzähltechnik und der damit verbundenen Absicht des Autors zu befähigen. Um den Schüler einerseits nicht zu überfordern, andererseits um ein textnahes Arbeiten zu ermöglichen, muß die Analyse in zwei Unterrichtsstunden geleistet werden, wobei der Schwerpunkt der 2. Stunde auf der Retrospektive und der „Dialog-Ebene“ liegt, wohingegen in der 3. Stunde darauf aufbauend die Kommentare Edgars untersucht werden und eine Gesamtbetrachtung der Erzähltechnik vorgenommen wird.

Die Betrachtung der Erzähltechnik eines Romans liegt bei jeder Analyse einer Ganzschrift nahe, enthält aber gerade bei den „Neuen Leiden“ eine besondere Chance, da hier an einem motivationsstarken Text jugendlichen Lesern Grundmuster literarischen Erzählens sinnfällig vor Augen geführt werden können. Sehr oft können Schüler in Schullektüren nur Muster linearer Erzählabfolgen bzw. gerade noch an dramatischen Werken die Trennung zwischen Haupt- und Nebenhandlung kennenlernen. Plenzdorfs Roman bietet hier als Jugendliteratur die Chance des interessengeleiteten Zugangs zu Grundlagen der Erzähltheorie, schafft aufgrund seines jugendbezogenen Inhalts die Bereitschaft, eine komplexe Erzählstruktur zu akzeptieren und zu analysieren, die jugendliche Leser bei ähnlich komplexen Strukturen in Werken der sog. „Hohen Literatur“ nur mühsam aufbringen, weil sie deren Inhalte langweilen.

Zuerst gilt es, dem Schüler die Retrospektive als wesentliches Aufbauelement zu verdeutlichen. Diese gängige Erzählperspektive wird dem Schüler aus seiner bisherigen Leseerfahrung wie auch aus Spielfilmen bekannt sein. Wesentlich problematischer und anspruchsvoller ist dagegen die Unterscheidung der beiden großen Erzählebenen, die ineinander verschränkt sind. Der Schüler soll die Sprecher auf beiden Ebenen feststellen und somit einen grundlegenden Unterschied beider Ebenen erkennen. Um eine gedankliche Überforderung zu vermeiden, bleibt dic Analyse in der 2. Stunde auf die „Dialog-Ebene“ begrenzt. Im Rahmen einer Textarbeit soll die Sequentierung in vier Teilbereiche gemäß den Dialogpartnern des Vaters konkretisiert und inhaltlich faßbar für den Schüler vorgenommen werden; ein Verfahren, das nebenbei zu Beginn der Unterrichtsreihe die Textkenntnis fördert und Techniken der Inhaltswiedergabe wiederholt.

Wenn die „Dialog-Ebene“ vom Schüler erfaßt wurde, kann erst zur Betrachtung der „Kommentar-Ebene“ übergegangen werden, die ja in zwei Bereiche getrennt werden kann. Die Funktion der Werther-Zitate kann in diesem Stadium vom Schüler noch nicht sachgemäß erfaßt werden und würde damit den Rahmen der Stunde sprengen. Man muß an dieser Stelle sich mit der Feststellung begnügen, daß das Werk 16 Zitate aus Goethes „Werther“ enthält. Eine Betrachtung dieser Zitate und ihrer Funktion für das Werk Plenzdorfs füllt eine eigene Stunde. Wichtiger ist an dieser Stelle der Unterrichtsreihe die Untersuchung der „Jenseits-Kommentare“ Edgars, jener Eingriffe in die „Dialog-Ebene“, die gemäß dem jeweiligen Dialogpartner des Vaters so unterschiedlich ausfallen. Und hier muß wieder konkret am Text eine Qualifizierung der Ein-

griffe Edgars durch den Schüler geleistet werden. Auf der Basis dieser Untersuchungen kann dann vom Schüler der ständige Wechsel der Perspektive festgestellt, ggf. sogar nach Angaben zum jeweiligen Textumfang differenziert wiedergegeben werden. Auf dieser Erkenntnis aufbauend, sollen nun die Schüler diskutieren, ob und inwiefern diese Erzähltechnik den Grad der Objektivität in der Darstellung der Hauptperson Wibeau erhöht.
Bezogen auf den Verlauf der Unterrichtsreihe vermittelt die so erarbeitete Erzählstruktur dem Schüler das Gerüst, nach dem die nächste Teilsequenz, die sich der Analyse der Hauptfigur widmet, gegliedert ist.

Lernziele der 2. Stunde

Die Schüler sollen
- erkennen, daß der Roman mit der Bekanntgabe des tödlichen Unfalls von E. Wibeau einsetzt, d.h. die Retrospektive als wesentliches Aufbauelement des Romans erfassen
- erkennen, daß die Geschichte um Edgar Wibeau auf verschiedenen Erzählebenen entfaltet wird
- die Erzählebene I als „Dialog-Ebene" identifizieren und erläutern können
- die sich von dieser Ebene her ergebende Handlungsstruktur in groben Zügen aufzeigen können und die gesamte Handlung in vier Teilbereiche sequentieren

Lernziele der 3. Stunde

Die Schüler sollen
- die Erzählebene II als „Kommentar-Ebene" erkennen und feststellen, daß diese aus den „Jenseits-Kommentaren" Edgars und der Verwendung von 16 Zitaten aus Goethes „Werther" besteht
- einen Bezug der „Kommentar-Ebene" zur „Dialog-Ebene" herstellen und die Eingriffe Edgars in die „Dialog-Ebene" qualifizieren
- erkennen, daß durch den ständigen Wechsel der Perspektive, durch die Verwendung dieser unterschiedlichen Ebenen, durch das ständige Hin- und Herpendeln zwischen „Dialog- und Kommentar-Ebene" sich der Grad der Objektivität in der Darstellung erhöht

Unterrichtsverlauf der 2. Stunde

Phase 1:
Probleme bei der häuslichen Lektüre

In der Einstiegsphase wird an die letzte Stunde angeknüpft, wobei hier der Lehrer schon gezielt auf die Erzählstruktur hinlenken soll. Um den Schüler klar über das vorliegende Unterrichtsvorhaben zu informieren, gibt der Lehrer in der Zielangabe an, daß die Erzählstruktur Gegenstand der beiden nächsten Stunden sein wird, hebt aber dabei den Schwerpunkt der 2. Stunde deutlich hervor.

Phase 2:
Erarbeitung der wesentlichen Erzählstrukturen

In dieser Erarbeitungsphase gilt es, die wesentlichen Erzählstrukturen des Romans im Überblick zu erarbeiten. Da die Retrospektive als Ausgangssituation einerseits grundlegend für die Erzählanlage des Autors ist, andererseits aber auch für den Schüler recht leicht zu durchschauen ist, wird mit ihrer Erarbeitung eingesetzt. Der Lehrer kann dies durch einfache Fragen zum Erzählanfang („Womit beginnt der Roman?" etc.) erreichen. Der Begriff ‚Retrospektive', in der Regel den Schülern wohl kaum bekannt, wird eingeführt und erläutert. Anschließend sollen die Schüler in einer kurzen, als Einzelarbeit zu gestaltenden Stillarbeit die Todesanzeigen zwecks genauerer Information auswerten (Absender- und Zeitangaben). In der Auswertung setzt der Lehrer dann das Arbeitstransparent I (AT I, vgl. Stundenblatt) ein, wobei unbedingt der Teil rechts der Aufschrift ‚Retrospektive' abgedeckt werden muß, da hier schon die noch zu erarbeitende Grobstruktur der Aufteilung in zwei große Erzählebenen vorgegeben wird. Der Lehrer trägt vielmehr die Daten zur Ausgangssituation, die AT II (vgl. Stundenblatt) zu entnehmen sind, ein. Es empfiehlt sich hier, über das AT I eine Leerfolie zu legen und darauf einzutragen, wodurch das einmal hergestellte AT I für weitere Unterrichtsversuche unbeschriftet bleibt.

Nach dem Eintrag der Daten werden im Unterrichtsgespräch die Vorerfahrungen der Schüler mit der Retrospektive als Erzähltechnik einbezogen.

Wesentlich schwieriger gestaltet sich nun die Sequentierung der Handlung in die zwei großen Erzählebenen. U. E. ist dies am besten durch Impulse, die auf die Drucktechnik und die dadurch jeweils gekennzeichneten Sprecher bzw. Erzähler hinweisen, möglich. Z. B.: „Was ist euch beim Lesen bezüglich des Druckes aufgefallen? Wer spricht da jeweils?" Zur Sicherung der somit gewonnenen Grobstrukturierung und der späteren Ergebnisse bietet es sich an, dem Schüler ein Arbeitsblatt an die Hand zu geben.

Phase 3:
Untersuchung der Erzählebene I

Hierauf erfolgt eine Stillarbeit, in der die Schüler in Einzelarbeit den Inhalt des Dialogs Vater – Mutter untersuchen und zusammenfassen. Der Lehrer kann hier die Seitenangaben erfragen oder angeben. Die Auswertung erfolgt im Unterrichtsgespräch, danach wird der Eintrag in Folie und Arbeitsblatt vorgenommen. Diese Stillarbeit versteht sich vor allem als beispielhafte Übung für die nachfolgende Teilphase, in der die Dialoge des Vaters mit den drei anderen Bezugspersonen Edgars untersucht werden sollen. Hierzu empfehlen wir aus unterrichtsökonomischen Erwägungen ein arbeitsteiliges Vorgehen. Der Arbeitsauftrag zur Textarbeit soll gemäß den drei Dialogpartnern für die Lerngruppe differenziert werden, wodurch eine bedeutende Zeitersparnis unter Beibehaltung konkreter Textarbeit gewährleistet ist. Dabei bleibt es dem Lehrer überlassen, welche Sozialform er wählt. Hier kann nach der jeweiligen Struktur der Lerngruppe und allgemeinen pädagogischen Lernzielen des Unterrichtenden entschieden werden, ob Gruppenarbeit, Partnerarbeit oder Einzelarbeit angebracht ist. Der Lehrer sollte aber sorgfältig den Arbeitsauftrag stellen (Formulierungshilfen s. Stundenblatt) und bei der Einteilung der Untersuchungsgebiete die jeweiligen Seitenzahlen angeben. Die Auswertung erfolgt dann im Unterrichtsgespräch, wobei unsere Formulierungen für den Eintrag in Folie/Arbeitsblatt sich als Vorschlag verstehen und qualifizierten Schülerbeiträgen Vorrang zu gewähren ist.

Phase 4:
Charakterisierung der Erzählebene I als Dialog-Ebene

In dieser zusammenfassenden und Ergebnisse sichernden Phase soll zuerst der Begriff „Dialog-Ebene" für die Erzählebene I durch Impulse eingeführt werden. Nach der abschließenden Ergänzung des Schaubildes sollen Schüler zur Leistungskontrolle das erarbeitete Schema mit eigenen Worten darstellen.

Unterrichtsverlauf der 3. Stunde

Phase 1:
Anknüpfen an die vorhergehende Stunde

Da die 2. und 3. Stunde eng miteinander verzahnt sind, erscheint als Einstieg ein wiederholendes Anknüpfen an die vorhergehende Stunde angebracht. Anschließend gibt der Lehrer in der Zielangabe den Schwerpunkt der 3. Stunde, die Untersuchung der Erzählebene II und eine zusammenfassende Bewertung der Erzähltechnik, bekannt.

Phase 2:
Untersuchung von Erzählebene II
(= Kommentar-Ebene)

Im ersten Lernschritt dieser erarbeitenden Phase geht es darum, die Erzählebene II als „Kommentar-Ebene" zu charakterisieren. Dabei wird durch die Vorgabe im Arbeitsblatt (AB) die Zweiteilung der Erzählebene schon vorgegeben, die dann durch gezielte Lehrerfragen (Formulierungsvorschläge s. Stundenblatt) als „Jenseits-Kommentare" Edgars und als Zitate aus Goethes „Werther" näher bestimmt werden. Hier ist es ggf. auch nötig, anhand direkter Textbeispiele die Kommentierung durch Edgar zu verdeutlichen. Ein einfaches wie treffendes Textbeispiel stellen die kontroversen Aussagen der Mutter und Edgars zu seinen Erfahrungen mit Mädchen dar (vgl. S. 10), welches den Schülern einleuchtend und motivationsstark die Kommentierung durch Edgar verdeutlicht.
Hinsichtlich der Werther-Zitate kann der Lehrer auf die Seiten 17ff verweisen, wo sich ein Summarium der Zitate befindet, das Willi dem Vater vorspielt. Die Ergebnisse werden in AT/AB eingetragen. Den meisten Raum der Stunde nimmt die Differenzierung der „Jenseits-Kommentare" Edgars in bezug auf die jeweiligen Dialogpartner des Vaters ein. Auch hier empfehlen wir aus unterrichtsökonomischen Gründen, wie schon in der vorhergehenden Stunde praktiziert, eine arbeitsteilige Vorgehensweise. Dabei steht wiederum die Auswahl der Sozialform dem Lehrer frei. Seine Aufgabe besteht vor allem darin, die Arbeitsaufträge nach den vier Dialogpartnern des Vaters zu differenzieren, die Lerngruppe demgemäß aufzuteilen und bei der Erteilung der Arbeitsaufträge die im Stundenblatt ausgewiesenen Textstellen vorzugeben, evtl. an die Tafel zu schreiben. Eine weitere Vertiefung der Textkenntnis in diesem frühen Stadium der Unterrichtsreihe kann der Lehrer erreichen, wenn er die Schüler jeweils in anderen Textbereichen arbeiten läßt, als sie es in der Stillarbeit der letzten Stunde getan haben; z. B. bearbeitete Schüler A die Dialoge Vater-Willi, untersucht er heute Kommentare Edgars zu Äußerungen Charlies. Die Auswertung erfolgt im Unterrichtsgespräch, die Ergebnisse werden ins AT/AB eingetragen.
Mit Hilfe der Frage „Vergleicht anhand des Druckbildes Anteile und Umgang mit den Erzählebenen." läßt sich die Beschreibung der Erzähltechnik erarbeiten, die im AT/AB festgehalten wird.

Phase 3:
Funktion der Erzähltechnik

Hier sollen die Schüler nun in einem kurzen Unterrichtsgespräch Vermutungen anführen, warum der Autor eine solche Erzählweise gewählt haben könnte. Der Hinweis des Lehrers „Warum läßt der Autor verschiedene Informanten zu Wort kommen?" kann das Gespräch in Gang bringen, Vergleiche mit der Zeugenbefragung bei Gericht können den Versuch des Autors, möglichst objektiv ein Bild von Edgar Wibeau zu gestalten, verdeutlichen.

4. Stunde: Edgar Wibeau aus der Sicht seiner Umwelt

Thematik

Der Roman erzählt die Geschichte des 17jährigen Edgar Wibeau, eines vorbildlichen Lehrlings in einem volkseigenen Hydraulik-Werk. Der mustergültige Sohn, der seiner ehrgeizigen Mutter nie Ärger machen will, nimmt einen vergleichsweise harmlosen Streit mit seinem Meister und Ausbilder zum Anlaß, sich dem Anpassungsdruck und den Rollenerwartungen der Erwachsenenwelt, denen er sich zunehmend ausgesetzt fühlt, durch die Flucht nach Berlin zu entziehen. Er bricht seine Lehre ab und bezieht eine auf Abriß stehende Laube, gammelt, malt, hört und produziert Musik. Versuche, an der Kunsthochschule anzukommen, scheitern. Dennoch gewinnt Edgar in Berlin den persönlichen Freiraum, der es ihm ermöglicht, seine eigenen Lebensvorstellungen zu realisieren. In der Abgeschiedenheit der ‚Laubenidylle' kann er sich der Fremdbestimmtheit weitgehend entziehen und die allmähliche Enteignung seiner Gefühle, seines Denkens und seiner Sprache verhindern.

„Ich fing an zu begreifen, daß ich ab jetzt machen konnte, wozu ich Lust hatte, daß nobody mich zu was zwingen konnte." (S. 29)

Er lernt die Kindergärtnerin Charlie und deren Verlobten Dieter kennen. Die Bekanntschaft mit Charlie läßt ihn Parallelen zu Werthers Schicksal entdecken, mit dem er sich immer stärker identifiziert. Als Edgar das Leben in der Abgeschiedenheit zu langweilig wird und ihm das Geld ausgeht, will er durch die Aufnahme einer Arbeit in einer Malerbrigade ‚neue Kontakte' zur Gesellschaft knüpfen. Seine ausgeprägte Flexibilität und kreative Energie, mit der er seinen Vorgesetzten dauernd provoziert, schlagen sehr schnell in Enttäuschung und Resignation um, als er erkennt, daß der Brigadeleiter Addi in ihm in erster Linie den angepaßten Roboter sieht, der sich widerspruchslos in das kollektive System des Leistungssolls einzuordnen hat. Nachdem seine Eingliederung in die Arbeitswelt mißlingt, kann Edgar die neu gewonnene Freiheit zu kreativer Arbeit nutzen. Angestachelt durch die mißlungene Konstruktion eines nebellosen Farbspritzgerätes durch den Brigadeleiter, will Edgar sich als Individualist beweisen. Bei dem Versuch, das Gerät im ‚Alleingang' zu konstruieren, kommt er durch unvorsichtiges Hantieren mit Starkstrom ums Leben.

Nachdem bereits im Anschluß an die Einführungsstunde eine grobe Inhaltssicherung des Romans durch die Erstellung eines Lebenslaufes von Edgar Wibeau erfolgte und bei der Analyse der Erzählstruktur in den Stunden 2 und 3 wichtige Stationen im Leben Edgars rekonstruiert wurden, sollen in den Stunden 4–8 die aus der mehrperspektivischen Erzähltechnik ableitbaren Teilinformationen über Edgar mosaikartig zu einer umfassenden Charakterisierung der Titelgestalt zusammengetragen und kritisch bewertet werden. Zur Gewinnung eines solchen „Psychogrammes" der Titelfigur müssen wir beide Handlungs- bzw. Erzählebenen mit ihren Dialog- bzw. ihren Kommentarschichten heranziehen, um die vielschichtige Lebensbeschreibung der Hauptfigur auch vollständig zu erfassen.

In der 4. Stunde begeben wir uns zunächst auf die ‚Dialog-Ebene', die Gegenstand der Analyse ist. In Gesprächen mit den Bezugspersonen Egars versucht der Vater den Handlungsweisen seines Sohnes, von dem er seit dessen 5. Lebensjahr getrennt war, auf die Spur zu kommen. Auf dieser

‚Dialogschicht' kommen in der Retrospektive vier Personen zu Wort, die Edgar kannten (Mutter, Willi, Charlie, Addi) und die zu beschreiben versuchen, wer und wie Edgar „wirklich" war. Die einzige Romanfigur, die Edgar wirklich verstand (s. auch Kommentar-Ebene!), Zaremba, wird vom Vater nicht befragt.

Charakterisierung der Titelgestalt aus der Sicht seiner Umwelt
– aus der Sicht der Mutter:
Die Mutter sieht ihren Sohn als Musterknaben an, der ihr nie Ärger bereiten wollte. Aufgrund seines Fehlverhaltens im Betrieb (Auseinandersetzung mit Flemming) entpuppt sich Edgar für sie sehr schnell als „Rowdy" (S. 11). Sie wirft ihm in diesem Zusammenhang Feigheit und Inkonsequenz vor. „Edgar hat einfach die Konsequenzen gescheut." (S. 15) Aus ihrer Aussage „Edgar habe nichts mit Mädchen gehabt" (S. 10) wird deutlich, daß sie in ihrem Sohn noch ein ‚unreifes Kind' sieht, dem sie eine derartige Verhaltensweise nicht zutraut, welche ja auch im Widerspruch zu ihrer ‚vorbildlichen' Erziehung steht. Die Mutter charakterisiert ihren Sohn weiterhin als „jähzornig", da er sich „einmal vor Wut die Treppen runterschmiß", weil sie ihn nicht irgendwohin mitnehmen wollte. (S. 16)

– aus der Sicht des Freundes Willi:
Von Willi wird Edgar zweifelsfrei am positivsten dargestellt, indem er ihn aufgrund seiner Fähigkeiten (dachte sich Songs aus, spielte Instrumente, baute Rechenmaschinen aus Pappe, malte, war Chef in allen Fächern, ohne zu pauken) als „kreativ", sehr begabt, ja sogar als „Genie" kennzeichnet. Im Gegensatz zur Mutter spricht er von Konsequenz im Verfolgen einmal eingeschlagener Wege, da er an einer Sache dranbleibt. „Ed biß sich denn auch immer mehr fest." (S. 26) Willi sieht in Edgar stärker den ‚Erwachsenen', der sich keine kindischen Albernheiten mehr leistete. In der Sache mit den Miniröcken z. B. „hielt sich Ed raus". (S. 22) Willi erkennt, daß Edgar infolge seiner Eigenwilligkeit nur sehr schwer beeinflußbar ist und seine Entscheidungen alle ohne fremde Hilfe trifft. „Auf die Art kam man an Ed nicht ran." (S. 25)

– aus der Sicht Charlies:
Gleich zu Beginn ihrer Unterhaltung mit dem Vater bezeichnet Charlie Edgar als „Idioten". „Edgar war ein verbohrter, vernagelter Idiot. Ihm war nicht zu helfen." (S. 44) Charlie betrachtet Edgar als einen „arbeitsscheuen und faulen Spinner", der obendrein überhaupt nicht malen konnte. (S. 45) Sie ist die einzige Romanfigur, die auch etwas über das Äußere Edgars aussagt. Sie beschreibt ihn als „konfus" und „schlampig", als „ungekämmten, völlig vergammelten Kerl" (S. 46), vor dem sie ihre Kinder zunächst einmal ‚in Schutz nehmen' mußte. Nachdem sie sich für diesen „Kerl" engagierte, werden ihre Bewertungen etwas offener und anerkennender, ohne daß sie dem Vater gegenüber ihre wahre Einstellung zu erkennen gibt. Nach ihrer Einschätzung konnte Edgar „gut mit Kindern umgehen". (S. 48 und 64) Auf die Frage, ob sie Edgar gemocht habe, antwortet sie: „Wie gemocht? Edgar war noch nicht achtzehn, ich über zwanzig. Ich hatte Dieter. Das war alles." (S. 85) Für Charlie ist Edgar eine unberechenbare und undurchsichtige ‚Größe', ein Mensch, „aus dem man nur sehr schwer schlau werden konnte". (S. 57)

– aus der Sicht des Brigadeleiters Addi:
Der Brigadeleiter gibt dem Vater gegenüber zu erkennen, daß er Edgar von Anfang an falsch eingeschätzt und angefaßt habe. Als er Edgar auf dem Bau kennenlernte, sah er in ihm den „Angeber, den

Nichtskönner, der nur auf unsere Knochen Geld verdienen wollte". (S. 87) Er feuerte Edgar, weil er nicht in die Brigade ‚paßte'. Am Schluß der Unterredung kennzeichnet Addi Edgar als Genie, da er „einer ganz sensationellen Sache auf der Spur war". (S. 148) Dies veranlaßt ihn, auch sein Urteil über Edgar zu revidieren und ihn als „wertvollen Menschen" (S. 87) zu bezeichnen. Eine überzeugende Begründung für dieses hohe Lob kann Addi dem Vater jedoch nicht liefern.

Bei einer Charakterisierung geht es „um die sprachliche Kennzeichnung der gesamten Person bzw. des gesamten Wesens. Dabei wird die äußere Erscheinung ebenso berücksichtigt wie die charakterliche Eigenart, soweit sie durch bestimmte Verhaltensweisen, durch Reden der besprochenen Person und – entsprechend kritisch – durch Reden anderer über die Person verhältnismäßig objektiv ermittelt werden kann." (B. Sowinski, Deutsche Stilistik, Frankfurt 1972, S. 341) Die beiden Hauptgestaltungsmittel der Charakterisierung sind somit die Beschreibung durch andere Personen und die Selbstdarstellung. Die aufgelisteten Daten und Meinungen der vier Bezugspersonen Edgars reichen sicher nicht aus, um dem genannten Anspruch gerecht zu werden. Damit läßt sich weder Maßgebliches noch Endgültiges über ihn aussagen. Da Edgar auch bei Charlie sich anders gibt als er ist, vermag auch sie alles andere als ein objektives Bild von ihm zu geben. Diese Aussagen stellen lediglich einen ersten Ansatzpunkt zur schrittweisen Erfassung der komplexen Persönlichkeit der Hauptfigur dar.

Intentionen

In dieser Phase darf es u.E. nicht dazu kommen, daß durch eine ideologisch besetzte Rezeptionsanalyse die Titelfigur dafür herhalten muß, die ‚Schwachstellen' des sozialistischen Gesellschaftssystems der DDR aufzudecken. Kernziel dieser Lernphase muß es sein, den Schülern am Beispiel der Titelgestalt Edgar Wibeau exemplarisch aufzuzeigen, daß sich das Problem der Selbstverwirklichung eines Jugendlichen in jedem gesellschaftlichen System stellt und daß jedes System seine spezifischen ‚Lösungsmöglichkeiten' bereitstellt, die es zu diskutieren gilt. (Stunden 9 und 10)

Lernziele

Die Schüler sollen
- die verschiedenen Personen der Umwelt der Titelgestalt nennen und nach Lebenskreisen ordnen können
- in der Lage sein, anhand der von ihnen markierten Textstellen Aussagen über die Titelgestalt zu entnehmen, sie stichwortartig festzuhalten, um daraus Charaktereigenschaften abzuleiten und zu formulieren
- erkennen, daß die Beurteilungen Edgars durch die Personen seiner Umwelt in erster Linie von den Wert- und Normvorstellungen des Beurteilerkreises geprägt sind
- erkennen und begründen, warum aufgrund der in der „Dialog-Ebene" vorgefundenen ‚Fremddaten' über Edgar weder eine endgültige noch objektive Beurteilung der Titelgestalt möglich ist

Unterrichtsverlauf

Phase 1:
Die Titelfigur Edgar Wibeau

In der Einstiegsphase der sehr stark textorientiert angelegten Unterrichtsstunde

wird das Interesse der Schüler nach der Analyse der Erzählstruktur nun auf die Titelfigur gelenkt. Mit der provozierenden Frage „Wer war nun eigentlich dieser Edgar Wibeau?“ werden die Schüler aufgefordert, in einem kurzen Brainstorming ihre Meinungen, Einstellungen und Wertungen zu äußern. Der Lehrer sammelt die Spontanäußerungen und schreibt sie stichwortartig an die Nebentafel. Ein rascher Blick über die Stichwortliste wird die Divergenzen und Kontroversen in der Bewertung der Hauptfigur durch die Schüler erkennen lassen und zu dem Zwischenergebnis führen, daß die eingangs gestellte Frage weder vorschnell noch zufriedenstellend beantwortet werden kann. Aus dieser Erkenntnis leitet sich schließlich unmittelbar die Zielformulierung für diese und die nachfolgenden Stunden ab:
„Um Edgar Wibeau genau zu charakterisieren, müssen wir *alle* Aussagen über ihn auf *allen* Erzählebenen zusammentragen und diskutieren. In der heutigen Stunde wollen wir zunächst erfahren, was die Personen, die Edgar genauer gekannt haben, über ihn zu sagen haben.“

Phase 2:
Charakterisierung Edgars aus der Sicht der Umwelt

Nachdem die Schüler wissen, daß sie in dieser Stunde die Titelfigur aus der Perspektive ihrer Bezugspersonen kennenlernen sollen, nennen sie die vier Gesprächspartner von Edgars Vater und ordnen sie bestimmten Lebenskreisen zu. Dabei kann der Lehrer das Grundgerüst für den Tafelanschrieb erstellen (Plazierung der Namen). Schwerpunkt der folgenden Erarbeitungsphase ist die genaue ‚Durchsicht‘ der „Dialog-Ebene“ nach entsprechenden Informationen über Edgar. Für die Bearbeitung literarischer Großformen halten wir die arbeitsteilige Gruppenarbeit für die geeignetste und ökonomischste Arbeitsform. Aus diesem Grunde bildet der Lehrer etwa vier gleichstarke Arbeitsgruppen (Gruppe 1: Mutter, Gruppe 2: Willi, Gruppe 3: Charlie und Gruppe 4: Addi) und macht sie mit ihren inhaltlichen Aufgaben vertraut: „Jede Gruppe geht den entsprechenden Textabschnitt der „Dialog-Ebene“ (die genauen Seitenangaben können aus dem Tafelbild der 2. bzw. 3. Stunde noch einmal entnommen werden) gründlich durch und markiert die wichtigsten Aussagen der jeweiligen Bezugsperson über Edgar. Ein (vorher zu bestimmender) Gruppensprecher faßt die Ergebnisse schriftlich zusammen.“
Größere zeitliche Differenzen für die Aufarbeitungszeit der einzelnen Gruppen dürften sich trotz des unterschiedlich großen Textumfanges, der von den einzelnen Gruppen zu bewältigen ist, nicht ergeben, da sich z. B. der Dialog zwischen Vater und Addi auf wenige Seiten beschränkt, während die übrigen 60 Seiten dieses Sequenzteiles von Edgars Kommentaren gefüllt werden und somit für die Gruppenarbeit nicht von Interesse sind. Ist diese Form der Unterrichtsarbeit den Schülern noch nicht oder nur unzureichend bekannt und sind zeitliche Verzögerungen durch die technische Organisation der Gruppenarbeit zu befürchten, so kann der Lehrer jeder Gruppe die entsprechenden Seitenzahlen vorgeben. Dann ist wenigstens nicht zu befürchten, daß die Arbeitsintensität in dieser Stunde im wesentlichen im Blättern besteht.
Anschließend werden die Ergebnisse der arbeitsteiligen Gruppenarbeit nacheinander abgerufen und im Klassenverband kurz diskutiert. Anschließend werden die Kernaussagen der jeweiligen Bezugspersonen stichwortartig in die vorbereiteten Kästchen der Tafelanschrift eingetragen. Durch die Zusammenfassung im Tafelanschrieb werden die Ergebnisse der vier

Arbeitsgruppen nun allen Schülern transparent gemacht.

Phase 3:
Bewertung der Ergebnisse: Objektives Bild der Titelfigur?

Nach dem Sammeln, Sichten und ersten Bewerten der Informationen über Edgar Wibeau erfolgt nun die notwendige Problematisierung derselben. Die Schüler werden aufgefordert, sich die ‚Charaktermerkmale' genau anzuschauen und Schlußfolgerungen zu ziehen. Dabei werden sie ohne Mühe erkennen, daß die vier Personen zu unterschiedlichen, sich teilweise sogar widersprechenden Beobachtungen und Aussagen gelangt sind. Diskutiert werden sollte in dieser Phase, ob die jeweilige Person einen eher positiven oder stärker negativen Gesamteindruck von Edgar hat, was bei Addi und Charlie sicher nicht einfach zu entscheiden ist. Die Ergebnisse dieser Diskussion kann der Lehrer durch die Verwendung von (+) und (−) Zeichen zum Ausdruck bringen. (S. Tafelanschrieb)
Abschließend wird erarbeitet, daß die unterschiedlichen Bewertungen Edgars hauptsächlich von den Wertvorstellungen und Erwartungen der beurteilenden Personen selbst abhängen und daß anhand dieser „Fremddaten" über Edgar eine abschließende und endgültige Beurteilung seiner Person nicht möglich ist.

Phase 4: (Hausaufgabe)
Reaktionen Edgars auf der „Kommentar-Ebene"

Die in der Problematisierungsphase gewonnene Erkenntnis bietet den nahtlosen Ansatz zur thematischen Überleitung für die folgende Unterrichtsstunde: „Um Edgar objektiver beurteilen zu können, müssen wir die Titelfigur *selbst* zu Wort kommen lassen. Wir müssen also seine Kommentare genauestens analysieren."
Um diese umfangreiche und inhaltlich schwierigerere Aufgabe zu bewältigen, sollen die Schüler in einer vorbereitenden Hausaufgabe zunächst nur die direkten Reaktionen Edgars aufsuchen und analysieren. Diese Hausaufgabe wird wiederum als arbeitsteilige Gruppenarbeit durchgeführt. Um die Textkenntnis nach dem ersten Leseprozeß wieder etwas aufzufrischen bzw. zu vertiefen, werden die vier bereits gebildeten Arbeitsgruppen in ihrer Zusammensetzung belassen, nur das ‚Aufgabengebiet' wird gewechselt, d.h. daß nun jede Gruppe einen weiteren Sequenzteil des Romans noch einmal gründlich durcharbeiten muß. Die Gruppe 1 „Mutter" wird nun zur Gruppe „Willi" und bearbeitet die Reaktionen Edgars auf die Aussagen Willis, die Gruppe 2 „Willi" wird nun zur Gruppe „Charlie" usw.

5. Stunde: Edgars Reaktionen auf der „Kommentar-Ebene"

Thematik

In den Geschehensablauf auf der Dialog- oder Handlungsebene schaltet sich der „über den Jordan gegangene" Edgar ständig ein, in dem er die Aussagen der Recherchierungsebene (Dialoge zwischen Vater Wibeau und den vier Bezugspersonen) korrigiert, tadelt, ergänzt, dann aber auch detailliert weitererzählt, was und wie es sich seiner Meinung nach zugetragen hat. (vgl. Labroisse, Gerd, 1975, S. 160)
Bei allen Befragungen seines Vaters ist Edgar als kommentierende und analysierende „Hintergrundfigur" anwesend. Diese Kommentare Edgars aus dem Jenseits

stellen den umfangreichsten Teil des Romanes dar. Da die Analyse der gesamten „Kommentar-Ebene" in dieser Stunde sicher nicht geleistet werden kann, beschränken wir uns in dieser Stunde auf den strukturellen Aspekt der Korrektur der Meinungen. Die Dimension der weitergehenden Detailbeschreibung und die Analyse von Edgars monologischen Selbstreflexionen werden dann Gegenstand der 7. und 8. Stunde sein.
Die im Dialog mit dem Vater arrangierten Erinnerungen und Meinungen der Mutter, der Freunde und Arbeitskollegen werden von Edgar ständig unterbrochen, korrigiert und relativiert:

1. Korrekturen auf der Informationsebene Vater – Mutter:
Als zu Beginn der Handlung über Edgars Beziehung zu Charlie gesprochen wird, sagt die Mutter: „Solange ich ihn hier hatte, hatte er nichts mit Mädchen gehabt." (S. 10), worauf Edgar sie sofort unterbricht und richtigstellt: „Stop mal, stop. Das ist natürlich Humbug. Ich hatte ganz schön was mit Mädchen." (S. 10) Als die Gruppe dem Lehrlingsausbilder Flemming eines auszuwischen gedenkt, weil dieser die Lehrlinge im 3. Jahr noch immer Platten mit der Hand feilen läßt, wollte sich Edgar, obwohl in den Plan eingeweiht, „raushalten wie immer". (S. 12) Nachdem schließlich eine der Eisenplatten aus der Hand Edgars auf Flemmings Zeh fällt, korrigiert Edgar den Ablauf des Vorfalles und gibt neue Details. „Stimmt alles. Bis auf zwei Kleinigkeiten." (S. 13) Anschließend quittiert er die Lehre und kommentiert seine Entscheidung: „Besonders scharf war ich auf das Nachspiel nicht (. . .) Ich hatte was gegen Selbstkritik, ich meine gegen öffentliche. Das ist irgendwie entwürdigend." (S. 15) Edgar geht den Konsequenzen des Vorfalles aus dem Weg und bricht schließlich aus der ihm aufgezwungenen Konformität aus: „Edgar Wibeau hat die Lehre geschmissen und ist von zu Hause weg, weil er das schon lange vorhatte." (S. 16) Diese Aussage verdeutlicht das ausgeprägte Ich-Bewußtsein Edgars, das seine Unabhängigkeit und die absolute Freiheit seines Willensentschlusses wiederholt behauptet. (Vgl. Kluge, G., 1978, S. 178) Dieses Selbstbewußtsein Edgars findet seine Übersteigerung in dem Satz: „Mein größtes Vorbild ist E. Wibeau. Ich möchte so werden, wie er mal wird." (S. 15) Edgar hat es satt, selbst Vorbild zu sein für andere und sich nach dem Vorbild anderer zu richten. „Alle forzlang kommt doch einer und will hören, ob man ein Vorbild hat und welches, oder man muß in der Woche drei Aufsätze darüber schreiben." (S. 15)

2. Korrekturen auf der Informationsebene Vater – Willi:
Auf dieser Informationsebene polemisiert Edgar in erster Linie gegen die Erziehungsmethoden seiner Mutter. Sie versucht zu beweisen, daß man einen Jungen auch sehr gut ohne Vater erziehen kann. Das Resultat dieses Anspruches ist Edgars Erziehung zum Musterknaben. Selbstkritisch stellt er fest: „Rausgehalten habe ich mich einfach, weil ich Muttern keinen Ärger machen wollte (. . .) Ich war überhaupt daran gewöhnt, nie jemand Ärger zu machen." (S. 22)
„Erst als ihm der geforderte Ehrgeiz zu viel wird, und er merkt, daß er gar nicht mehr er selbst sein kann, bzw. sein gesellschaftliches Verhalten ihm selbst nicht entspricht, sondern nur als Erfüllung eines ihm auferlegten Rollendaseins gelten kann, wird in ihm der Wunsch wach, dieses angepaßte Rollenverhalten aufzugeben." (Kaschuge, H., 1981, S. 60) Edgar selbst nennt auch das Motiv seiner Flucht: „Damit sind wir beim Thema, weshalb ich zu Hause kündigte. Ich hatte einfach ge-

nug davon, als lebender Beweis dafür rumzulaufen, daß man einen Jungen auch *sehr gut* ohne Vater erziehen kann. Das sollte es doch sein." (S. 23)

Edgars Drang nach Selbständigkeit und Selbstbestätigung ist nur zu begreiflich, resultiert aus seinem Wesen, vor allem aber aus der Unfreiheit einer stets bevormundenden Erziehung. Diesen Drang nach Selbstverwirklichung glaubt er in der Abgeschiedenheit der Laubenkolonie am ehesten verwirklichen zu können. „Dann fing ich erst an zu begreifen, daß ich ab jetzt machen konnte, wozu ich Lust hatte. Daß mir keiner mehr reinreden konnte." (S. 29)

„In seiner Laube gerät er, egozentrisch und allein, voller Überschwang in einen Rausch von Unabhängigkeit, die er nur als Freiheit von Bindungen und Verpflichtungen verstehen kann, und in der Gefahr, völlig zu vergammeln." (Kluge, G., 1978, S. 179/180) Hier erprobt Edgar seine Malkünste und hält sich für ein verkanntes Genie.

3. Korrekturen auf der Informationsebene Vater – Charlie:

In den Augen Charlies ist Edgar in erster Linie ein ‚verbohrter, vernagelter Idiot', dem nicht zu helfen war. Diese Worte kommentiert Edgar in ironischer Weise: „Das stimmt. Ich war ein Idiot. Mann, war ich ein Idiot." (S. 44) Wiederholt bezeichnet sich Edgar als Idiot, Spinner und Angeber, der nicht arbeiten will, sondern gammelt. Wir sind wie G. Kluge der Auffassung, daß diese Selbstironie Edgars nicht als abwertendes Urteil über sein früheres Verhalten interpretiert werden darf, mit der zugleich eine Warnung vor der Wibeau-Nachfolge verbunden wäre. Diese von Ironie geprägte Selbstreflexion ist gerade umgekehrt der Versuch, Verständnis für sich zu gewinnen, oder wenigstens die Leser zum Nachdenken über Edgar und seine Verhaltensweisen zu zwingen. (Vgl. Kluge, G., 1978, S. 181/182)

Was seinen Umgang mit Kindern betrifft, so korrigiert er Charlie, die ihn als Kinderfreund bezeichnet: „Ich hatte nichts gegen Kinder, aber ich war nie ein großer Kinderfreund." (S. 69)

Edgar erkennt sehr schnell, daß die Tatenlosigkeit und Einsamkeit in die Sackgasse und in die gesellschaftliche Isolation führt. Charlies Vorwurf der Arbeitsscheue kann er überzeugend entkräften: „Aber es soll keiner denken, ich hatte vor, ewig auf meiner Kolchose zu hocken und das. Man denkt vielleicht erst, das geht. Aber jeder einigermaßen intelligente Mensch weiß, wie lange. Bis man blöd wird, Leute. Immer nur die eigene Visage sehen, das macht garantiert blöd auf die Dauer. Das popt dann einfach nicht mehr. Der Jux fehlt und das. Dazu braucht man Kumpels *und Arbeit.* Jedenfalls ich." (S. 66)

4. Korrekturen auf der Informationsebene Vater – Addi:

Auf Addis Feststellung: „Edgar war ein wertvoller Mensch (. . .) Wir haben Edgar leider von Anfang an falsch angefaßt, einwandfrei. Wir haben ihn unterschätzt, vor allem ich als Brigadeleiter." (S. 87) reagiert Edgar recht unmißverständlich und hart: „Addi, du enttäuschst mich, und ich dachte, du bist ein Steher. (. . .) Ich und ein wertvoller Mensch. Schiller und Goethe und die, das waren vielleicht wertvolle Menschen. Oder Zaremba." (S. 87) „Was in mir steckte, kann ich dir genau sagen: nichts. Und in Sachen NFG überhaupt nichts." (S. 96)

Der Wiedereinstieg in die gesellschaftliche ‚Aktivität' geschieht durch die Annahme der Arbeit bei der Malerbrigade auf dem Bau. Hier versucht sich Edgar schließlich Anerkennung und Bestätigung seiner selbst im Arbeitskollektiv zu erzwingen. Er hat zum erstenmal eine Ar-

beit gefunden, die ihn begeistert und anspornt: die Verbesserung und den Bau der Farbspritze *im Alleingang*. In dieser Arbeit ohne Zwang sieht Edgar endlich einen wirklichen Sinn, in der er etwas produzieren kann, was Darstellung seiner selbst ist. Edgar konstatiert erstaunt eine Veränderung seiner selbst, die mit diesem Arbeitsprozeß einhergeht. „Aber ich nahm mich zusammen und kam wieder runter und war ganz der bescheidene, vernünftige, gereifte Junge, der ich seit kurzem war. (. . .) Und alles das bloß, weil ich dachte, ich hab diese Spritze in der Hinterhand, ich Idiot.“ (S. 118/119)
Schließlich zieht er am Ende seines Kommentars eine Art Bilanz und gelangt zu einer abschließenden Selbstbeurteilung: „Das war vielleicht mein größter Fehler: ich war zeitlebens schlecht im Nehmen. Ich konnte einfach nichts einstecken, Leute. Ich Idiot wollte immer der Sieger sein.“ (S. 147)

Intentionen

In dieser Stunde werden die Schüler die korrigierenden Elemente des Kommentars Edgars an die Personen der ‚Nachwelt‘ analysieren und somit Edgars Verhalten und Charakter erstmals aus der Perspektive des Selbstkommentars kennenlernen. Dieser dient dazu, die Meinung der anderen über ihn zu relativieren und sich der Beurteilung nach fremden Maßstab zu entziehen. Die Schüler erhalten die Gelegenheit, ihre in der vorangegangenen Stunde gewonnenen Einstellungen und Meinungen über Edgar zu revidieren und verstärkt über ihn nachzudenken.

Lernziele

Die Schüler sollen
- erkennen, daß die Selbstcharakteristik Edgars auf der „Kommentar-Ebene“ stattfindet
- erkennen, daß sein Entschluß, aus dem vaterlosen Elternhaus auszureißen und die Lehre zu „schmeißen“, motiviert ist
- erkennen, daß beleidigter Stolz, angetastete Menschenwürde, die Verpflichtung auf das Vorbildhafte und die Unfreiheit seiner Erziehung seinen Rückzug in die Einsamkeit der Laube bedingen
- den häufig ironischen Charakter der Korrekturen Edgars erkennen können
- erkennen, daß Edgar durch die Erfindung der Farbspritze im Alleingang Anerkennung und Bestätigung im Kollektiv zu erzwingen sucht und sich wieder in die Gesellschaft integrieren will
- erkennen und begründen, daß aufgrund der Korrekturen der ‚Fremdbeurteilungen‘ in der „Kommentar-Ebene“ das erste ‚Bild‘ über Edgar revidiert und objektiviert werden muß

Unterrichtsverlauf

Phase 1:
Anknüpfung an die vorangegangene Stunde

Zunächst sollen die Schüler unter Zuhilfenahme des übernommenen Tafelbildes die Lernergebnisse der letzten Stunde wiederholen. Sie tragen die Meinungen der Bezugspersonen auf der „Dialog-Ebene“ über Edgar noch einmal zusammen, die ja eine vorläufige Charakterisierung der Titelgestalt erlauben. Durch den Impuls „Um Edgar genauer und vor allem objektiver charakterisieren zu können, müssen wir zunächst seine Reaktionen auf die

Meinungen der anderen über ihn kennenlernen." wird bereits das Ziel der Stunde anvisiert: Es geht um die Analyse der Reaktionen Edgars auf die Stellungnahmen der Personen aus der „Dialog-Ebene". Bereits gelernt haben die Schüler, daß wir diese Reaktionen Edgars auf der „Kommentar-Ebene" suchen müssen. In dieser Phase kann der Lehrer noch einmal das Wissen um die Romanstruktur reorganisieren.

Phase 2:
Edgars Reaktionen auf der „Kommentar-Ebene"

Zu Beginn der Erarbeitungsphase tragen zunächst die Mitglieder der vier Arbeitsgruppen ihre in häuslicher Arbeit gewonnenen Ergebnisse über Edgars Reaktionen vor. Dazu sollten sie auch die entsprechenden charakteristischen und signifikanten Textstellen nennen, um den anderen Gruppenmitgliedern Gelegenheit zu geben, zu den Ergebnissen selbst Stellung zu beziehen, eventuell Korrekturen anzubringen oder zusätzlich eigene Beobachtungen einfließen zu lassen. In dieser Phase sollen die Schüler wichtige Faktoren arbeitsteiliger Gruppenarbeit wie Sozialverhalten, Abgabe von kurzen Statements, ökonomische Arbeitsteilung und gemeinsame Konsensfindung kennenlernen. Analog der methodischen Strategie der 4. Unterrichtsstunde werden nun die ausdiskutierten Ergebnisse der vier Gruppen nacheinander in die vom Lehrer bereits vorstrukturierten Kästchen des Tafelbildes eingetragen.

Phase 3:
Charakterisierung Edgars nun möglich?

Nach dem vollständigen Übertrag der Ergebnisse in das Tafelbild können nun die Schüler durch den Arbeitsauftrag „Vergleicht die Ergebnisse der letzten Stunde mit denen der heutigen." zu der notwendigen Bewertung der Korrekturen Edgars motiviert werden.

Im nachfolgenden Unterrichtsgespräch werden sie erkennen, daß erst durch den Kontrast zur Denk- und Lebensweise der anderen – seiner Mutter, des Freundes, Charlies und des Arbeitskollegen Addi – sein Verhalten und sein Charakter eine weitere Aufhellung erfahren, was sicherlich zur Revision des ersten Meinungsbildes über Edgar führen wird und muß. Die Schüler erkennen in den Reaktionen Edgars ein wichtiges Element der objektivierenden Darstellung der Hauptfigur. Durch die Analyse der Kommentare wird sein Bemühen um ein anderes Leben, eine andere Lebensführung deutlich, ohne daß bereits nach dieser Stunde eine abschließende Beurteilung der Titelfigur möglich wäre. Die Schüler erkennen, daß zur weiteren Beurteilung Edgars weitere Informationen herangezogen werden müssen. In dieser Phase läßt der Lehrer die weiteren Lerninhalte der Unterrichtssequenz von den Schülern selbst bestimmen. Durch gezielte Fragen werden sie herausfinden, daß zur weiteren Vervollständigung der Charakteristik der Hauptfigur die Bedeutung der Werther-Zitate ebenso untersucht werden muß wie die weiteren detaillierten Selbstreflexionen auf der „Kommentar-Ebene".

6. Stunde: Edgars Verwendung der Werther-Zitate

Thematik

Bereits mit der Titelformulierung bezieht sich der Autor U. Plenzdorf auf Goethes „Die Leiden des jungen Werthers". Im

Text selbst zitiert die Hauptgestalt Edgar Wibeau Textstellen aus dem Goethe-Roman. Diesen findet Edgar als Reclam-Ausgabe auf der Laubentoilette und liest ihn in einem Zuge durch. Nach drei Stunden „hatte er es hinter sich“ und reagiert zunächst seinen Unmut ab: „Leute, das konnte wirklich kein Schwein lesen . . .“ (S. 36)

„Der Kerl in dem Buch, dieser Werther, wie er hieß, macht am Schluß Selbstmord. Gibt einfach den Löffel ab. Schießt sich ein Loch in seine olle Birne, weil er die Frau nicht kriegen kann, die er haben will, und tut sich ungeheuer leid dabei.“ (S. 36) Die ablehnende Kritik setzt dann am Inhalt an: „Das war nichts Reelles. Reiner Mist.“ (S. 37) und nimmt sich auch den Sprachstil vor: „Außerdem dieser Stil. Das wimmelte nur so von Herz und Seele und Glück und Tränen. Ich kann mir nicht vorstellen, daß welche so geredet haben sollen, auch nicht vor drei Jahrhunderten.“ (S. 37)

Der Einsatz der Werther-Zitate durch Edgar hat für den Leser zunächst einen komischen Effekt. „Aufschluß über die Zitatfunktion im Kommunikationsprozeß der Figuren geben der angesprochene Personenkreis und die Sprechsituationen.“ (Brinkler-Gabler, G., S. 87) Der erste Empfänger der Werther-Zitate ist Willi. Edgar spricht die Zitate aus dem „Werther“ auf Tonband und schickt diese Bänder an seinen Freund, der den Text für eine Chiffre hält und um einen Code zur Entschlüsselung bittet. Diese Zitate dienen in erster Linie der Veranschaulichung der Edgar-Charlie-Beziehung und sind in den gesamten Handlungsablauf integriert. Nach Willi sind die Adressaten der Werther-Zitate Charlie, Dieter, Addi und Zaremba. Die auf diesen Kommunikationspartner bezogenen Zitate stellen inhaltlich eine Reaktion Edgars auf Kritik an seiner Außenseiterrolle dar. Ihr Einsatz zielt in erster Linie auf Provokation und Verunsicherung, um seine Kontrahenten matt zu setzen. Edgar selbst spricht von seiner „schärfsten Waffe“ und von seiner „Werther-Pistole“, mit der er sich seine Gegner vom Leibe hält und auf jeden schießt, der ihn wieder in die Zwänge der Gesellschaft treiben will. (vgl. Waiblinger, F.-P., S. 81) Diese Form der Provokation schließt Kommunikation aus. Sie will bewußt keine Antwort. Der einzige Mensch, den Edgars Zitat „nicht aus dem Sattel warf“, war Zaremba, ein Arbeiter mit einfacher Sprache und häufigen Verlegenheitswörtern, hinter denen sich nach Edgars Ausführungen große semantische Werte verbergen.

Aus der zu Anfang nur belustigenden Verwendung der Zitate zur Verblüffung der anderen wird allmählich ein auf die konkrete Situation bezogenes Zitieren. Unmerklich wird Edgar sich der Analogien zu seiner Lage bewußt. Nach dem Spott, Unverständnis und der totalen Fremdheit zu Anfang gerät er immer stärker in das Fahrwasser Werthers und beginnt allmählich ihn zu verstehen: „Langsam gewöhnte ich mich an diesen Werther.“ Seine Überheblichkeit über diesen „unmöglichen“ Werther weicht schließlich der Auffassung: „Der Mann wußte Bescheid.“ Am Schluß gesteht Edgar: „Ich hätte nie im Leben gedacht, daß ich diesen ulkigen Werther mal so begreifen würde.“ (S. 124) „Ich war jedenfalls fast so weit, daß ich Old Werther verstand, wenn er nicht mehr weiter konnte.“ (S. 147)

Edgar bejaht am Ende den Werther, wenngleich es zu keiner bedingungslosen Identifikation mit ihm kommt, sondern Zustimmung mit Distanz und Respektlosigkeit verbunden bleibt. Im Dialog mit Werther wird sich Edgar zunehmend seiner selbst bewußt. Im Zitat kann er seine Gefühle verbalisieren, was er in seiner Sprache nicht ausdrücken kann.

Neben diesen Zitaten, die den Verlauf der Lebensbemühung Edgars in Liebe und Arbeit unmittelbar begleiten und kommentieren, gibt es eine Reihe von Zitaten, die offensichtlich diese Ebene durchbrechen, insofern ihr Inhalt innerhalb der Geschichte und Handlung scheinbar gar keine Bedeutung hat. (Vgl. Waiblinger, F.-J., S. 84) Diese relativ isoliert stehenden Zitate betreffen in erster Linie den Entfremdungsprozeß von der Gesellschaft, den Weg nach Innen, und spiegeln die fundamentale Kritik des Autors an der Gesellschaft, in der Edgar lebt.

1. „Es ist ein einförmiges Ding um das Menschengeschlecht. Die meisten verarbeiten den größten Teil der Zeit, um zu leben, und das bißchen, das ihnen von Freiheit übrigbleibt, ängstigt sie so, daß sie alle Mittel aufsuchen, um es loszuwerden." (S. 56 *und* S. 100)

Mit dieser Betrachtung ist zweifelsohne die Entfremdung im präzisen Verstande der marxistischen Lehre gemeint: Entfremdung als Resultat industrieller Arbeit. (Vgl. Wapnewski, P., S. 538) Auch Waiblinger stellt fest, daß dieses Zitat die Aufhebung der Entfremdung in der gegenwärtigen sozialistischen Gesellschaft leugnet. (Vgl. Waiblinger, F.-P., S. 86)

2. „Man kann zum Vorteile der Regeln viel sagen, ungefähr was man zum Wohle der bürgerlichen Gesellschaft sagen kann. Ein Mensch, der sich nach ihnen bildet, wird nie etwas Abgeschmacktes und Schlechtes hervorbringen, wie einer, der sich durch Gesetze und Wohlstand modeln läßt, nie ein unerträglicher Nachbar, nie ein merkwürdiger Bösewicht werden kann; dagegen wird aber auch alle Regel, man rede, was man wolle, das wahre Gefühl von Natur und den wahren Ausdruck derselben zerstören!" (S. 75/76)

Mit diesem Zitat protestiert Edgar gegen die Herrschaft der Regeln, „gegen jene Mediokrität, die sich durch Gesetz und Konvention abgesichert weiß." (Wapnewski, P., S. 538/539)

3. „Das alles Wilhelm macht mich stumm. Ich kehre in mich selbst zurück und finde eine Welt – Ende. Und daran seid ihr alle schuld, die ihr mich in das Joch geschwatzt und mir so viel von Aktivität vorgesungen habt – Aktivität – Ich habe meine Entlassung verlangt. Bringe das meiner Mutter in einem Säftchen bei." (S. 19)

Zweimal zitiert wird diese Rechtfertigung seines Weges nach innen. Auch Edgar fühlt sich wie Werther vergewaltigt im Joche seiner Tätigkeit, die ihm nicht entspricht und die ihm von außen „aufgeschwatzt" wurde.

Faßt man die genannten Bereiche zusammen, so stellt man fest, daß die neuen Leiden des jungen W. den alten spürbar entsprechen und daß sie erneut die Leiden des Einzelnen an seiner Umwelt, an seiner Gesellschaft, an seiner Zeit sind. „Deren Regeln und Gesetze, deren entfremdende Ordnungen und Arbeitsweisen, deren ‚Aktivität' fordernde Leistungsethik zwingen den seiner Natur und ihrer sensiblen Mitgift Verpflichteten zum Weg nach Innen. Dort – so meint er – findet er die eigentliche Welt." (Wapnewski, P., S. 539)

Intentionen

Wie schon in den didaktischen Vorüberlegungen erwähnt, ist es nicht unsere Absicht, die Edgar-Werther-Analogie lückenlos aufzuzeigen. Ziel der Stunde ist, die Funktion der Werther-Zitate im Blick auf die Situation und Entwicklung der Hauptfigur zu prüfen. Der Goethe-Bezug verweist sowohl auf das Innenleben Edgars als auch auf die gesellschaftlichen Verhältnisse, in denen er lebt. Beide Aspekte und Dimensionen sollten den Schülern deutlich gemacht werden. Dies setzt eine eingehende Analyse der inhaltlichen Struktur der Zitate voraus. Zum anderen gewinnen die Schüler auch Aufschluß über den Einsatz der Zitate in den jeweiligen Kommunikationssituationen und den damit verbundenen Intentionen. Sie werden dabei auch den Prozeß der allmählichen Identifikation mit dem klassischen Werther erkennen und wesentliche Stationen auf diesem Weg beschreiben. Nach der Erarbeitung der „Dialog-Ebene" und erster Reaktionen Edgars auf der „Kommentar-Ebene" werden die Schüler erkennen, daß das Wissen um den Einsatz und den Inhalt der Werther-Zitate einen weiteren bedeutsamen Schritt zur Individualisierung der Hauptfigur darstellt. Sie erfahren, daß die Zitate insgesamt sein Innenleben widerspiegeln und hauptsächlich im Prozeß der Selbstreflexion Edgars zu sehen sind. Die Zitate bezeichnen die Rückwendung des Individuums auf sich selbst. In diesen beiden Sätzen läßt sich das Hauptanliegen der Zitatmontage auch für den Schüler verständlich zusammenfassen.

Lernziele

Die Schüler sollen
- die Umstände beschreiben, unter denen Edgar den Werther-Text entdeckt
- Edgars anfängliche Bewertung des Textes erfassen und am Text belegen
- durch vergleichende Analyse der Zitate die unterschiedlichen inhaltlichen Strukturen und die unterschiedlichen Verwendungszwecke im jeweiligen Kommunikationsprozeß erkennen
- den Prozeß der allmählichen Identifikation mit Werther beschreiben und am Text belegen
- die Einstellung und Haltung Edgars zu Werther am Schluß beschreiben und diskutieren
- erkennen, daß die benutzten Zitate zur weiteren Individualisierung der Hauptfigur beitragen

Unterrichtsverlauf

Phase 1:
Anknüpfen an die Ergebnisse der letzten Stunden

In der Einstiegsphase knüpft der Lehrer an die Lernergebnisse der letzten Stunden an und läßt noch einmal die bislang erarbeiteten Charaktermerkmale Edgars wiederholen. Um in der Bewertung der Titelfigur einen Schritt weiterzukommen, ist es notwendig, die Funktion der von Edgar benutzten Werther-Zitate zu erschließen. Dieses Vorhaben wird in der folgenden Zielangabe verdeutlicht: „Um Edgars Handeln und Denken noch genauer zu erforschen, müssen wir in dieser Stunde auch die Rolle und Bedeutung der Werther-Zitate untersuchen."

Phase 2:
Analyse der Werther-Zitate

Zu Beginn der Erarbeitungsphase werden die Schüler durch die Frage: „Bevor wir genauer auf die einzelnen Zitate eingehen, wollen wir herausfinden, unter welchen Umständen Edgar den Goethe-Text entdeckt", aufgefordert, die entsprechenden Textstellen zu finden und die Umstände zu beschreiben, unter denen Edgar den Text entdeckt. Die Ergebnisse werden im Unterrichtsgespräch kurz diskutiert. In der nachfolgenden Lernphase werden die Schüler aufgefordert, Edgars anfängliche Bewertung des Romans zu beschreiben und ihre Aussagen ebenfalls am Text zu belegen. Die Schüler lesen die relevanten Textstellen vor, die Ergebnisse der Auswertung werden ins Tafelbild übertragen.

Erst nach dieser Vorklärung werden die Aufmerksamkeit und das Interesse der Schüler auf die inhaltliche und kommunikative Komponente der Zitate gelenkt. Um diese recht zeitintensive Analyse in der gebotenen Gründlichkeit durchführen zu können, ist es notwendig, diesen wichtigen Lernschritt intensiv vorzubereiten. Da es in einer Unterrichtsstunde sicher nicht möglich ist, alle Zitate in einem mühsamen und zeitraubenden Prozeß des ‚Suchens' und ‚Blätterns' aufzuspüren und für den Analyseprozeß bereitzustellen, müssen an dieser Stelle des Lernvorganges bereits organisatorische Vorkehrungen getroffen worden sein. Die Bereitstellung und Sicherung des erforderlichen Vorwissens kann auf zwei Wegen erreicht werden:

1. Die Schüler haben am Ende der 5. Stunde den Auftrag erhalten, sich zu Hause einen Überblick über alle von Edgar verwendeten Zitate zu verschaffen und sich bereits mit Fragen des Inhaltes und der Funktion dieser Zitate auseinanderzusetzen. Hierzu könnten die folgenden Arbeitsaufträge und -fragen gestellt werden:

- Markiere sämtliche von Edgar verwendeten Zitate aus dem Goethe-Text, bzw. notiere dir die Seitenzahl.
- Bestimme Empfänger und Kanal der Zitate.
- Wie schätzt Edgar seinen jeweiligen Kommunikationspartner ein?
- Wie bewertet Edgar das Werther-Zitat?
- Welche Wirkung ruft das Zitat hervor?

2. Der Unterrichtende stellt selbst noch einmal alle relevanten Zitate auf einem Arbeitsblatt übersichtlich zusammen und erspart somit den Schülern während der Stunde das ständige Suchen und Blättern.

Gleichgültig für welchen Weg sich der Lehrer entscheidet, in der folgenden Lernphase werden die Schüler durch eine vergleichende Analyse erkennen, daß sich die Zitate in zwei Gruppen einordnen lassen: Zitate, die die Handlung selbst betreffen und Zitate, die ziemlich isoliert stehen und mit Edgars Innenleben zu tun haben. Die vergleichende Analyse wird nach Arbeitsauftrag in Stillarbeit durchgeführt, die Ergebnisse werden im Klassenverband diskutiert und die Zitate entsprechend gekennzeichnet. Nach dieser Grobeinteilung der Zitate erhalten die Schüler den Auftrag, die jeweiligen Adressaten zu bestimmen und Edgars Intention zu beschreiben. Die Ergebnisse werden ins Tafelbild übertragen. Der Beschreibung der Wirkungen, die die Zitate bei den Adressaten hervorrufen, folgt die Analyse der Zitate der Gruppe 2: Zitate, die Edgars Innenleben spiegeln und die seine Kritik an der Gesellschaft in kodierter Form enthalten.

Nach dem Lesen der Zitate wird in einem offenen Unterrichtsgespräch über die Rolle und Bedeutung dieser Zitatgruppe gesprochen; wesentliche Ergebnisse werden fixiert.

Als letzter Lernschritt folgt in der Analysephase das Aufzeigen des Prozesses der allmählichen Identifikation Edgars mit Werther. Durch die Fragen „Wie bewertet Edgar zuletzt den Goethe-Text bzw. das Verhalten Werthers?" und „Kommt es zu einer totalen Identifikation mit dem Werther?" werden die Schüler motiviert, die abschließende Bewertung des Romans durch Edgar zu beschreiben und als Beweismittel die analogen Textstellen heranzuziehen.

Phase 3:
Funktion der Zitate

In der die Stunde abschließenden Reflexionsphase sollen die Schüler die vielfältigen Teillernergebnisse der Stunde in einen Gesamtzusammenhang stellen. Diese Zusammenfassung dient der abschließenden Bewertung der Funktion der Werther-Zitate für Edgar.

7./8. Stunde: Edgar Wibeaus Selbstverständnis („Wer war Edgar Wibeau wirklich?")

Thematik

Argumentierend und kritisch kommentierend begleitet Edgar die zurückgeblendeten Stationen seiner letzten Lebensmonate. Nach der Analyse der unmittelbaren Reaktionen auf die verschiedenen Redepartner des Vaters und der Beschreibung der Rolle der Werther-Zitate für die Entwicklung Edgars sollen in dieser Doppelstunde die posthumen Selbstkorrekturen und Selbstreflexionen Edgars in den Mittelpunkt gerückt werden. Hinzu kommen noch einige Aspekte der weitergehenden Detailbeschreibung und der Versuch einer abschließenden Gesamtwürdigung der Titelfigur. Edgar versucht seine Auffassung über Selbstkritik, Sich-Einreihen, Vorbildfunktion, Kommunismus, usw. zu begründen. Seit er über ‚den Jordan gegangen' ist, ist er selbstkritisch geworden. Mit Ehrlichkeit, Offenheit und einer guten Portion Selbstironie beleuchtet er die zu Lebzeiten gemachten Fehler. Viele seiner Handlungsweisen lehnt er in den posthumen Kommentaren als bloße Provokationen ab.

Edgars Kritik an der Umwelt erfolgt aus der Distanz der Jenseitsposition. Erst durch den Kontrast zur Lebens- und Denkweise der anderen – seiner Mutter, des Meisters, der Arbeitskollegen aber auch Dieters (s. 9. Stunde!) und in gewisser Weise Charlies – wird Edgars Verhalten und sein Bemühen um ein anderes Leben deutlich. Er wendet sich mit Entschiedenheit und Konsequenz gegen das Reglementierte, das Vorgeformte, gegen die Auffassung, daß etwas so und nicht anders zu sein habe, gegen das Festgefügte einer Ordnung, die gar nicht mehr in Frage gestellt, sondern nur todernst verteidigt wird. (vgl. Labroisse, G., S. 176)

Seine Kritik bezieht sich auf eine Gesellschaft, die keinen Sinn hat für emotionale Empfindungen und Stimmungen, die auch einmal den Wunsch des Menschen nach Alleinsein und Träumen toleriert.

Edgar zieht sich aus der Gesellschaft zurück, ohne ihre Ordnungen und Normen zu verletzen. Die Gesellschaftsordnung selbst bejaht er, obwohl sein Leben von der realen Ausprägung dieses Systems wenig berührt zu sein scheint: „Ich hatte auch nichts gegen den Kommunismus und das, die Abschaffung der Ausbeutung auf der ganzen Welt. Dagegen war ich nicht. Aber gegen alles andere (. . .) Den meisten von uns geht es so. Sie haben nichts gegen den Kommunismus. (. . .) Aber ansonsten sind sie dagegen." (S. 80) Ein Wille zur Veränderung der kritisierten Zustände läßt sich bei Edgar allerdings kaum erkennen. Er ist kaum bereit, mit Charlie, Addi und Dieter zu diskutieren, konstruktive Vorschläge zu unterbreiten, sondern flüchtet ins Zitat. Dennoch kann man Edgar nicht als Aussteiger oder Gammler bezeichnen, denn er versucht schließlich, sich selbst ‚einzubringen', was seine Arbeit in der Malerbrigade und seine Einstellung zur Arbeit generell verdeutlichen. Seine ausgeprägte Flexibilität und spontane und kreative Energie schlägt dann aber sehr schnell wieder um in Apathie und Flucht, wenn er spürt, daß er abgestoßen und ignoriert wird. Edgar ist nicht der willenlose und manipulierbare Roboter, der in dem System des Leistungssolles willfährig seinen ihm zugewiesenen Platz einnimmt. Er kehrt der Gesellschaft den Rücken, um zu sich selbst zu finden. Hinter seinem „Ausflippen“ steht in erster Linie die Suche nach Selbstverwirklichung. Dieses Motiv läßt sich auch sehr deutlich an der Wahl seiner Lieblingsbücher belegen.

Sich selbst bezeichnet Edgar als jemand, der schnell begreift und seine jeweilige Situation sicher einzuschätzen weiß. Er übt Selbstkritik und verwickelt sich dabei auch in Widersprüche. So will er z. B. die Spritze um jeden Preis fertig machen, „sie Addi auf den Tisch knallen und dann abdampfen nach Mittenberg und von mir aus die Lehre zu Ende machen.“ (S. 139) Wenig später stellt er dann aber fest: „Aber ich wär' doch nie nach Mittenberg zurückgegangen. Ich weiß nicht, ob das einer versteht.“ (S. 147) Einerseits ist er davon überzeugt, daß die Spritze eine echte Sensation wird, andererseits „war's normalerweise nicht vertretbar“. Einerseits glaubt er fest daran, die Spritze werde ihn berühmt machen, andererseits stellt er fest: „Ich hätte diesen Reinfall sowieso nicht überlebt.“ (S. 147) Obwohl Edgar weiß, daß sein Alleingang beim Bau der Spritze Pfuscharbeit ist, weil ihm die notwendige technische Ausstattung fehlt, probiert er die Maschine dennoch aus. Dieser Standpunkt und die Konsequenz im Handeln schließt auch das Risiko des Todes ein.
Offen bleibt schließlich die Frage, ob der Tod Edgar Wibeaus, der journalistisch trocken und nüchtern dargestellt wird, Selbstmord ist oder ein Unglücksfall. Edgars Unfall ist kein Zufall. Durch die tiefe Verzweiflung über das Mißlingen der Farbspritze ist Edgar dem Selbstmord sehr nahe gekommen. Dies zeigt der Kommentar zu seinem Tod: „Schätzungsweise war es am besten so. Ich hätte diesen Reinfall sowieso nicht überlebt. Ich war jedenfalls fast so weit, daß ich Old Werther verstand, wenn er nicht weiterkonnte.“ (S. 147) Obwohl Edgar an anderer Stelle relativiert: „Ich meine, ich hätte nie im Leben freiwillig den Löffel abgegeben“ (S. 147) unterscheidet sich der tödliche Unfall sicher nicht mehr prinzipiell vom Selbstmord. Es ist nahezu wahrscheinlich, daß Edgar gewußt hat, was er tat, als er den Knopf drückte. Aber letztlich entzieht sich Edgar auch bei der Beantwortung dieser Frage einer eindeutigen Antwort. Aus den zitierten letzten Äußerungen wird der durchmessene Weg einer Erfahrung sichtbar, die Edgar Wibeau umgekrempelt hat. (Vgl. Jauß, H.-R., S. 47) Edgar will zwar ehrlich sein, aber sein Innerstes gibt er nicht preis. „Wer alles sagt, ist vielleicht kein Mensch mehr.“ (S. 85/86)

Das Verhältnis Edgars zu Charlie wirft für viele sicher auch die Frage nach der Moral auf, denn schließlich hat Charlie ihren Mann betrogen. Sie ist eine Frau, die sicher alles in Ordnung haben möchte, die Liebe, die Wohnung usw., deren Leben in geplanten Bahnen verläuft, bis sie einem begegnet, der auf das Übermorgen pfeift, der sein Leben nach anderen Maßstäben einrichten will. Das findet sie zunächst interessant, neu und ist sicher im stillen fasziniert. Aber dann kommen doch wieder die anerzogenen Lebensmaßstäbe durch. Sie gehörte für kurze Zeit Edgar und kehrt wieder zurück.

Intentionen

In dieser Doppelstunde sollen die Schüler zum abschließenden Nachdenken über Edgar Wibeau motiviert werden. Sie haben in den vorausgegangenen Stunden durch die umfassende Analyse der Erzählstruktur Wibeaus Charakter und Verhalten aus den verschiedensten Perspektiven kennengelernt und ihr Wissen um die Hauptfigur und ihre Einstellung zur Titelgestalt mosaikartig erweitert und fortlaufend auch korrigiert und revidiert. Am Ende der 8. Stunde sollen die Schüler nun auf der Basis der erarbeiteten Ergebnisse eine abschließende Bewertung Edgars versuchen. Dies wird sicher nicht leicht sein, zumal Edgar nahezu überall eine eindeutige oder bestätigende Aussage über sich vermeidet. Weder in den Aussagen seiner Freunde noch in der Reflexion der Selbstkommentare gewinnt die Gestalt Klarheit und Eindeutigkeit. Häufig jongliert Edgar mit der Meinung über sich, verwickelt sich dabei auch in Widersprüche und provoziert somit das Nachdenken über sich. Nachdem schließlich keine Figur im Roman weiß, *wer Edgar eigentlich ist,* kann und darf es auch nicht das Ziel der Stunde sein, ein stimmiges und abgeschlossenes Charakterprofil von Edgar zu entwerfen und den Schülern zur Übernahme zu empfehlen. Diese Doppelstunde erfordert deswegen ein hohes Maß an pädagogischer und erzieherischer Toleranz und Offenheit, die divergierenden Einstellungen der Schüler Edgar gegenüber zu respektieren. Aus diesem Grunde ist es auch kaum möglich, die Inhaltskomponente der Lernziele klar zu erfassen. Die Bewertung Edgars, der sich selbst ja nicht zu erkennen gibt, richtet sich an vier provozierenden Fragen aus, die die Komplexität der Persönlichkeitsstruktur des Titelhelden verdeutlichen. „Wer war nun Edgar Wibeau wirklich?"

- Aussteiger oder Realist?
- Mensch voller Widersprüche?
- Sein Tod: Unfall oder Selbstmord?
- Sein Verhältnis zu Charlie: Liebe oder Flirt?

Wenn sich am Ende der Stunde kein einheitliches Bild von Edgar erstellen läßt, so werden doch alle Schüler letztlich erkennen und verstehen, daß Edgar seine subjektiven Bedürfnisse, seine Gefühle und hohe Sensibilität in das Zentrum all seiner Überlegungen und Entscheidungen stellt. Dieser hohe Anspruch kollidiert schließlich mit der gesellschaftlichen Wirklichkeit, in der er lebt und der er sich nicht willenlos anpassen kann. Viele Probleme, die die Schüler als die eigenen empfinden, sind in ihm vereinigt. Das erleichtert das Nachdenken über ihn.

Lernziele

Die Schüler sollen
- die Analyse der Selbstreflexion Edgars auf der „Kommentar-Ebene" als weitere Notwendigkeit zur Vervollständigung des Charakterbildes erkennen
- die Einstellung Edgars zur Gesellschaft beschreiben und analysieren
- die Widersprüche im Verhalten und Denken Edgars erkennen und am Text belegen
- diskutieren, ob sein Tod ein Unfall oder Selbstmord war
- das Verhältnis zu Charlie analysieren und beschreiben
- trotz aller Widersprüche und Unklarheiten das Grundmotiv seines Handelns und Denkens erfassen
- begründen, warum eine endgültige Antwort auf die Frage „Wer war nun Edgar Wibeau wirklich?" nicht zu geben ist

Unterrichtsverlauf

Phase 1:
Anknüpfen an die Ergebnisse der letzten Stunden (Die Figur Edgar Wibeau)

In der Einstiegsphase knüpft der Lehrer an die Lernergebnisse der letzten Unterrichtsstunden an und läßt noch einmal die drei Perspektiven wiederholen, aus denen die Hauptfigur Edgar Wibeau bisher betrachtet wurde. Die drei bekannten Informationsebenen werden nun optisch strukturiert. Für jede Ebene wird ein Kreis gewählt, an die Tafel gezeichnet und entsprechend beschriftet. Der mittlere Kreis wird halbiert und in die obere Hälfte „Edgars Reaktionen" eingetragen. Hierbei erkennen die Schüler die Notwendigkeit, diese dritte Informationsebene zu vervollständigen, d.h. die Selbstreflexionen Edgars in die Gesamtanalyse miteinzubeziehen. Anschließend werden die Schüler aufgefordert, den letzten noch fehlenden Baustein der Romanstruktur zu benennen, der uns helfen kann, die Charakterisierung der Titelfigur zu vervollständigen: Edgars Selbstreflexionen. Schließlich kann dann der Begriff Selbstreflexion oder aber auch Selbstdarstellung in den unteren Teil des Mittelkreises eingetragen werden. Beide strukturellen Elemente fassen wir unter dem übergeordneten Begriff „Jenseitskommentare" zusammen; im Tafelbild wird das durch die Verwendung des umfassenden Rechteckes visualisiert.

Phase 2:
Edgars Selbstverständnis

Nachdem die Schüler das Ziel der Stunde kennen, erklärt der Lehrer den Schülern die Lehrmethode und die Unterrichtsformen, die zur Erreichung der geplanten Ziele eingesetzt werden. Da alle Schüler in dieser Doppelstunde den umfangreichsten Teil des Werkes unmöglich noch einmal vollständig durcharbeiten können, gibt der Lehrer der gesamten Lerngruppe vier festgelegte Fragen vor, die in vier etwa gleichgroßen Arbeitsgruppen bearbeitet werden sollen. Diese vier Fragen werden ins Tafelbild übertragen. Jede der vier Gruppen erhält nun den Auftrag, sich mit der ihr zugewiesenen Fragestellung, die die „Kommentar-Ebene" betrifft, auseinanderzusetzen und die Ergebnisse der textintensiven Analyse stichpunktartig zu formulieren. Auf die Wahl eines Gruppensprechers sollte hierbei verzichtet werden, so daß jedes Gruppenmitglied in der Lage sein sollte, mündlich zu referieren und sich nicht hinter dem Gesprächsbeitrag eines beauftragten Sprechers zu verstecken. Für die Durchführung dieser Gruppenarbeit sollte der Unterrichtende schon eine angemessene Zeit (ca. 25–30 Minuten) zur Verfügung stellen, da ohne intensive Textarbeit keine verwertbaren Ergebnisse zu erwarten sind.

Die Gruppen tragen nun ihre Arbeitsergebnisse vor, nachdem diese bereits in der Gruppenbesprechung überdacht, differenziert und eventuell auch korrigiert wurden. Jedem Vortrag der Gruppenergebnisse folgt die Diskussion der Standpunkte und Bewertungen im Klassenverband. In dieser „Aussprachephase" sollen die Schüler ihre durchaus divergierenden Standpunkte mitteilen, ihre Gründe für die Beantwortung der Frage in ihrem Sinn darlegen und die Triftigkeit der Begründung anderer Standpunkte auch in Frage stellen. Vorhandene Gegensätze in der Beantwortung der Fragen *sollten* erkennbar gemacht werden, eine Kompromißformel sollte in dieser Phase des offenen Lernprozesses nicht gesucht werden. Die Diskussion dient mehr der individuellen Meinungsbildung der Schüler über die Hauptfigur als der gemeinsamen Verständigung und Konsensbildung. Der Zwang, zu einem Ergebnis zu kommen, das alle Schüler akzeptieren und übernehmen könnten, entfällt in diesem Teil der Stunde.

Phase 3:
Edgars Grundanliegen: Selbstverwirklichung

Während der Lehrer bei der Auswertung der Gruppenarbeitsergebnisse darauf verzichtet, eindeutige Ergebnisse zu erzielen, sondern lediglich die Diskussionsleitung übernahm, sollte er am Ende der Stunde versuchen, das Kernanliegen Edgars beschreiben zu lassen. Ohne daß es auch hierbei zu einer Abstimmungsentscheidung über Edgar kommen muß, läßt sich das Motiv von Edgars Handeln und Denken schon konkreter erfassen und beschreiben. Die Ergebnisse sollten dann als denkbare Antworten auf die vier Fragen ins Tafelbild übertragen werden.

9. Stunde: Selbstverwirklichung eines Jugendlichen in der Gesellschaft (Frage nach der Autorintention)

Thematik

Stellt man die Frage nach der Autorintention Plenzdorfs, so zeigt sich auf den ersten Blick, daß sich in der DDR und in der Bundesrepublik Deutschland unterschiedliche Meinungen herausgebildet haben (vgl. Literaturwissenschaftliche Anmerkungen). Von allen Äußerungen erscheint uns die des Regisseurs der Halleschen Uraufführung der Bühnenfassung, Horst Schönemann, in „Sinn und Form" als die nützlichste: „Edgar Wibeau schlägt sich mit der Frage seiner Erziehung herum, mit der Bevormundung, mit der Frage der Selbstverwirklichung . . ." (Diskussion um Plenzdorf I, 1973, S. 245). Hier liegt u. E. der sinnvollste Ansatz, die Autorabsicht aus diesem bewußt auf Auslegbarkeit geschriebenem Werk (vgl. Plenzdorf, a.a.O., S. 243) zu erschließen. Bundesdeutsche Literaturwissenschaftler neigen dazu, Edgar als „Außenseiter in einer Gesellschaft, die die Selbstentfaltung des Individuums einengt oder sogar entschieden bedroht" (Mannack, E., 1977, S. 93) zu betrachten und ihn sehr oft gerade so mit Werther zu vergleichen. Edgars Handlungen werden hier sehr oft als „Aussteige-Versuch (sic!) aus der sozialistischen Gesellschaft" (so Fritz J. Raddatz, zit. nach Mannack, E., 1973, S. 96) bewertet. Dagegen bedeutet Selbstverwirklichung für die DDR-Kritiker Plenzdorfs stets Selbstverwirklichung innerhalb der sozialistischen Gesellschaft. Allerdings hat hier die Diskussion in „Sinn und Form" 1973 kontroverse Standpunkte hervorgebracht. Am extremsten ist wohl F. K. Kauls Position zu nennen, der Edgar schlicht als „verhaltensgestört" kennzeichnet (vgl. Diskussion um Plenzdorf I, 1973, S. 219). Für Robert Weimann ist dies „die Geschichte eines Ausreißers, aber doch nicht eines Ausreißers aus dem Sozialismus" (Weimann, R., 1973, S. 222). Auch Wilhelm Girnus sieht an Edgar die „Krise des Hineinwachsens in die sozialistische Gesellschaft" (Girnus, W., 1973, S. 1281) verdeutlicht, die nach Heinz Plavius nur durch die Verwirklichung im Kollektiv möglich ist (vgl. Plavius, H., 1973, S. 450). Betrachtet man weniger die Aussagen der DDR-Literaturwissenschaftler und konzentriert sich auf die Reaktion von Lesern und Zuschauern, so wird wohl deutlich, daß es Plenzdorf gelungen ist, die Probleme („Leiden") eines großen Teiles der DDR-

Jugend darzustellen (vgl. besonders Gerd Adloff in: Stimmen. 1973, S. 867). Geht es also in diesem Werk wirklich „nur“ um die Selbstverwirklichung eines Jugendlichen im Sozialismus (vgl. Utz Riese in: Stimmen, 1973, S. 874), oder ist dieser Edgar Wibeau, der als Typus zu betrachten ist, nicht etwas mehr? Ist er nicht so etwas wie ein „Demonstrationsobjekt jugendtypischer Verhaltens-, Denk- (. . .), Fühlweisen“ (Wolfgang David in: Diskussion um Plenzdorf II, 1973, S. 674) *über den realen Sozialismus hinaus?* Und auch hier gibt in der Diskussion in „Sinn und Form“ wiederum Horst Schönemann den entscheidenden Impuls, wenn er feststellt, daß nicht Edgar Wibeau, sondern seine Leiden, seine Probleme typisch sind (vgl. Diskussion um Plenzdorf I, 1973, S. 246). Die Literaturwissenschaftler und auch die Rezipienten des Werkes in der DDR schaffen aber (natürlich?) nicht den Schritt, zu erkennen, daß diese typischen Probleme auch die Probleme eines Jugendlichen außerhalb der eigenen Gesellschaftsordnung sein können, da für sie Edgar zu sehr in die Probleme der realsozialistischen Gesellschaft eingebunden ist. Unser Interpretationsansatz geht aber – nicht zuletzt auf der Basis der Rezeption Jugendlicher in der Bundesrepublik Deutschland und mehrjährigen Umgangs mit dem Werk im Unterricht – davon aus, daß es Plenzdorf gelungen ist, das Problem der Selbstverwirklichung eines Jugendlichen in der Gesellschaft so für den (jugendlichen) Leser treffend darzustellen, daß die Art des Gesellschaftssystems, in der der Prozeß stattfindet, nur sekundären Charakter hat. Die neue Betrachtungsweise muß also lauten: Inwiefern ist Edgar Wibeau, d.h. der Typus Edgar, typisch für Jugendliche, die in die Gesellschaft hineinwachsen und sich dabei selbst verwirklichen wollen?

Am deutlichsten wird Edgars Lebensentwurf – bezogen auf das literarische Werk – im Vergleich mit dem Lebensentwurf seines Antipoden Dieter. Nun haben einige Kritiker, besonders in der DDR, vermerkt, daß dieser Dieter doch sehr negativ vom Autor gezeichnet sei. Für Werner Neubert ist Dieter nur eine „müde ‚Kontrastfigur‘“ (Stimmen, 1973, S. 858), und für Peter Gugisch ist Dieter zu sehr vom Goetheschen Albert her konstruiert (vgl. Diskussion um Plenzdorf I, 1973, S. 251). Andererseits bewertet Peter Biele diesen Dieter als „einen vernünftigen Menschen“ (Biele, P., 1973, S. 1292). So muß man nach unserem Ansatz Horst Schönemanns für die DDR gestellte Frage „. . . welchen Typ eines jungen sozialistischen Menschen wollen wir . . .?“ (Diskussion um Plenzdorf I, 1973, S. 245) auf unser Gesellschaftssystem übertragen und fragen: Wie sollen sich Jugendliche selbst verwirklichen – so wie Dieter oder so wie Edgar?

Werner Neuberts Charakterisierung, daß Dieter das „Trist-Konventionelle“ und Edgar das „Rebellisch-Geniale“ verkörpere (vgl. Stimmen, 1973, S. 858), ist wohl zu sehr an der Wertherschen Dichotomie orientiert und für unsere Gesellschaft nur noch schwer übertragbar. Einen Übertragungsansatz bieten für uns die Ergebnisse der Studie „Jugend ’81“ des Jugendwerks der Deutschen Shell, die anhand der Untersuchung Jugendlicher in der Bundesrepublik Deutschland zwei unterschiedliche Lebensentwürfe klar herausgearbeitet hat:

1. eher „jugendzentrierte“.
2. eher „erwachsenenzentrierte“.

So provozieren „Jugendzentrierte“ Erwachsene eher, meiden den Kontakt öfter zu diesen als „Erwachsenenzentrierte“, die diese wiederum eher verteidigen und ihnen nacheifern. „Jugendzentrierte“ mißtrauen Autoritäten, denken kurzfristiger, eher gegenwartsbezogen, sehen düster in die Zukunft, leben materiell riskanter und lehnen schlechthin konventionelle Lebensentwürfe ab, um eine individuelle Art des Erwachsenwerdens zu finden (vgl. Shell-Jugendstudie, S. 18). Schon dieser kurze Abriß (eine ausführliche Zusammenfassung der Ergebnisse befindet sich auf S. 46) macht deutlich, daß die Dichotomie „Jugendzentrierte" vs. „Erwachsenenzentrierte" nahezu nahtlos auf die literarischen Figuren Edgar und Dieter unabhängig von ihrer Staatszugehörigkeit übertragbar ist. Die bundesrepublikanische Sozialforschung hat für den Typ des „Jugendzentrierten" Verhaltens- und Denkmuster festgestellt, die sich nahezu vollständig bei Edgar Wibeau wiederfinden. Ebenso läßt sich das besonders von materieller Sicherheit und Streben nach hohem Sozialstatus gekennzeichnete Verhalten der sog. „Erwachsenenzentrierten" an der Figur Dieter belegen. Vergleicht man die Ergebnisse der Shell-Jugendstudie mit den im literarischen Werk Plenzdorfs enthaltenen Lebensmustern in Gestalt der Figuren Edgar und Dieter, so wird deutlich, daß es Plenzdorf gelungen ist, die Problematik der Selbstverwirklichung eines jungen Menschen *systemunabhängig* und auch weitgehend zeitlos, d.i. frei von vordergründiger Aktualität, für den (jugendlichen) Leser klar nachvollziehbar darzustellen.

Intentionen

Die 9. Stunde folgt auf fünf Unterrichtsstunden, in denen werkimmanent anhand der vom Autor gewählten Erzählstruktur die Hauptperson Edgar Wibeau erarbeitet worden ist, und stellt die Frage nach der Absicht, nach dem Thema des Autors. Analog zum Ergebnis der thematischen Analyse muß in dieser Stunde dem Schüler eine Vorgehensweise vermittelt werden, die über die werkimmanente Betrachtungsweise hinaus gesellschaftliche Bezüge herstellt, indem Ergebnisse der empirischen Sozialforschung auf literarische Muster bezogen werden. Die besondere didaktische Aufgabe dieser Stunde liegt also darin, daß über diese Stunde und die Unterrichtseinheit hinaus dem Schüler eine eventuell neue Methode der Literaturbetrachtung nahegebracht wird. Um eine Überforderung des Schülers zu vermeiden, muß man beim Inhalt des Werkes ansetzen, indem man die Schüler die beiden Kontrastfiguren des Werkes, Dieter und Edgar, deskriptiv analysieren läßt. Um dem Schüler einen Vergleich zwischen Ergebnissen realer Sozialforschung und fiktiver Literaturwelt zu ermöglichen, muß er aber zuerst in die Lage versetzt werden, die sozialwissenschaftlichen Ergebnisse, hier also Elemente der Shell-Jugendstudie, sachgerecht zu verstehen. Auf der Basis einer genauen Betrachtung dieser Studienergebnisse kann man dann dazu übergehen, die Charaktere der literarischen Figuren Edgar und Dieter mit den Grundtypen „jugendzentriert" und „erwachsenenzentriert" der Shell-Jugendstudie zu vergleichen, um dann eine begründete Zuordnung vorzunehmen. Auf der Grundlage dieses deskriptiven Vorgehens soll dann der Schüler zu einer qualitativen Aussage befähigt werden, indem er erkennt, daß es Plenzdorf gelungen ist, die Thematik „Selbstverwirklichung eines Jugendlichen in der Gesellschaft" zeitlos, d.h. frei von vordergründigem Aktualitätsbezug, und weitgehend ungebunden an politische Systeme, zu gestalten. Hat der Schüler diese Erkenntnis selbsttätig erarbeitet – oder zumindest stringent nachvollzogen – so hat er nicht nur eine neue Art und Weise der Literaturbetrachtung kennengelernt, sondern hat, ohne daß dies expressis verbis gesagt werden muß, Kriterien zur Bewertung von Literatur erworben.

Lernziele

Die Schüler sollen
- die Figuren Dieter und Edgar in groben Zügen kontrastierend charakterisieren
- den Ergebnissen der Shell-Jugendstudie die Unterscheidung der Lebensentwürfe nach „jugendzentriertem“ und „erwachsenenzentriertem“ Muster entnehmen
- die wesentlichen Merkmale der o.a. Lebensentwürfe den Figuren Dieter und Edgar zuordnen
- Edgar als eher „jugendzentriert“ und Dieter als eher „erwachsenenzentriert“ einordnen
- aus diesen Ergebnissen ableiten, daß Plenzdorf in seinem Roman Versuche jugendlicher Selbstverwirklichung systemübergreifend und weitgehend zeitlos, d.h. frei von vordergründiger Aktualität, thematisiert hat

Unterrichtsverlauf

Phase 1:
Anknüpfen an die letzten Stunden (Charakteristik Edgars)

Durch die Anknüpfung an die Ergebnisse der letzten Stunden sollen die Schüler einerseits Sicherheit gewinnen, indem sie noch einmal die wesentlichen Charaktermerkmale Edgar Wibeaus zusammenfassen, und sich andererseits als Basis für diese Stunde wichtiges Grundlagenwissen ins Gedächtnis rufen. Durch die Zielangabe des Lehrers wird ihnen aber klar deutlich, daß in dieser Stunde etwas Neues, etwas über die vorhergehenden Stunden Hinausweisendes geleistet werden soll.

Phase 2:
Anwendung von Ergebnissen der empirischen Jugendforschung auf den Roman

Die erste Grundlage zur Erarbeitung des Stundenziels wird über die Beschreibung der wichtigsten Charaktermerkmale Dieters geleistet. Die Schüler sollen mit wenigen treffenden Begriffen (Adjektiven) den Charakter Dieters beschreiben. Um darauf später zurückgreifen zu können, werden diese Begriffe an der Nebentafel fixiert. Die Schüler sollen stets ihre Aussagen am Text belegen können.
Nach dem Notat soll durch die überraschende Präsentation der Ergebnisse der Shell-Jugendstudie im Unterrichtsverlauf eine Zäsur markiert werden, eine neue Arbeitsweise eingeleitet werden. Der Lehrer teilt die Zusammenfassung der Ergebnisse der Shell-Jugendstudie (Kopiervorlage S. 46) als Textblatt an die Schüler aus, läßt den Text durchlesen, sollte aber auf eine Quellenangabe verzichten. Dies kann u.U. die Schüler eher zu spontanen Äußerungen motivieren, in denen sie erste Beziehungen zwischen Studie und Werk herstellen.
Ist durch die Präsentation des Textblattes das Interesse an der Studie geweckt, gibt der Lehrer in einem knappen Lehrervortrag Informationen zur Anlage und Erhebung der Studie (Repräsentative Befragung 15–24jähriger in der Bundesrepublik Deutschland im August/September 1981 durch Psydata, Frankfurt/Main). Nun stellt er die beiden Arbeitsaufträge für die Stillarbeit (Formulierungsvorschläge siehe Stundenblatt). Mit dem ersten Arbeitsauftrag soll erreicht werden, daß der Schüler sich durch eigene Formulierungen den Inhalt der Studie vergegenwärtigt. Je nach Schulart und Altersstufe muß allerdings der Lehrer begriffliche Unklarheiten im Text kommentieren, erläutern oder gegenüber unserem Vorschlag umformulie-

Vorschlag für ein Arbeitsblatt

Ergebnisse der Shell-Jugendstudie „Jugend '81"

Wir unterscheiden Jugendliche, die sich von Erwachsenenautoritäten diskriminiert fühlen, die Erwachsene als Fremde, Übermächtige erleben, die Erwachsenen mißtrauen („Jugendzentrierte"), von Jugendlichen, die eher dazu neigen, Erwachsene zu verteidigen, sich ihnen anzuvertrauen, die den Kontakt zu Erwachsenen suchen („Erwachsenenzentrierte").

„Jugendzentrierte", so zeigt die Studie,

- provozieren Erwachsene und meiden häufigen Kontakt mit ihnen;
- mißtrauen göttlichen, staatlichen und privaten Autoritäten;
- denken kurzfristiger, eher gegenwartsbezogen, sind sich nicht so sicher, wie es in ihrem Leben einmal weitergehen wird;
- sehen die Zukunft eher düster, die eigene wie die gesellschaftliche;
- leben riskanter, sind mehr vom persönlichen Scheitern bedroht;
- streben in jüngeren Jahren danach, sich möglichst rasch aus der kontrollierten und behüteten Familiensituation zu lösen, machen gewisse Entwicklungsschritte früher (z. B. Liebe Jungen-Mädchen, abends ausgehen, selbständig Urlaub machen, von zu Hause ausziehen);
- lehnen konventionelle Lebensentwürfe häufiger ab, suchen eine individuelle Art des Erwachsenwerdens;
- stehen unkonventionellen, alternativen Lebensentwürfen nahe, wohnen häufiger in Wohngemeinschaften, lehnen Heiraten ab, verweigern häufiger die Übernahme von Elternrollen;
- beteiligen sich vermehrt an Protestbewegungen (Hausbesetzer, Umweltschützer, Anti-Atomkraft) und beziehen gegen konservative politische Strömungen Stellung; orientieren sich politisch vorwiegend an den Grünen oder stehen dem Parteiensystem überhaupt fern.

Jugendliche, die glauben, daß sie dem gesellschaftlichen Wandel persönlich gewachsen sind, entwickeln längerfristige Vorstellungen von der eigenen Zukunft, fühlen sich den Erwachsenen näher und wollen auch selber erwachsen werden. Was die Entwicklung der Gesellschaft angeht, sind sie recht zuversichtlich. Sie vertrauen eher den etablierten Parteien CDU/CSU und SPD und gehören eher unpolitischen oder konservativen Gruppierungen an (Disco-Fans, Fußball-Fans, Bundeswehr-Fans).

Jugendliche, die in der Gegenwart leben und die Vergangenheit und Zukunft eher ausklammern, engagieren sich stärker für eine Lebensweise, die auf Action, Spannung und Spiel beruht. Vertrauen in eine höhere Macht, die alles lenkt, haben eher autoritätsfixierte Jugendliche, die noch ganz in die Herkunftsfamilie eingebunden sind und sich politisch eher konservativ engagieren.

(Zusammenfassende, teilweise wörtliche Wiedergabe nach Shell-Jugendstudie, S. 18f.)

ren. Mit dem zweiten Arbeitsauftrag wird darauf abgezielt, daß der Schüler Ergebnisse der Studie den Figuren Edgar und Dieter zuordnet. Die Auswertung erfolgt im Unterrichtsgespräch, wobei der Lehrer auf genaue Belege an der Studie und auch auf Belege am literarischen Werk Wert legen sollte. Die Zuordnung Edgars zum „jugendzentrierten" Muster fällt den Schülern in der Regel recht leicht, wohingegen die Entsprechungen Dieters zum „erwachsenenzentrierten" Muster nicht so direkt erkannt werden, somit besondere Aufmerksamkeit verlangen. Die Ergebnisse werden anschließend im Tafelanschrieb festgehalten, indem die Elemente Edgar und Dieter eingetragen werden, Überschrift und die Symbole „Stacheldraht" und „Klammer" noch ausgespart werden. Die Umrahmungen der Charaktermerkmale Edgars und Dieter (siehe Stundenblatt) haben ebenfalls Zeichencharakter und sollten beibehalten werden. Diese Teilphase schließt damit ab, daß Edgar und Dieter die Entsprechungen „jugend-/erwachsenenzentriert" im Tafelanschrieb zugewiesen werden.

Im nun folgenden Unterrichtsgespräch soll der Begriff ‚Selbstverwirklichung' erarbeitet werden. Mitunter nennen Schüler diesen Begriff unvermittelt als Thematik des Werkes, bei anderen Lerngruppen muß der Lehrer sehr stark durch Frage- und Impulstechnik steuern. Als Formulierungshilfe sei eine Lehrerfrage beispielhaft genannt: „Worum geht es dem Autor, wenn er so genau Edgars Lebensvorstellungen und indirekt auch die Dieters beschreibt?" Die Begriffserarbeitung wird als Überschrift des Tafelanschriebes festgehalten.

Phase 3:
Plenzdorfs Thematik – kein DDR-Spezifikum

Die Transferleistung sollte im Verlauf eines offenen Unterrichtsgesprächs oder einer Schülerdiskussion erbracht werden. Der Lehrer muß dabei ganz bewußt mit offenen Impulsen arbeiten. Unser Formulierungsvorschlag für den einleitenden Impuls „Bedenkt noch einmal, daß Plenzdorfs Werk Anfang der 70er Jahre in der DDR entstand und daß die Shell-Jugendstudie Anfang der 80er Jahre in der Bundesrepublik Deutschland durchgeführt wurde." betont die politisch-geographische und zeitliche Distanz, um davon Zeitlosigkeit und Systemunabhängigkeit des Werkes abzuleiten. Das Ergebnis wird einerseits verbal als „Schlußsatz" festgehalten, andererseits, nach der Staatenzuordnung im Tafelanschrieb, durch die Symbole „Stacheldraht" und die diesen überwindende „Klammer" optisch verdeutlicht.

10.–13. Stunde: Analyse der Romanverfilmung

Thematik

Bei der Bewertung der Verfilmung literarischer Vorlagen wird sehr oft die Werktreue als grundlegendes Kriterium genannt. Dabei darf dieses Kriterium aber nicht alleinige Grundlage einer Analyse bleiben, sondern im Vordergrund muß die Frage stehen, ob der Medienwechsel gelungen ist, d.h. wie gut der Film mit den technischen und semiotischen Mitteln seines Mediums den Gehalt der literarischen Vorlage umsetzt. „Filme (sind) mit ihren eigenen ästhetischen Maßstäben zu messen und sie (sind) nicht aus einer literarischen, prinzipiell überlegenen Sichtweise zu be- bzw. abzuwerten." (Blumensath/Lohr, 1983, S. 10). Die Medien Film und Buch müssen als gleichberechtigt angesehen werden. „Die filmische Beschäftigung mit einem literarischen Werk darf also nicht ihren Sinn darin sehen, etwa die Bilder, die Literatur beim Lesen entstehen läßt, maximal zu erfüllen." Dieser Satz Rainer Werner Fassbinders (zit. nach Blumensath/Lohr, 1983, S. 16) gilt für jede Literaturverfilmung, denn schließlich können der Regisseur und sein Team nur eine Rezeptionshaltung, ihr Verständnis des literarischen Werkes in Film umsetzen und nicht die Phantasien und inneren Bilder aller Leser verarbeiten und antizipieren.

Auf der Basis dieser grundlegenden Positionen soll Eberhard Itzenplitz' Verfilmung der „Neuen Leiden des jungen W." für den Südwestfunk aus dem Jahre 1976 untersucht werden. Dabei sollen folgende Teilaspekte betrachtet werden:

- Vergleich der Inhalte,
- filmische Umsetzung der Erzähltechnik,
- Romanfiguren und ihre Darsteller,
- Kulissen und Bauten,
- Filmmusik als dramaturgisches Mittel,
- Rezeption.

Eberhard Itzenplitz hat sich inhaltlich sehr streng an die literarische Vorlage gehalten. Er läßt keine wesentlichen Handlungsteile aus, behält den Aufriß der Vorlage bei und fügt nahezu keine eigenen Handlungsteile hinzu. Lediglich Edgars sonntäglicher Ausflug mit Charlie im Regen, in der literarischen Vorlage nicht aus dem Kontext herausragend, wird zu einer minutenlangen schön fotografierten Sequenz ausgestaltet, die dem Zuschauer den Eindruck vermittelt, Edgar habe Charlie doch einmal „rumgekriegt".

Das Werk bietet sich von seiner Struktur her gut zur Verfilmung an, vielleicht, weil es ursprünglich als Film geplant war und weil es schon in dramatisierter Form vorlag. Itzenplitz hat jedoch nicht nur Theater abgefilmt, sondern er hat besonders für die optische Umsetzung der Erzähltechnik die technischen Mittel der Film- bzw. Fernsehaufnahmetechnik genutzt.

Am Anfang des Filmes werden mittels Schrifttafeln die Todesanzeigen eingeblendet, wodurch die Retrospektive dem Zuschauer spannungsgeladen verdeutlicht wird. Die Dialog-Ebene, auf der Edgars Vater das Leben seines toten Sohnes recherchiert, erscheint in linearen Bildfolgen mit konventionellen Schnitten, wodurch das Handlungsgerüst für den Zuschauer deutlich wird. Diese Szenen erstarren dann aber plötzlich zu Standbildern, und Edgar wird mittels des „blue-screen"-Verfahrens (auch „blue-box"-Verfahren genannt) in die Szene eingeblendet, um seine Kommentare einzubringen. Mit Hilfe dieses technischen Verfahrens kann jederzeit der Jenseits-Kommentar Edgars in die laufende Handlung (Bildfolge) eingeblendet werden, Edgar sogar die Rolle eines Erzählers übernehmen und Szenen ankündigen, die allmählich im Hintergrund eingeblendet werden und dann die Handlung fortsetzen. Die optische Vermittlung der Erzählebenen durch das „blue-screen"-Verfahren ist wesentlich sinnfälliger als im Medium Buch, das dies nur durch Einrücken der Zeilen vermitteln kann. Das „blue-screen"-Verfahren wird mit zwei Kameras ermöglicht. Kamera 1 nimmt dabei das Vordergrundbild vor einem intensiv blauen Schirm auf, Kamera 2 dann das Hintergrundbild. Im Bildmischer werden die Signale beider Kameras Zeile für Zeile verarbeitet und zu einem Bild zusammengesetzt. (Vereinfachte Darstellung nach Meyers Großes Taschenlexikon, Band 3. Eine detaillierte Darstellung findet man bei Monaco, J., 1980, S. 124f.).

Die Werther-Zitate werden unterschiedlich vermittelt. Sie erscheinen als Bildtafeln, die durch harte Schnitte in die Handlung eingeblendet werden, oder Edgar wird gezeigt, wie er Nachrichten an Willi in den Recorder spricht, oder man erlebt als Zuschauer mit, wie Edgar Dieter oder Addi mit den Zitaten konfrontiert. Insgesamt hat Itzenplitz die Erzählstruktur mit filmischen Mitteln optimal umgesetzt. Auch die Dominanz der Kommentar-Ebene im zweiten Teil der Handlung wird im Film berücksichtigt: die Kommentar-Ebene erscheint in linearer Handlungsfolge.
Bei der Besetzung der Hauptrolle fiel die Wahl auf den Schauspieler und Sänger Klaus Hoffmann. Hoffmann verkörpert vom äußeren Typus her Edgar Wibeau recht treffend. Allerdings bemängelten Schüler sehr häufig, daß Hoffmann „zu alt" für die Rolle sei, man glaube ihm den Siebzehnjährigen nicht. Z.T. hat Itzenplitz Hoffmann sehr viel Freiheit bei der Gestaltung der Rolle gelassen, Hoffmann kann sich stark durch artistische Einlagen (Mätzchen?) in den Vordergrund spielen und so überspielen, daß er für den Leser des Romans mehr Hoffmann als Wibeau ist. Auch die Sprache Hoffmanns ist auffällig. Während in der literarischen Vorlage Edgar seinen jugendtypischen Soziolekt ohne regionale Färbung spricht, berlinert Hoffmann hemmungslos, so ausgeprägt, wie es wohl kaum ein Jugendlicher aus dem Bezirk Frankfurt/Oder tut. Trotz dieser Kritikpunkte überzeugt Hoffmanns Gesamtinterpretation des Edgar Wibeau. Mit Henning Giskes ist nach einhelliger Meinung vieler Schüler Dieter ideal besetzt, ihm gelingt hervorragend die Wiedergabe des Spießers Dieter. Auch Léonie Thelen entspricht den Vorstellungen von Charlie, die sich viele Leser bei der Lektüre machten. Die Figur des Zaremba ist zu jung besetzt worden, dagegen wird die Nebenfigur Addi wiederum sehr überzeugend dargestellt. Itzenplitz hat realistische Kulissen und Bauten eingesetzt, die dem Zuschauer Atmosphäre vermitteln. Besonders gelungen ist das Chaos der Laube. In der literarischen Vorlage spielt die Musik eine zentrale Rolle. Edgar erwähnt, daß er ständig in seiner Laube die Titel seiner Lieblingsband, einer nur regional bekannten Gruppe, hört. Itzenplitz hat viele dialogfreie Teile seines Filmes mit Musik unterlegt und dabei auf bekannte westliche Pop- und Rocktitel zurückgegriffen, was beim jungen (westlichen) Publikum gut ankommt. Dabei unterstützt die Musik wiederum sehr gut die in den Bildern eingefangene Atmosphäre; das kommt besonders bei der erwähnten Ausgestaltung des Sonntagsausfluges zum Tragen. Der Film wurde nach seiner Erstausstrahlung in der ARD durchgängig positiv von Publikum und Kritik aufgenommen.

Intentionen

Die 10.–13. Stunde schließen die Beschäftigung mit dem Werk auf eher inhaltlicher Basis ab, bevor dann der sozio-politische Hintergrund in den nächsten Stunden im Vordergrund steht. Diese Stunde soll zwar nur den Umgang mit dieser Literaturverfilmung zum Gegenstand haben, aber hier soll dem Schüler auch exemplarisch der Umgang mit jeglicher Literaturverfilmung aufgezeigt werden, indem ihm analytische Vorgehensweisen und Bewertungskriterien vermittelt werden. Natürlich kann in dieser knappen Sequenz nicht der gesamte Themenkomplex „Literaturverfilmung" verdeutlicht werden, wie auch besondere Inhalte der Filmuntersuchung (z.B. Einstellungen analysieren, Kameraführung, Bildausschnitte, Schnitttechnik untersuchen u.v.a.m.) darauf be-

grenzt bleiben, ob ihre Untersuchung für diese Verfilmung relevant ist. Doch kann man beim Schüler aufgrund häufigen Filmkonsums von latentem Wissen ausgehen. Ziel dieser Stunde ist es vielmehr, den Schüler von einer spontanen Bewertung über eine eingehende Analyse der filmischen Umsetzung eines literarischen Werkes zu einer begründeten abschließenden Bewertung befähigen, die ein Nebeneinander beider Medien toleriert.
Das grundlegende Beurteilungsmerkmal „Werktreue" läßt sich durch einen Vergleich der Filminhalte, d.i. das Drehbuch, und der Inhalte des literarischen Werkes überprüfen, indem Weglassungen und Ergänzungen gesucht werden. Der Medienvergleich setzt bei dem Vergleich der Erzähltechnik des Buches und deren drucktechnischer Verdeutlichung mit der filmtechnischen Umsetzung durch Eberhard Itzenplitz ein. Der Schüler kann hier erkennen, wie zwei Medien die gleiche Perspektive durch ihre eigenen technischen Mittel verdeutlichen können. Zum andern soll der Schüler analysieren und am eigenen Beispiel thematisieren, wie stark bei der Vorstellung von literarischen Figuren die eigene Phantasie prägend ist. Diese Freiheit der Phantasie, die Umsetzung von Sprache zu „inneren Bildern", hat bei der Verfilmung die Besetzung mit Schauspielern und deren (regiegeleitetes) Spiel übernommen. Der Schüler kann nun individuell bewerten, wie dies nach seinen eigenen Vorstellungen gelungen ist. Die gleiche Untersuchungsmethode gilt für die Atmosphäre des Filmes. Die durch filmische Mittel wie Bauten, Kulissen und Kameraführung geschaffene, durch die Filmmusik teilweise noch stark verdichtete Atmosphäre des Filmes wird nun wieder mit den individuellen „inneren Bildern" des Schülers verglichen, die die Beschreibungen und Schilderungen des literarischen Werkes hervorbrachten. Literaturverfilmung darf nicht als „Abfilmen von Literatur" verstanden werden, Bewertungskriterium ist das Gelingen der Darstellung des Sujets mit den Mitteln des jeweiligen Mediums. Deshalb steht bei dieser Untersuchung die Verfilmung im Vordergrund, der Film mit seinen Mitteln ist Gegenstand der Betrachtung, die literarische Vorlage und die „inneren Bilder" der Schüler (und des Lehrers) sind Vergleichsansatz, nicht jedoch letztgültige Qualitätsmerkmale.
Auf dieser analytischen Basis soll eine abschließende Bewertung durch die Schüler vorgenommen werden, die nicht global ein Medium als besser oder schlechter abqualifiziert, sondern ein Nebeneinander beider medialen Umsetzungen eines Gegenstands toleriert und die Existenz beider als nützlich für die eigene Rezeption erkennt. Diese Erkenntnis kann dann in der 16. Stunde (Rezeption durch Jugendliche in der Bundesrepublik) anhand der Interviewäußerungen nochmals vertieft werden.

Lernziele

Die Schüler sollen
- eine spontane Bewertung vornehmen
- überprüfen, ob bei der Verfilmung inhaltliche Veränderungen vorgenommen wurden
- feststellen, wie die Erzähltechnik mit filmischen Mitteln umgesetzt worden ist
- die Darsteller und deren Spiel mit der eigenen, beim Lesen gewonnenen Vorstellung von den Romanfiguren vergleichen
- Kulissen, Bauten, Kameraführung und Filmmusik auf ihre atmosphärische Wirkung untersuchen
- eine abschließende Bewertung vornehmen, die das Nebeneinander beider Medien toleriert

Unterrichtsverlauf

Phase 1 + 2:
Filmpräsentation

Für die Filmpräsentation und die sich anschließende Spontanreaktion müssen drei Unterrichtsstunden (10.–12. Stunde) veranschlagt werden, da der Spielfilm eine reine Spieldauer von 108 Minuten hat. Die Filmpräsentation muß vom Lehrer langfristig organisiert werden. Der Film ist bei vielen Landesbildstellen und Landesfilmdiensten weitgehend kostenlos erhältlich, ein Einzelnachweis führt an dieser Stelle zu weit. Bundesweit ist der Film mit einer durchschnittlichen Wartezeit von zehn Tagen und für eine Ausleihdauer von 14 Tagen beim Gesamtdeutschen Institut, Postfach 120607, 5300 Bonn 1, unter der Bestellnummer S 443 kostenlos gegen Erstattung der Portokosten erhältlich.
Bei der Filmpräsentation sollte eine möglichst natürliche Rezeptionssituation für die Schüler geschaffen werden, indem der Film als Ganzes ohne Unterbrechungen gezeigt wird und der Lehrer auf Beobachtungsaufträge verzichtet, um eine Verschulung zu vermeiden.
An die Filmpräsentation anschließend, wird in Form eines Brainstormings den Schülern Gelegenheit gegeben, sich spontan zum Film zu äußern. Der Lehrer kann hier Meinungen stichpunktartig an der Tafel festhalten, evtl. Abstimmungen zur Bewertung durchführen und die Ergebnisse für die Phase 4 aufbewahren.

Phase 3:
Vergleich zwischen Film und Buch

Diese erarbeitende Phase, die zusammen mit der abschließenden Transfer-Phase eine Unterrichtsstunde in Anspruch nimmt, hat die analytische Beschäftigung mit der Romanverfilmung zum Inhalt. Sie wird durch das Anschreiben der Überschrift „Vergleich zwischen Film und Buch" optisch verdeutlicht.
Zuerst wird in einem Unterrichtsgespräch ein Inhaltsvergleich vorgenommen, indem der Lehrer gezielt nach Weglassungen, Hinzufügungen und Veränderungen fragt. Ggf. muß vom Lehrer an dieser Stelle der Begriff ‚Drehbuch' eingeführt und erarbeitet werden. Die Ergebnisse werden im Tafelanschrieb festgehalten.
Danach geht es um die filmische Umsetzung der Erzähltechnik, die in einem gelenkten Unterrichtsgespräch erarbeitet wird. Der Lehrer hat zunächst die Erzählstruktur des literarischen Werkes mit Hilfe des Tafelanschriebs der 3. Stunde zu wiederholen, bevor er nach der optischen Umsetzung fragt. Hier kann ein Hinweis auf die Verdeutlichung der Erzählebenen durch drucktechnische Mittel beim Buch hilfreich sein. Die Schüler werden zwar die optische Erscheinung, wie durch das „blue-screen"-Verfahren die Jenseits-Kommentare Edgars transparent gemacht werden, beschreiben können, die technische Seite dürfte ihnen jedoch weitgehend unklar sein, sie aber sehr stark interessieren. Der Lehrer kann diesem Bedürfnis in einem Lehrervortrag nachkommen (Formulierungshilfen und Literaturhinweise befinden sich in der thematischen Analyse). Die Ergebnisse werden im Tafelanschrieb festgehalten. Danach wird in einer kurzen Stillarbeit die Darstellung der Figuren durch die Schauspieler untersucht. Hier kann man die Arbeitsaufträge, um Zeit zu sparen, u. U. arbeitsteilig gestalten, indem jeweils Edgar und je eine der Randfiguren Dieter, Charlie, Zaremba oder Addi untersucht werden. Die Schüler sollen hier ihre beim Lesen gewonnene Vorstellung von den Figuren mit der Interpretation der Schauspieler vergleichen. Dies kann sowohl als Einzelarbeit wie auch als Partnerarbeit erfolgen. Die Er-

gebnisse sind zu diskutieren, wobei der Lehrer die Ursachen einer möglichst kontroversen Diskussion verdeutlichen sollte, indem er den Schülern ihre individuelle Interpretation bewußt macht und diese relativiert, indem er keine allgemeingültige, „richtige“ Vorstellung als Muster zuläßt. Abschließend wird der Tafelanschrieb ergänzt. Zuletzt wird die Atmosphäre des Filmes, die überwiegend durch die Filmmusik, die Kulissen und Bauten sowie durch die Kameraführung geschaffen wird, genauer untersucht. Das Ergebnis dieses Unterrichtsgespräches, das durch konkrete Lehrerfragen eingeleitet wird, vervollständigt dann den Tafelanschrieb.

Phase 4:
Abschlußdiskussion

In einer abschließenden Schülerdiskussion wird den Schülern Gelegenheit zur Bewertung der Verfilmung gegeben. Der Lehrer sollte die Diskussion unter Verwendung der Ergebnisse aus der Spontanphase initiieren, indem er die Schüler auffordert, ihre damaligen Äußerungen noch mal zu überdenken. Die Gesprächsführung sollte im Verlauf der Diskussion die Aussage „Zwei Medien – ein Gegenstand“ in den Mittelpunkt stellen, damit u. U. die Diskussion sich auf eine allgemeine Betrachtung von Literaturverfilmungen ausweiten kann.

14. Stunde: Jugendliche in der DDR

Thematik/Intentionen

Die gesamte Unterrichtseinheit ist so aufgebaut, daß die Werther-Analogie nicht den Kern des Modells darstellt, weil sich dadurch eine verengende und ästhetisierende Perspektive ergeben würde, die den gesellschaftlichen Kontext des Romanes vernachlässigen würde. Zweifelsfrei lernen die Leser über diesen Roman auch einen Ausschnitt aus der DDR-Wirklichkeit kennen und bewerten. Folglich gehört zu der Analyse des im Roman thematisierten Problembereiches auch die Darstellung der Rezeptionsvoraussetzungen und die Analyse der Rezeptionsbedingungen. „Wenn davon ausgegangen wird, daß jeder literarische Text nur erschlossen und verstanden werden kann vor dem Hintergrund der sozialen Realität, mit der er auf vielschichtige Weise verbunden ist, dann ergibt sich daraus für die Analyse von Plenzdorfs ‚Neuem W.‘ bei uns, daß die Bereiche der sozialen Realität, die in der Erzählung thematisiert worden sind, den Schülern bewußt gemacht werden müssen.“ (Fischbeck, H., S. 355) Nur durch eine von Sachkenntnis fundierte rationale Auseinandersetzung mit der Problematik der Jugend im sozialistischen Teil Deutschlands läßt sich u. E. die unabdingbare Basis schaffen, auf der die Rezeptionsanalyse vorurteils- und ideologiefrei durchgeführt werden kann. Hierzu gehört die möglichst genaue und differenzierte Kenntnis des gegenwärtigen „Ist-Zustandes“ dieser Jugend.
Viele Mißverständnisse und Schwierigkeiten werden sich bei diesem Vorhaben durch das unterschiedliche und größtenteils mangelhafte Vorwissen unserer Schüler ergeben. So kommt der Bericht über eine Untersuchung von Infratest Medienforschung zum Thema „Die DDR und die deutsche Frage“ – Informationsstand und Einstellungen der bundesdeutschen Jugendlichen vom Juni 1983 auf Seite 4 zu folgendem Untersuchungsergebnis: „Die Kenntnisse der Jugendlichen über die DDR und die Gestaltung der innerdeutschen Beziehungen sind mangelhaft. Drei

Viertel der Jugendlichen klagen darüber, daß DDR-Themen zu wenig oder überhaupt nicht im Unterricht behandelt werden."

Fundierte und differenzierte Kenntnisse über die Situation der Jugendlichen in der DDR haben wir bei unseren Schülern ebenfalls nicht angetroffen. Sie können wohl auch nur von sehr wenigen Schülern erwartet werden. Das überwiegend geringe Interesse unserer Jugendlichen an der DDR und ihrer speziellen Problematik ist Ausdruck des insgesamt geringen „politischen Gesamtinteresses" der Jugendlichen in der Bundesrepublik Deutschland. Schlimmer als dieses zu beobachtende Desinteresse ist aber das bei vielen unserer Jugendlichen noch immer existierende „DDR-Bild". Mauer, Unterdrückung, Unfreiheit, Zwangsumtausch, Flucht, Schießbefehl, Todesstreifen, Armut, Konsumnotstand und dreckige Häuser wurden am häufigsten genannt, als ein Landauer Pädagoge, Dr. Paul Schwarz, die Jungen und Mädchen seiner 9. Gymnasialklasse 500 Jugendliche zwischen 13 und 20 Jahren (Durchschnittsalter 15,5 Jahre) mit Fragebogen und Straßeninterviews nach dem anderen Deutschland befragen ließ. (Schwarz, P.: „Das sind nicht so Deutsche wie wir sind", in: Die Rheinpfalz vom 16. 6. 1983, S. 3) Auch wir haben bei unseren unterrichtspraktischen Modellerprobungen festgestellt, daß sich noch immer eine große Mehrheit unserer Jugendlichen die DDR-Jugend als eine vom Kindergarten bis zum Eintritt in die Nationale Volksarmee organisierte und manipulierte Masse von uniformierten und fahnenschwingenden Pionieren und FDJlern vorstellt, deren ganzer Lebensinhalt die Betätigung in den staatlichen Organen und Parteiorganisationen ist.

Dieses total negative und wirklichkeitsfremde „DDR-Bild" mit den o.g. Klischees und dem leider noch immer anzutreffenden ideologisch geprägten „Sozialkundebuch-Wissen" unserer Schüler muß in dieser Stunde korrigiert und relativiert werden. Hierzu wollen wir dem Unterrichtenden und den Schülern die notwendige Hilfestellung bieten, indem wir eine kommentierte Literatur- und Medienliste anbieten, aus der zur Situation der Jugendlichen in der DDR wertneutralere und wirklichkeitsnähere Beschreibungen entnommen werden können (vgl. S. 79ff.). Wir sind uns darüber im klaren, daß die angebotene Auswahl durchaus subjektiven Charakter besitzt und keine lückenlose Beschreibung des Alltagslebens und der Gesamtproblematik der DDR-Jugend liefern kann und will. Dennoch verdeutlicht die Auswahlliste, daß sich auch die Jugendlichen in der DDR verstärkt in einem Prozeß zunehmend schwieriger werdenden Identitätsfindung befinden, weil sie in einem Beziehungsgefüge zwischen Schule, Elternhaus, Partei und Staat zunehmend die Widersprüche der eigenen Gesellschaft entdecken.

„Die Konflikte, die zwischen den drei normengebenden Instanzen Schule, Elternhaus und Partei in der Beziehung von Jugendlichen untereinander und zwischen den Generationen entstehen, sind vorprogrammiert. Während partnerschaftliche Beziehungen insbesondere durch Offenheit, Vertrauen und Unbedingtheit charakterisiert sind, jedoch Leistung und Leistungsfähigkeit noch vielfach als Widerspruch zu sexueller und erotischer Entfaltung und Selbstbestimmung begriffen werden, sind so komplizierte und labile Beziehungen wie die zwischen Lehrern und Schülern, zwischen Eltern und Kindern sowie zwischen Jungen und Mädchen massiv gefährdet." (Blumensath, Christel und Heinz, 1983, S. 142)

In diesem Zitat wird die gesamte Plenzdorf-Problematik evident.

Lernziele

Die Schüler sollen die zum Verständnis der Rezeptionsvoraussetzungen und -bedingungen notwendigen aktuellen und wertneutralen Informationen über die gegenwärtige Situation der Jugendlichen in der DDR erhalten, auswerten und kritisch diskutieren.

Unterrichtsverlauf

Zu dieser Stunde kann es kein Stundenblatt geben, weil die Entscheidung über die Auswahl der Lerninhalte und die Methode der Informationsauswertung dem Lehrer von uns nicht abgenommen werden kann. Die Zielsetzung der Stunde ließe sich u. E. am ökonomischsten auf folgenden Wegen erreichen: In Einzelarbeit oder gruppenunterrichtlichen Lern- und Arbeitsformen, wobei wir die Kleingruppenarbeit empfehlen würden, sollen die Schüler sich die relevanten Informationen selbst erarbeiten. Der Lehrer könnte einzelnen Schülern oder kleineren Gruppen die Aufgabe stellen, auszuwählende themenspezifische Texte oder Textgruppen zu bearbeiten und in einem kurzen Referat die Kernaussagen vorzustellen und dann mit der gesamten Lerngruppe zu diskutieren. Diese Lernmethode hätte den Vorteil, daß nicht der Lehrer, sondern ein Schüler oder eine Schülergruppe zwischen dem einzelnen innerhalb der Klasse und dem Unterrichtsgegenstand vermittelt. In erster Linie wären die Schüler Gestalter, Darsteller, Erklärer und Initiatoren bei der Informationsübermittlung und -auswertung. Diese Methode setzt allerdings voraus, daß den Schülern die Techniken der Informationsentnahme und -verarbeitung bereits bekannt sind. Weitaus wichtiger als die gewählte Methode in diesem Lernprozeß ist die vorurteilsfreie Aneignung von themenspezifischem „Grundwissen" über die gegenwärtige Situation der Jugendlichen in der DDR. Bei dieser Vermittlung von Wissen sollte der Lehrer darauf achten, daß eine Beschränkung auf die nur kognitiven Kompetenzen des Lernens vermieden wird und die emotionalen Komponenten nicht vernachlässigt werden.

15. Stunde: Rezeption des Werkes durch Jugendliche in der DDR

Thematik

Schon die Formulierung des Stundenthemas verlangt eine Begründung. Da ist zuerst der Begriff ‚Werk' zu erläutern. Plenzdorfs „Die neuen Leiden des jungen W." liegen in verschiedenen Fassungen vor. Am Anfang steht ein Filmszenarium, das schon 1969 entstanden ist, aber nicht realisiert wurde. Ein Entwurf landete dann beim Landestheater Halle, wo man in der Dramaturgie der Meinung war, daß man daraus etwas machen könnte. (Diese Aussage stützt sich auf Äußerungen des damaligen Mitglieds der Dramaturgie des Landestheaters Halle, des heute als freier Schriftsteller tätigen Armin Stolper, die dieser am 27. 10. 1983 in Erkner/DDR im Beisein der Verfasser machte.) 1972 erschien, neben der Uraufführung des Werkes in Halle, in der renommierten DDR-Kulturzeitschrift „Sinn und Form" eine Prosafassung des Stückes, die zu der auf S. 8ff. geschilderten Diskussion führte. Diese „Sinn und Form"-Fassung wurde noch einmal überarbeitet und erschien 1973 als Buch in der DDR und als Lizenzausgabe in der Bundesrepublik Deutschland. Rezeptionsanalyse heißt also hier, sowohl die Reaktion auf die „Sinn und Form"-Veröffentlichung als auch die Reaktionen des Theaterpublikums einzubeziehen. Natürlich gibt es bei letzterer Verschiebungen durch die Art der Inszenierung und die Qualität und Interpretation der Schauspieler. Die gelegentlich von Literaturwissenschaftlern angesprochenen Veränderungen zwischen „Sinn und Form"-Fassung und späterer Buchfassung erscheinen uns weniger relevant, da sie für den Durchschnittsrezipienten belanglos bleiben. Auch erscheint uns zwischen der Reaktion auf die Prosafassung und auf Bühnenaufführungen innerhalb der DDR kein durch die Literaturgattung hervorgerufener Unterschied vorzuliegen. Das Stundenthema nimmt ganz bewußt eine Verkürzung des Rezipientenkreises auf Jugendliche vor. Das Werk fand in der Fachwelt, d.h. bei Literaturwissenschaftlern, Kritikern und Kulturpolitikern, ein grandioses Echo und löste die schon mehrfach beschriebene Diskussion aus, die hier nur knapp gestreift werden soll. Horst Schönemann, der Regisseur der Halleschen Uraufführung, erklärt sich vor allem den Erfolg dadurch, daß hier Dinge angesprochen werden, die Jugendliche interessieren: so z.B. Edgars Äußerungen zu Blue jeans, über seine Mutter, über Mädchen etc. (vgl. dazu Diskussion um Plenzdorf I, 1973, S. 241). Diese Dinge seien für das Publikum wesentlich wichtiger als die Werther-Zitate (vgl. ebenda). Die Resonanz des Werkes bei der DDR-Bevölkerung ist wohl darauf zurückzuführen, daß hier „wirkliche Probleme unserer Gesellschaft (d.i. die DDR, die Verfasser) gestaltet sind" (Plavius, H., 1973, S. 449). Aber selbst in der „Sinn und Form"-Diskussion, die ja weitgehend von Kulturfachleuten getragen ist, fallen die Äußerungen Jugendlicher als besonders eindrucksvoll auf. (Vgl. dazu Diskussion um Plenzdorf II, 1973, S. 672–676.) Und deswegen haben wir entschieden, daß für uns in Hinblick auf unsere Schüler in erster Linie die Rezeption der Betroffenen, d.h. der DDR-Jugendlichen, von Interesse ist und weniger die Rezeption der Rezensenten.

Leider gibt es keine uns bekannten empirischen Untersuchungen darüber, wie Jugendliche in der DDR das Werk aufgenommen haben, so daß wir keine repräsentativen Aussagen treffen können. Wir können es aber wagen, die Äußerungen von vier Jugendlichen in der Zeitschrift „Neue Deutsche Literatur" (NDL), herausgegeben vom Schriftstellerverband der DDR (auf S. 56/57 ausschnittweise abgedruckt) aus dem Jahre 1973 als exemplarisch zu bezeichnen. Global gesehen fällt auf, daß diese Jugendlichen in erster Linie über Edgar und auch Dieter diskutieren, der Werther-Bezug dabei keine Rolle spielt.

Die Studentin Eva K. ist von dem Werk restlos begeistert, da sie sich direkt angesprochen fühlt (vgl. zu dieser und allen folgenden Darstellungen jeweils S. 56/57, da auf Einzelnachweise verzichtet wird). Edgar gefällt ihr besonders gut, da er das Leben nicht so eng, nicht so spießig wie Dieter sieht, der ihr sehr unsympathisch ist. Dieser fast euphorischen Äußerung steht die strikte Ablehnung durch den Lehrling Hans-Peter S. entgegen, dessen Äußerungen an die Stellungnahme F. K. Kauls erinnern. Für Hans-Peter ist Edgar zweifelhaft bis asozial, sein Auflehnen zweischneidig. Er lehnt Edgar als Identifikationsmuster für Jugendliche strikt ab. Eine sehr differenzierte Position vertritt die Schülerin Monika Sch., deren Äußerungen stark positiven Stellungnahmen von Literaturkritikern in „Sinn und Form" gleichen. Grundlegend konstatiert sie mit Genugtuung, daß hier realistisch ohne Schönfärberei DDR-Wirklichkeit geschildert wurde. Edgar, und hinter ihm

Der neue Werther.
Ein Gespräch (mit Jugendlichen)

Vier Berliner Jugendliche (die Schülerin Monika Sch., die Studentinnen Eva K. und Gerhild F., der Lehrling im Wohnungsbaukombinat Hans-Peter S.) führten Anfang Dezember 1972 auf Einladung der NDL mit deren Vertreter Eduard Klein und Henryk Keisch das folgende Gespräch.

Monika: Zum erstenmal haben die unter die Tischdecke geguckt! Sonst sieht alles immer von oben so schön glatt aus und so schön weiß! [. . .]

Edgar will eben nicht immer alles nach Plan machen. Bei uns ist alles zu sehr im voraus organisiert, die Ausbildung, der ganze Lebensweg. [. . .]

[. . .] Immer den geraden Weg so langgehn, der so schön vorgeschrieben ist und glatt, das hat ihm nicht gefallen, deshalb ist er in die Laube gegangen nach Berlin. [. . .]

Eva: [. . .] Wir waren sehr, sehr begeistert. Vor allen Dingen, daß man tatsächlich von Anfang an bis zum Schluß direkt angesprochen wurde, einmal durch den Stoff und dann durch die wirklich realistische Darstellung dieser Probleme, die einem selbst bekannt sind, die man selbst hat oder gehabt hat. [. . .]

Hans-Peter: [. . .] Für mich ist Edgar keine Alternative. Dieses Auflehnen ist eine zweischneidige Sache. Wir haben bei uns im Kombinat auch Jugendliche, die ähnlich wie Edgar sind. Aber leider ist es dann so, daß wir in der Schiedskommission, in der ich bin, Fälle vorgelegt kriegen, die tatsächlich nah ans Asoziale herankommen, nämlich solche wie Edgar. [. . .] Edgar hat ja die erste Zeit überhaupt nicht gearbeitet, und irgendwo muß er ja das Geld doch herbekommen. Also er gammelt, und er kommt damit tatsächlich bei uns in Konflikte. Ich glaube, seine Rolle ist dann schon sehr zweifelhaft. Auf der Bühne erscheint er aber etwas zu sympathisch. [. . .]

Monika: [. . .] Dieter ist doch im Grunde ein Mensch, der sich ernsthaft bemüht, der sich ein Ziel gesetzt und es erreichen will, er will studieren, Germanistik. Der klemmt sich dahinter, und dieser Fleiß, diese Energie, die er da reinsetzt, das ist auch sympathisch. Bloß, Edgar ist noch nicht an dem Punkt, wo er sehen würde: Ich hab da um was zu kämpfen. Edgar ist noch um ein paar Jahre zurück. [. . .]

Eva: Andererseits, der junge Mann, Charlies Verlobter, hat auch was von einem Streber, von einem Stiesel, wenn nicht gar einem Spießer. Edgar hingegen, wenn er einmal seinen Weg gefunden hätte, wenn er mit sich ins reine gekommen wäre und fleißig gearbeitet hätte, der würde trotzdem im Grunde der gleiche Kerl bleiben. Er würde das Leben nie so streng und eng sehen. Bei dem Dieter habe ich mir gesagt: Um Gottes willen, auf keinen Fall so einen Mann! [. . .]

Monika: [. . .] Es ist natürlich trotzdem traurig, daß Dieter so schlecht wegkommt. Du sagst Stiesel, das stimmt, mir kam es auch so vor, nicht direkt unsympathisch, aber auch nicht sympathisch. Dabei ist er aber doch ein Kämpfer, einer von denen, die die Gesellschaft vorantreiben, und solche brauchen wir auch. Der müßte genauer beschrieben werden. [. . .] [. . .] Der Plenzdorf wollte nicht die Gesellschaft als solche kritisieren, er wollte nur zeigen, daß Jugendliche auch mal anders zu betrachten sind, daß man auf Jugendliche eingehen sollte, und zwar auf eine andere Weise, als man es meistens tut. Meistens beurteilt man sie doch oberflächlich, indem man einfach sagt: Na ja, die stehen an den Ecken rum und gammeln. Nach den Ursachen fragt man nicht. Das ist doch oft eine Frage der Erziehung, auch von den Eltern aus gesehen, und auch der Erziehung in den Schulen. Die sind doch überhaupt nicht gegen den Sozialismus, und die sind auch nicht irgendwie reaktionär. Es geht um das Wie, und das Wie ist nicht immer das Richtige, wie man uns anfaßt. [. . .]

Gerhild: Edgar will selber was Eigenes auf die Beine stellen. Sonst werden ihm solche Sachen immer aufgegeben, er darf was schaffen, aber immer wird ihm von anderen gesagt, was er schaffen soll. [. . .] Er wollte aber selber etwas schaffen, und da macht er es allein, und so passiert der Unfall. Wenn er diese Maschine mit seinem Kollektiv gebaut hätte, die wäre zustande gekommen, da wäre keiner gestorben. Aber trotzdem, Edgar ist eben nicht so einer, der sich der Messe der Meister von Morgen angeschlossen hätte, weil das wieder was Organisiertes wäre. [. . .]

Ich habe noch etwas zu dieser Frage, warum Edgar sterben mußte. Vielleicht um die Gefahr zu zeigen, in die man kommen kann, wenn man sich vom Kollektiv löst auf Grund dieser Probleme und Konflikte. Erst durch diesen Tod konnte der Autor den nötigen Abstand schaffen. Dadurch, daß Edgar tot ist, hat er Abstand zu seinem Leben und kann auf dieses Leben zurückschauen und kann es jetzt bewerten und vieles zurücknehmen und sagen, das habe ich falsch gemacht und das nicht. Ich glaube, wenn er weitergelebt hätte, wäre das Stück längst nicht so stark gewesen. [. . .]

Neue Deutsche Literatur (NDL), herausgegeben vom Deutschen Schriftstellerverband der DDR. Aufbau-Verlag, Berlin (DDR), Heft 3, 1973, S. 139–149. Ausschnitte.

In: Jürgen Wolff, Editionen „Die neuen Leiden des jungen W.“, S. 23–25.

sieht sie den Autor Plenzdorf, kritisiert nicht den Sozialismus, sondern hier wird mehr Verständnis für die Jugend im realen Sozialismus gefordert. Kritik äußert sie an der Anlage der Figur Dieter, denn dieser käme zu schlecht weg, erscheine gar zu unsympathisch. Schließlich sind es für Monika die „Dieters“, die Aufbau und Fortschritt in der realsozialistischen Gesellschaft möglich machen. Edgar zerbricht für sie an seinem Individualismus; hätte er sich dem Kollektiv mehr geöffnet, wäre er zu retten gewesen.

Uns scheinen diese drei Typen von Äußerungen exemplarisch zu sein, da sie ein Spektrum von euphorischer Identifikation über differenzierte, weil gesellschaftskritisch fundierte Bewertung bis hin zu kategorischer Ablehnung abdecken. Es wäre aber pure Spekulation, wenn man sich zu Aussagen versteigen würde, die die Häufigkeit der dargestellten Positionen unter den DDR-Jugendlichen betreffen.

Intentionen

Durch diese 15. und die folgende Stunde soll dem Schüler verdeutlicht werden, daß zur Betrachtung und Bewertung eines Kunstwerkes die Reaktion des Publikums oder der Leserschaft unverzichtbar hinzugehört. Es geht also darum, Rezeptionsanalyse als Bestandteil von Literaturbetrachtung schlechthin zu kennzeichnen. Das Besondere dieses Stundenthemas liegt darin, daß es sich einerseits um die Rezeption eines Werks durch etwa Gleichaltrige handelt, andererseits leben diese Gleichaltrigen aber in einem anderen Gesellschaftssystem. Letzterer Umstand wurde aber mit der vorhergehenden Stunde intensiv aufgearbeitet, so daß hier mit einer sachlichen Berücksichtigung der andersartigen Vorerfahrungen der Interviewteilnehmer seitens der Schüler gerechnet werden kann.
Zunächst sollen die Schüler den Äußerungen die jeweilige Grundhaltung des Interviewteilnehmers zum Werk entnehmen. Dies ist bei Eva recht einfach, wohingegen bei Hans-Peter indirekt erschlossen werden muß. Gerhilds Äußerungen können in dieser Stunde unberücksichtigt bleiben, da sie sich nur sehr werkimmanent mit dem Ausgang der Handlung befaßt. Das Hauptaugenmerk verdient der Diskussionsbeitrag Monikas, da sie sehr differenziert mit dem Werk umgeht.
Die Grundhaltungen werden dadurch näher bestimmt, daß die Schüler die Meinungen der Jugendlichen über die diametral angelegten Figuren Edgar und Dieter herausarbeiten müssen. Bei dieser Analyse können die Schüler allgemein erkennen, daß Einstellungen zum Werk über Sympathien und Antipathien zu den Hauptfiguren, wie etwa im Falle Evas, entstehen, oder, wie im Falle Hans-Peters, von realen Vorerfahrungen geprägt sind. Anhand von Monikas Beiträgen kann verdeutlicht werden, daß hier rational und mit kritischer Distanz zu einem Urteil gelangt wird. Auf der Basis dieser Erarbeitungen dürfte es dem Schüler recht leicht gelingen, die Äußerungen der drei Jugendlichen in ein Spektrum einzuordnen, das wiederum durch die beiden gegensätzlichen Figuren Edgar und Dieter geprägt ist.
Diese beschreibenden Ergebnisse bilden zusammen mit den Informationen der vorhergehenden Stunde die Grundlage für eine sachliche Bewertung der Diskussionsbeiträge durch die Schüler. Diese Bewertung soll also nicht durch Sympathie oder Antipathie gegenüber dem Werk oder einem Diskussionsteilnehmer gekennzeichnet sein, sondern muß rational anhand der Situation Jugendlicher in der DDR begründet werden.

Lernziele

Die Schüler sollen
- die grundlegende Bewertung des Werkes durch die Jugendlichen Eva, Monika und Hans-Peter dem Interviewauszug entnehmen
- anhand der Bewertung der Figuren Edgar und Dieter durch die Jugendlichen deren Position näher beschreiben
- die Positionen der drei Jugendlichen in ein Spektrum einordnen
- zu den Äußerungen der drei Jugendlichen kritisch Stellung beziehen

Unterrichtsverlauf

Phase 1:
Präsentation eines Interviews mit DDR-Jugendlichen

Als Einstieg formuliert der Lehrer das Ziel der Stunde (siehe Formulierungsvorschlag im Stundenblatt) und teilt das

Textblatt mit dem Interview aus. Der Lehrer sollte ggf. noch einige kurze Hintergrundinformationen zur Zeitschrift NDL, evtl. auch zum DDR-Schriftstellerverband geben. Die Schüler lesen nun den Text durch, u. U. kann man – bei entsprechender Bereitschaft der Schüler – den Text auch mit verteilten Rollen lesen lassen. Danach sollte die Möglichkeit zu spontanen Schüleräußerungen bestehen. U. U. könnte es trotz der Informationen aus der vorhergehenden Stunde notwendig sein, den Begriff „Meister von morgen" zu erläutern, was am einfachsten durch einen Vergleich mit dem Wettbewerb „Jugend forscht" geleistet werden kann.

Phase 2:
Positionen der Interview-Teilnehmer

Der Lehrer stellt die folgenden Arbeitsaufträge: „1. Stellt fest, wie Eva, Monika und Hans-Peter Plenzdorfs Werk allgemein bewerten. 2. Wie beurteilen die drei Jugendlichen die Figuren Edgar und Dieter?" Aus unterrichtsökonomischen Erwägungen könnte es sich anbieten, die Stillarbeit arbeitsteilig zu vollziehen, indem ein Teil der Lerngruppe sich mit den Aussagen Evas und Hans-Peters, der andere sich mit den Äußerungen Monikas befaßt. Dieses Vorgehen hat allerdings den Nachteil, daß sich die eine Gruppe nur mit sehr einfach erschließbaren Urteilen, nämlich denen von Eva und Hans-Peter, beschäftigt, wohingegen nur ein Teil der Lerngruppe die noch deutlich differenzierteren Aussagen Monikas zu bearbeiten hätte. Aus diesem Grunde erscheint es uns in der Regel ratsamer, die Arbeitsaufträge arbeitsgleich bearbeiten zu lassen. Man sollte diese Stillarbeit auch vornehmlich als Einzelarbeit durchführen lassen, um den Schüler zu einer intensiven Textbegegnung zu veranlassen. Die Auswertung der Ergebnisse erfolgt im Unterrichtsgespräch, wobei der Lehrer durchaus Zwischenergebnisse in Stichworten an der Nebentafel festhalten kann.
In der nächsten Teilphase geht es um die Einordnung der Aussagen in den Raster der Antipoden Edgar und Dieter. Zuerst läßt der Lehrer durch Erfragen klarstellen, für welche Personengruppen der DDR-Gesellschaft Edgar und Dieter repräsentativ sind. Danach beginnt der Lehrer den Tafelanschrieb, indem er die Überschrift angibt und die beiden Pole Edgar und Dieter in eine Diagramm-Achse einträgt. Nun wird mit Hilfe von Impulsen die Einordnung im Unterrichtsgespräch vollzogen und im Tafelanschrieb durch Zeichen und verbal festgehalten. Die Schüler sollen dabei ihre Aussagen genau am Text belegen.

Phase 3:
Bewertung der Aussagen

Ist der Tafelanschrieb von den Schülern übernommen, besteht Gelegenheit für eine Schülerdiskussion, in deren Verlauf die Äußerungen der Jugendlichen bewertet werden sollen. Dabei sollte der Lehrer im Einleitungsimpuls noch einmal auf die Informationen der letzten Stunde verweisen, um so sachgerechtes Diskutieren zu ermöglichen, damit er sich im weiteren Verlauf der Diskussion weitgehend zurückhalten kann.

16. Stunde: Rezeption des Romans durch Jugendliche in der Bundesrepublik Deutschland

Thematik

Die Wirkungsgeschichte des Werkes setzte in der BR Deutschland gegenüber der DDR nur leicht zeitversetzt ein. Schon 1973 erschien beim Suhrkamp-Verlag in Frankfurt/Main eine bundesdeutsche Lizenzausgabe, im gleichen Verlag wurde 1976 eine Taschenbuchausgabe aufgelegt, von der inzwischen wohl über eine Million Exemplare verkauft sein dürften. In den Theatern der Bundesrepublik kam das Stück sehr gut an: In der Spielzeit 74/75 war es das meistgespielte Gegenwartsstück (vgl. Behn-Liebherz, M., 1980, S. 4). Danach erfolgte auch recht bald die in den Stunden 10–13 besprochene Fernsehfassung. Heute ist es im Kulturbereich um Stück wie Roman recht ruhig geworden, statt dessen hat seit Mitte der 70er-Jahre eine neue Rezeption eingesetzt, die schulische Rezeption. Plenzdorfs „Neue Leiden" dürfte wohl heute das in Schulen meistgelesene Stück der DDR-Gegenwartsliteratur sein.

In den Feuilletons der führenden Zeitungen der Bundesrepublik Deutschland entspann sich 1973 eine recht lebhafte und kontrovers geführte Diskussion, besonders getragen von den „Kulturpäpsten" Fritz J. Raddatz, Marcel Reich-Ranicki und Dieter E. Zimmer, die hier nur knapp gestreift werden soll. (Zur ausführlichen Information sei auf das Editionen-Heft mit Materialien zu U. Plenzdorf, ‚Die neuen Leiden des jungen W.', Klett-Verlag, Stuttgart 1980, verwiesen.) Fritz J. Raddatz erhoffte sich von Plenzdorf sogar den Anfang einer neuen Literatur in der DDR (vgl. Raddatz, Süddeutsche Zeitung vom 16./17. 9. 1973; zit. nach Editionen, S. 37). Marcel Reich-Ranicki bescheinigt Plenzdorf ein „gutes Ohr für die Sprache des Alltags" (Reich-Ranicki, M., 1973, S. 132), ansonsten sind für ihn die Bezüge zum Werther „läppisch" (ders., a.a.O., S. 133), und so arbeitet er besonders Parallelen zu Salingers „Fänger im Roggen" heraus. Dieter E. Zimmer hat Plenzdorfs Werk mehr im Hinblick auf eine neue Kulturpolitik der DDR untersucht, sieht im Erscheinen und in der Diskussion über das Werk eine undogmatische Öffnung (vgl. Zimmer, DIE ZEIT vom 20. 4. 1973, zit. nach Editionen, S. 39f.). Auffallend ist an diesen Rezensionen, daß die Inhalte des Werkes eher in den Hintergrund treten, dafür der Aspekt ‚DDR-Literatur' stark betont wird. Global gesehen erfahren Plenzdorfs „Neue Leiden" die Zustimmung westdeutscher Kritiker, die für das DDR-System kritisch beleuchtende, in der Bundesrepublik Deutschland erscheinende literarische Produkte schon obligatorisch geworden sind. Diese mitunter schadenfrohen Reaktionen veranlaßten Wilhelm Girnus, den Chefredakteur von „Sinn und Form", zu geharnischter Schelte für diese „Schlaumeier der westdeutschen Meinungsindustrie" (Girnus, W., 1973, S. 1277).

Jedoch ist für uns mit Blick auf unsere Schüler wiederum die Rezeption im bundesdeutschen „Kulturblätter-Wald" gegenüber den Reaktionen Jugendlicher sekundär. Leider liegt u. W. keine empirische Untersuchung vor, die genauen Aufschluß über die Rezeption des Werkes durch Jugendliche in der Bundesrepublik gibt. Zwar stellt Peter Wapnewski fest, daß das Stück „hierzulande, anders als in der DDR, die Jugendlichen nicht von den Stühlen gerissen" habe (Wapnewski, P., 1975, S. 537), den konkreten Beleg bleibt er aber schuldig. Aus unserer mehrjährigen Erfahrung im Umgang mit dem Werk

Vorschlag für ein Arbeitsblatt

Interview zur Rezeption der „Neuen Leiden“ bei Jugendlichen in der Bundesrepublik Deutschland

Ort: Niederkirchen/Pfalz
Datum: 22. 10. 1982
Interviewer I: Hartmut Fischer
Teilnehmer: Corina G. (C) und Diana W. (D), beide 16 Jahre alt und Schülerinnen der 10. Klasse einer Realschule

Das Interview wurde syntaktisch und teilweise lexikalisch überarbeitet, um eine höhere Verständlichkeit zu erreichen, jedoch ohne den Sinn zu verändern. Dabei mußten Einbußen in der sprachlichen Originalität der Äußerungen hingenommen werden – besonders bei dialektgebundenen jugendsprachlichen Redewendungen – allerdings wurden typische Redewendungen übernommen.

I: Wie seid Ihr dazu gekommen, dieses Buch zu lesen?
D: Ganz zufällig. Mir war so langweilig, als ich zu Besuch bei Bekannten war. Da wurde mir das Buch ganz einfach in die Hand gedrückt.
C: Ich habe den Film gesehen, und nachdem ich die Kritiken gelesen hatte, hat mich unheimlich interessiert, wie das Buch aussieht. Dann habe ich mir das Buch in der Bücherei ausgeliehen.
I: Wann war das?
D: Vor etwa einem halben Jaahr.
C: Schon länger her, vor gut zwei bis drei Jahren.
I: Wie lange habt Ihr gebraucht, dieses doch recht umfangreiche Buch zu lesen?
D: Ungefähr eine Woche, abends so stückchenweise.
I: Hattest Du dabei so ein Gefühl, wie früher als Kind, daß man ein Buch schnell auslesen will?
C + D: Ja, das war so ähnlich.
I: Ist Euch nie die Idee gekommen, so nach ein paar Seiten, das ist mir zu kompliziert, ich lege das Buch weg?
D: Mir hat besonders imponiert, daß das Buch mit wörtlicher Rede angefangen hat. Die erste Seite habe ich allerdings doppelt gelesen, damit ich so in den Stil reinkam, so wie das aufgebaut ist. Dann hat mich das immer mehr interessiert.
C: Mir erschienen die Zitate ein bißchen schwer; die ich nicht verstanden habe, habe ich dann mehrmals gelesen. Aber sonst habe ich keine Probleme gehabt.
I: Hast Du auch einmal weitergeblättert, ein paar langweilige Zitate überschlagen?
C: Man muß die Zitate unbedingt mitlesen, sonst hat das Buch keinen Sinn!
I: Wie würdet Ihr ganz global das Buch beurteilen?
C: Ja, es hat mir gefallen.

D: Ich fand das Buch auch ganz gut.
I: Könnt Ihr begründen, warum es Euch gefallen hat?
D: Also, weil es einfach anders geschrieben ist. Und auch wegen der Werther-Zitate.
I: Kannst Du das „anders geschrieben“ präzisieren?
D: Wie ich schon gesagt habe, der Anfang mit wörtlicher Rede. Und dann hat mich besonders die „Ich-Erzählung“ Edgars beeindruckt.
I: Hast Du die Todesanzeigen übersehen?
D: Die habe ich beim erstenmal gar nicht mitgekriegt.
I: Wie war das bei Dir, Corina?
C: Ich habe die Todesanzeigen zuerst gelesen. Das hat mich erstmal interessiert, wie das so weitergehen könnte. Ich habe mir zuerst gedacht, das ist so eine Erzählung, d. h. daß alle erzählen, wie Edgar so war. Dann fand ich sehr gut, daß Edgar sich eingeschaltet hat. Z. B. als seine Mutter sagt, Edgar war so und so, da hat er sich eingeschaltet, gesagt: „Stopp, ich war ganz anders, als du das sagst!“ Das hat mir unheimlich gut gefallen.
I: Du fandest also die Erzählebenen nicht schwierig, sondern die haben den Reiz des Buches ausgemacht?
C: Ja.
I: Wie war das bei Dir, Diana, mit den Erzählebenen?
D: Ja, die waren gerade der Ansporn zum Weiterlesen. Obwohl, am Anfang war es schon schwierig, da durchzublicken, sich einzulesen. Aber später wurde es immer reizvoller.
I: Ihr habt bislang immer gesagt, daß Euch das Buch gefallen hat, weil es anders geschrieben war. Wie steht es denn mit dem Inhalt des Buches? Welche Bedeutung hat der für Euch?
D: Nein, auch der Inhalt ist an sich gut. Ich finde das Buch auch gut, weil der Inhalt aktuell ist, obwohl das Buch schon ziemlich alt ist.
C: Ich finde den Inhalt auch ziemlich gut. Gerade wie die Leute über Edgar denken, und er ist eigentlich ganz anders, kein Mensch hat einen Einblick in ihn selbst, weil ihn keiner genau kennt. Das finde ich gerade gut, weil heute eben auch die Leute danach beurteilt werden, wie sie aussehen, was sie machen. Aber hier kann man in ihn reinschauen, erfährt, wie er sich selbst sieht.
I: Was ist eigentlich für Euch der „Inhalt“ des Buches? Worum geht es in dem Buch?
C: Zu erfahren, wie Edgar wirklich ist. Und dann die Probleme mit seiner Mutter. Die denkt, er sei ein Mustersöhnchen, das sich immer korrekt verhält, und dann flippt er aus, knallt dem Typ die Platte bzw. läßt sie ihm auf den Fuß fallen. Und dann seine Anpassungsprobleme, kann seiner Mutter zuliebe nichts in der Firma machen, obwohl er, wie er selbst sagt, gern mal was Irres mitgemacht hätte. Er kann so nicht aus sich herausgehen, kann sich nicht selbst verwirklichen. Und als er dann ausgebrochen ist, haben sie ihn nur als schlecht hingestellt, daß er so wie sein Vater nichts taugt. Das trifft heutzutage genauso noch zu.
D: Inhalt ist für mich die ganze Geschichte um Edgar herum. Wie die Leute

auf ihn gewirkt haben, daß sie ihn gar nicht erkannt haben, ihn falsch eingeschätzt haben. Im Buch wird das dann so verwirklicht, daß er nach seinem Tode dagegenreden kann, er hat immer etwas zu sagen, wenn die über ihn reden.

I: Das ist ja irgendwie etwas Künstliches, daß da Edgar aus dem Jenseits kommentiert. Wem glaubt Ihr denn mehr: Edgar oder seinen Bezugspersonen?

C: Edgar natürlich. Der ist ja tot, der hat nichts mehr zu verlieren. Und er gibt ja auch manchmal von sich auch nicht die besten Sachen zu, und die anderen wissen ja nicht, wie es in ihm ausgesehen hat.

D: Ich bin auch der Meinung: Wenn er schon tot ist, was hat er dann noch zu lügen.

I: Spricht aus Edgar heraus auch etwas, was Ihr bislang an Erfahrungen gemacht habt, mit Erwachsenen, Schule, Gesellschaft?

C: Ja, weil man immer nach dem äußeren Eindruck eingeschätzt wird, niemand bemüht sich, tiefer in einen reinzugehen. Aber das ist nicht nur bei uns Jugendlichen so, das kann man auf die gesamte Gesellschaft verallgemeinern. Jeder versucht, sich was vorzuspielen, seine Probleme zu vertuschen, um möglichst gut dazustehen. Edgar versucht das am Anfang auch, aber als er tot ist, muß er das nicht mehr.

D: Aus dem Buch kommt klar heraus, daß man einen Menschen nicht einschätzen kann, obwohl man, wie die Mutter, jahrelang zusammenlebt.

I: Ist Edgar ein „Sprachrohr" für Jugend überhaupt? Hat Ulrich Plenzdorf es geschafft, die Probleme der Jugend in eine Person hineinzupacken?

C: Nein, das nicht. Edgar hat zwar viele Probleme, aber man darf das nicht auf die Jugendlichen beziehen. Da sind auch Probleme dabei, die Erwachsene genauso haben, unabhängig vom Alter.

D: Ich meine, das Alter ist schon wichtig. Wäre Edgar 24 gewesen, wäre es eine andere Sache gewesen.

I: Edgar verbreitet doch einen „Jugendkult". Spätestens mit 25 ist man restlos veraltert. Hat sich Plenzdorf damit nicht irgendwo bei den Jugendlichen angebiedert?

D: Vielleicht hat Edgar noch keinen 25jährigen kennengelernt, der Jeans trägt.

C: Ich finde, Edgar ist zu sehr voreingenommen. Alle über 25 sind schon so „verkappt", mit denen kann man nicht mehr reden. Das ist typisch dörflich. Man sollte keine Altersgrenzen ziehen.

I: Wie habt Ihr die Sprache empfunden?

D: Klasse. Die Werther-Zitate waren ein echter Reiz, mir vorzunehmen, Goethes Werther auch einmal zu lesen. Gerade weil es so „geschwollen" klingt.

I: Wie fandest Du, Corina, die Werther-Zitate?

C: Ganz gut, wegen des starken Kontrasts zu Edgars Sprache, die ja so ist, wie wir normalerweise auch reden. Edgars „starke Ausdrücke" einerseits, und dann das „Geschwollene" aus dem Werther. Edgar benutzt ja auch die Werther-Sprache, um sich, seine Gefühle auszudrücken.

I: Ist Plenzdorfs Buch ein Anreiz, Goethes Werther zu lesen?
D: Mich interessiert der Werther, und ich werde ihn demnächst auch lesen.
C: Vielleicht, ich glaube, die schwere Lesbarkeit der Zitate kann einen auch abschrecken. Es ist wohl etwas zu schwer.
I: Wir haben jetzt viel über die Zitate gesprochen. Wie bewertet Ihr Edgars Sprache?
C: Sie entspricht zwar nicht genau dem, wie wir heute sprechen. Manche Ausdrücke gibt es noch, andere nicht mehr. Es ist, obwohl es die Sprache der Zeit ist, in der das Buch herausgekommen ist, eine Sprache von Jugendlichen. Aber oft ist es überspitzt. Plenzdorf hat ja versucht, die Sprache der Jugendlichen zu erlernen. Es ist nicht direkt künstlich, aber auch nicht realistisch.
D: Ich finde, daß auch Jugendliche manchmal so überspitzt reden, z. B.: „Das hat mich fast gar nicht angemacht." Die Sprache ist schon gut getroffen.
I: Hat Plenzdorf den Jugendlichen „aufs Maul geschaut"? Schreibt er so, wie Jugendliche tatsächlich reden könnten?
C: Er hat m. E. zu dick aufgetragen. Er ist kein Jugendlicher, er hat sie (die Sprache, die Verf.) versucht zu erlernen. Vielleicht überspitzt er auch, damit man sich damit identifizieren kann.
D: Gut, manchmal wird übertrieben. Aber Jugendliche sprechen unter sich auch so überspitzt.
I: Die Handlung spielt ja in der DDR. Welche Bedeutung hat für Euch dieser Handlungsort?
D: Ich persönlich habe das kaum gemerkt, das könnte auch hier spielen.
C: Das meine ich auch. Von seinen persönlichen Problemen her ist es egal, ob Edgar in der DDR oder in der BRD lebt. Gut, die Situation am Arbeitsplatz ist anders, die haben mehr Leistungsdruck, z. B. die Spritze. Aber das ist nebensächlich.
D: Mich hat aber gewundert, daß Jugendliche in der DDR so ziemlich die selben Probleme haben wie wir. Ich habe mir die DDR immer als „Druckkasten" vorgestellt.
I: Hat es das Buch geschafft, mehr Verständnis zum „anderen Deutschland" aufzubauen?
C: Ja, ich hab immer gedacht, die stehen dort immer stramm. So anders sind die gar nicht, obwohl sie in einem anderen System leben.
D: Es ist gut zu sehen, daß auch in der DDR mal jemand ausflippt, daß es dort auch „Spinner" gibt, die eigentlich nur Individualisten sind.
I: Sind die Figuren realistisch dargestellt?
C: Ja, die Mutter ist für mich besonders klar vorstellbar. Das ist total realistisch, weil ich glaube, daß so ziemlich alle Mütter nicht den Einblick in ihre Kinder haben.
D: Gerade den Dieter kann ich mir bildlich vorstellen, und ich habe den Film nicht gesehen. Auch Charlie kann ich mir ausmalen.
I: Das Buch ist 1973 erschienen. Ist es auch heute noch aktuell?
C: Ja, ich finde die Probleme ändern sich nicht sehr. Ich glaube, daß man

sich auch heute, gegen den Druck der Eltern und der Gesellschaft, selbst verwirklichen will. Die großen persönlichen Probleme Edgars sind irgendwie zeitlos.
D: Die Probleme kann man einfach so in unsere Zeit hineinsetzen.
I: Würdet Ihr das Buch weiterempfehlen?
C + D: Ja, aber nicht jedem.

im Unterricht müssen wir dem widersprechen, da wohl keine andere Lektüre so sehr begeisterte, ebenso kam der Film recht gut bei den Jugendlichen an. Die einsetzende Verschulung des Romans – dies ist hier als wertfreie Beschreibung zu verstehen – bringt eine erhebliche Verschiebung der Rezeption mit sich. Es fehlen die sog. „natürlichen Leser", Leser, die den Roman aus eigenem Antrieb heraus gelesen haben. Durch Zufall ist es uns gelungen, zwei Jugendliche zu finden, die den Roman außerschulisch rezipiert haben. Deren Erfahrungen stimmen nach Auswertung des Interviews, auf das im folgenden ausführlich eingegangen wird, weitgehend mit dem überein, was uns Schüler nach der schulischen Lektüre rückmeldeten. (Der vollständige Wortlaut ist auf S. 61–65 abgedruckt. Auf Einzelnachweise wird im folgenden verzichtet.)

Bei den beiden Interviewpartnerinnen handelt es sich um zwei 16jährige Schülerinnen einer Realschule. Die beiden fanden das Werk trotz der recht komplexen Erzählstruktur leicht zugänglich. Gerade von der Erzählstruktur ging für sie ein besonderer Leseanreiz aus. Die Werther-Zitate nehmen dabei eine gewisse Sonderstellung ein. Anfangs wirkten sie störend, man mußte sie mehrfach lesen, um sie zu verstehen, doch dann ging von ihnen ein zusätzlicher Reiz aus. Sie dürfen nach Meinung der beiden Mädchen beim Lesen auf keinen Fall überblättert werden, da sie unverzichtbarer Bestandteil des Werkes sind. Das Schicksal Edgars hat die Schülerinnen betroffen gemacht, sie wollten sich mit dem Leben Edgars ganz bewußt auseinandersetzen. Gesteigert wurde diese Betroffenheit durch den Tod Edgars, wodurch den Jenseits-Kommentaren besondere Glaubwürdigkeit zuteil werden, denn ein Toter habe nichts mehr zu verlieren, brauche nichts mehr zu beschönigen. Von Edgar geht eine starke Identifikationswirkung aus, weil Probleme Edgars als die eigenen erkannt werden. Insbesondere seine privaten Probleme im Umgang mit seiner Mutter, seinem Lehrmeister und Charlie werden als treffend dargestellt bezeichnet. Der Bezug zum Goetheschen Werther wird gesehen, jedoch tritt er mit Ausnahme der Wirkung der Zitate deutlich in den Hintergrund, spielt keine entscheidende Rolle. Zwar erwähnt Diana, daß sie wegen der Zitate vielleicht den Goethe-Roman lesen wolle, so entgegnet doch Corina, daß die Sprache der Zitate auch abschrecken könne. Eine besondere Wirkung übt die Sprache Edgars aus.
Zwar beurteilen beide die Sprache Edgars als überzogen, zu sehr konstruiert oder gar gekünstelt, andererseits finden sie sie auch wieder ansprechend, auch wenn sie nicht authentisch ist. Dies stimmt überraschenderweise auch mit Reaktionen DDR-Jugendlicher überein. So erklärt Elke Hirschmann: „Einiges klingt allzu gewollt ‚lokker' und ‚jung' . . ." (Diskussion um Plenzdorf II, 1973, S. 673). Die DDR als Handlungsort trat beim Lesen für die beiden Jugendlichen in den Hintergrund,

d.h. die persönlichen Probleme Edgars sind für die beiden systemunabhängig. Beide sehen auch die Problematik als zeitlos an, als stets wieder aktuell, obwohl man doch deutlich merke, daß das Buch schon „recht alt" sei. Andererseits haben die beiden Schülerinnen bei der Lektüre etwas über die DDR gelernt, bestehende Vorurteile abgebaut. So zeigten sich beide davon überzeugt, daß im „anderen Deutschland" nicht nur „strammgestanden wird", sondern daß es auch solche „Spinner" (Synonym für Individualisten) wie Edgar geben kann. Abschließend lobten beide Schülerinnen den Realismus der dargestellten Figuren, von denen man sich eine plastische Vorstellung machen könne.

Intentionen

Diese Stunde schließt in ihrer Untersuchungsmethode direkt an die vorhergehende an, indem wiederum anhand exemplarischer Äußerungen im Rahmen eines Interviews Rezeptionsprozesse erarbeitet werden sollen. Neu ist jedoch, daß diesmal nicht nur fremde Äußerungen zur Wirkung des Werkes bearbeitet werden sollen, sondern daß auf deren Basis stets ein Bezug zur eigenen Position, zur eigenen Erfahrung und Meinung hergestellt werden muß. Bei der Vorgehensweise wird stärker vom sozio-politischen Hintergrund, d.h. vom real existierenden Sozialismus der DDR, weggegangen, statt dessen die individuelle Betroffenheit des Lesers betont: Warum hat das Werk auf mich so gewirkt?

Hier treten nun auch stärker die Fragen literarischen Geschmacks in den Vordergrund. Es geht vermehrt darum, künstlerische Elemente auf ihre Wirkung auf den Leser hin zu untersuchen. Die zu untersuchenden künstlerischen Elemente sind die Erzählstruktur, die Gestaltung der Figuren und hier besonders die sprachliche Gestaltung. Bei der Erzählstruktur gilt es, den (vermeintlichen) Gegensatz zwischen einer doch recht komplexen Anlage und der Verständlichkeit des Werkes für den Leser zu betrachten. Es muß hier nochmals betont werden, daß nicht nur die Meinungen der interviewten Schülerinnen herausgearbeitet werden, sondern daß der Schüler in Auseinandersetzung oder Übereinstimmung mit diesen seine eigene Position formuliert. Die realistische Darstellung der Figuren kann mit Hilfe von Ergebnissen aus der Filmanalyse (13. Stunde) überprüft werden.

Die Sprache muß als wichtigstes künstlerisches Element untersucht werden, da sie – mit Ausnahme der Werther-Zitate – in den vergangenen Stunden nur beiläufig bearbeitet wurde. Dabei sind gerade die flotten Sprüche Edgars auf den jugendlichen Leser besonders wirksam. Deshalb sollte der Schüler an dieser Stelle die Sprache des Romans, besonders die Edgars, möglichst exakt beschreiben. Man muß dann im Vergleich mit den teils kontroversen Werturteilen Corinas und Dianas die Wirkung der Sprache auf den einzelnen Schüler thematisieren und diskutieren.

Der Stellenwert des Handlungsortes DDR muß von den Schülern auf seine Verständnis hemmende oder zum Lesen anreizende Stellung überprüft werden, auch das Lernen über die DDR am literarischen Werk sollte nicht ausgespart werden. Die zentrale Frage lautet aber: Worin liegt der Erfolg des Werkes in der Bundesrepublik Deutschland begründet? Hier muß der Schüler wiederum nicht nur den Äußerungen der interviewten Schülerinnen entnehmen, daß Edgars Probleme als die eigenen empfunden werden, sondern auch er muß begründen, ob das Werk mit dem Leben Edgars seine eigenen Erfahrungen abbildet, ob es Plenzdorf ge-

lungen ist, jugendtypische Problematiken ansprechend darzustellen.
Einen Transfer hat der Schüler dann zu leisten, wenn er die Rezeption in der Bundesrepublik Deutschland mit der in der DDR vergleicht, Übereinstimmungen und Unterschiede beschreibt. Sein Ergebnis muß dann anhand der sozio-politischen Unterschiede begründet werden.
Grundsätzlich gilt für die Zielsetzung der gesamten Stunde, daß in der Auseinandersetzung mit den Äußerungen Corinas und Dianas der Schüler befähigt werden soll, seine eigene Position besser aufzufinden und auch treffender zu formulieren.
Die Zielsetzung der Stunde fordert nicht nur die Erarbeitung der im Interview geäußerten Erfahrungen und Meinungen, sondern daß auch die Schüler ihre eigenen Positionen einbringen. Dies kann in zwei verschiedenen Weisen geschehen:

1. Die Schüler äußern sich stets unmittelbar, nachdem sie ein Element anhand des Interviews erarbeitet haben.
2. Die eigenen Erfahrungen und Meinungen sind Gegenstand einer gesonderten Diskussionsphase, die im Anschluß an die Bearbeitung des Interviews erfolgt.

Während das erste Verfahren den Vorteil hat, direkter und unmittelbarer auf die Schülererfahrungen eingehen zu können, besteht hier aber die Gefahr, daß gerade bei in der Diskussion ungeübten Lerngruppen die Stunde ihre klare Strukturierung als Ganzes verliert, in Detailbetrachtungen zerfällt. Das zweite Verfahren beugt dem vor, indem die Diskussion als eigene Unterrichtsphase nachgestellt wird. Allerdings besteht hier für den Lehrer u. U. das Problem, nach Erarbeitung und Transfer diese Diskussion noch in Gang zu bringen. Trotz dieser Bedenken haben wir uns für das zweite Verfahren entschlossen, weil es eine klarere Strukturierung der Stunde ermöglicht und deshalb für den Benutzer des Stundenblattes besser nachvollziehbar ist.

Lernziele

Die Schüler sollen
- feststellen, was die interviewten Schülerinnen zu Erzählstruktur, Sprache und Figuren äußern
- den Stellenwert des Handlungsortes DDR anhand der Aussagen der Schülerinnen ausmachen
- herausfinden, was die Interviewpartnerinnen als „Thema des Buches“ empfinden
- Unterschiede zur DDR-Rezeption aufspüren
- alle Meinungen der Interviewten mit ihren eigenen Erfahrungen und Werturteilen kritisch vergleichen

Unterrichtsverlauf

Phase 1:
Präsentation eines Interviews mit Jugendlichen aus der Bundesrepublik

Der Interviewtext (vgl. S. 61–65) wird den Schülern vorgelegt. (Die Vorbemerkungen sind zur Information des Lehrers gedacht, können bei der Vervielfältigung weggelassen werden.) Nach dem Lesen des Textes soll den Schülern Gelegenheit zu Spontanäußerungen gegeben werden, evtl. äußern Schüler schon erste Meinungen. Danach gibt der Lehrer die Zielformulierung, in der noch einmal deutlich auf das Einbeziehen der Schülererfahrungen im Umgang mit dem Roman hingewiesen wird.

Phase 2:
Positionen der Interviewteilnehmer

Die erarbeitende Phase beginnt mit einer ausführlichen Stillarbeit, in der sich die Schüler arbeitsgleich in Einzelarbeit mit dem Interviewtext intensiv auseinandersetzen. Die fünf Arbeitsaufträge können dem Schüler diktiert, schriftlich auf Overheadfolie oder an der Nebentafel oder mit dem Interviewtext vervielfältigt präsentiert werden. Die Auswertung erfolgt dann im Unterrichtsgespräch. Dabei sollte der Lehrer gerade die Besprechung des Elementes Sprache ausführlich vornehmen, da dies bislang noch nicht extensiv erfolgt ist. Die teilweise kontroversen Aussagen Corinas und Dianas bieten dazu gute Ansatzmöglichkeiten, vielleicht sollten hier die Schüler ausnahmsweise eigene Stellungnahmen schon miteinbringen können. Die Ergebnisse zu den Elementen Erzählstruktur, Sprache und Figuren werden dann schon im Tafelanschrieb festgehalten. Danach erfolgt im Unterrichtsgespräch die Besprechung des Stellenwerts der DDR als Handlungsort, die Ergebnisse werden im Tafelanschrieb ergänzt. Als letzter Teil der erarbeitenden Phase wird die jugendtypische Problematik als zentraler Rezeptionseinfluß thematisiert; die Ergebnisse dieses Unterrichtsgesprächs führen zur Vervollständigung des Tafelanschriebs.

Phase 3:
Vergleich der Rezeption in DDR und Bundesrepublik Deutschland

Nach der Übernahme des Tafelanschriebs wird den Schülern eine Transferleistung abverlangt, indem sie anhand der Stundenergebnisse der beiden letzten Stunden die Rezeption in der DDR und in der Bundesrepublik Deutschland analysierend vergleichen. Dies soll in Form eines Unterrichtsgesprächs geschehen, vielleicht entwickelt sich auch schon eine rege Schülerdiskussion.

Phase 4:
Eigene Erfahrungen der Schüler mit dem Roman

Zur Einleitung der Diskussionsphase kann der einfache Impuls „Vergleicht nun eure eigenen Erfahrungen mit den Arbeitsergebnissen“ ausreichen. Die Diskussion, bei der sich der Lehrer auf die Aufgaben des Diskussionsleiters beschränken sollte, läßt sich recht gut anhand des Aufbaus des Tafelanschriebs strukturieren.

17./18. Stunde: Vergleich mit Goethes Briefroman

Thematik

In den „Literaturwissenschaftlichen Anmerkungen“ wurde ausführlich die Bedeutung des Bezugs zum Goetheschen Briefroman „Die Leiden des jungen Werthers“ für die Interpretation des Plenzdorfschen Werkes untersucht, wobei sich auch ideologieträchtige Ansätze ausmachen ließen. Eine breite Ausgangsbasis stellt für uns Eberhard Mannacks Bewertung der „Sinn und Form“-Diskussion dar, wenn er den Diskutanten zugesteht, daß sie „die ‚Ähnlichkeiten‘ mit dem klassischen Romanmodell nicht zu übersehen gewillt sind“ (Mannack, E., 1977, S. 95). U. E. ist Marcel Reich-Ranickis Position abzulehnen, wenn er von einer „moderne(n) Werther-Paraphrase“ (Reich-Ranicki, M., 1973, S. 132) spricht, die mit der historischen Vorlage bei genauem Hinschauen „gar nicht so viel zu tun“ (ebda.) habe. Die Werther-Analogien, besonders die Verwendung der Zitate, werden als „amüsanter Trick“, als „frappierender Gag“ abgetan und sind „einfach läppisch“. (Alle Zitate: a.a.O., S. 133.) Auch Peter Bieles Position, der davon ausgeht, daß Plenzdorf seinen Text mit Hilfe Goethes aufgewertet habe (vgl. Biele, P., 1973, S. 1290), kann uns nicht überzeugen. Eine differenzierte Bewertung nimmt dagegen Robert Weimann in seinem „Sinn und Form“-Beitrag „Goethe in der Figuren-Perspektive“ vor. Plenzdorf unternimmt für ihn den Versuch, die Subjektivität des jungen DDR-Bürgers Edgar Wibeau „im Spiegel der Handlung und des Zitats eines klassischen Werkes aufzufangen, zu reflektieren, zu verfremden und doch zugleich zu bewahren und zu steigern“ (Weimann, R., 1973, S. 223). So kommt Weimann zu einem Urteil, in dem er Entsprechungen beider Werke im Bereich der Figurenkonstellation konstatiert, aber letzten Endes Plenzdorfs Hinzufügung „neu“ stärker gewichtet als das abgekürzte W., das auf das alte Modell Werther verweist. (Vgl. Weimann, R., 1973, S. 226f.). Diese ausgewogene, d.h. den Gegenwartsbezug nicht überbetonende und den Bezug der historischen Vorlage herstellende Position erscheint uns die beste fachwissenschaftliche Basis für diese Stunde, wohingegen Peter Wapnewskis Aussage, daß die neuen Leiden den alten spürbar entsprechen (vgl. Wapnewski, P., 1975, S. 539), als zu wenig differenziert abgelehnt werden muß.

Der Vergleich der Werke konzentriert sich im folgenden auf die Personenkonstellation, die Erzähltechnik, die Funktion von Werther-Tracht und Jeans sowie einen Rezeptionsvergleich. Die Frage des Todes der beiden Hauptgestalten wurde an anderer Stelle schon untersucht.

Goethes Roman kann nur vor autobiographischem Hintergrund verstanden werden, da er hier persönliche unglückliche Erfahrungen seiner Wetzlarer Zeit verarbeitet hat. Dort hat er sich in Charlotte Buff, die mit dem Gesandtschaftssekretär Johann Christian Kestner verlobt war und nicht daran dachte, diese Verbindung zu lösen, verliebt. Auf dem Rückweg nach Frankfurt hinterläßt die 16jährige Maximiliane von La Roche tiefe Eindrücke bei Goethe. So trägt Werthers Charlotte denn Züge von Charlotte Buff und Maximiliane von La Roche, deren „schwarze Augen“ sich dann bei Lotte wie Edgars großer Liebe Charlie wiederfinden. Kestner steht für Werthers Gegenspieler Albert Modell, war jedoch in Wirklichkeit nie der Trottel, zu der die literarische Figur gestaltet worden ist. Anlaß für die Niederschrift des „Werther“ ist der Freitod Karl Friedrich Jerusalems, eines flüchtigen Wetzlarer Bekannten Goethes, aus unglücklicher Liebe. Nach heftigen Auseinandersetzungen Goethes mit dem Frankfurter Kaufmann Peter Brentano, der Maximiliane von La Roche geheiratet hat, kommt es zur Abfassung des Romans. Züge Brentanos werden für die Gestalt des Albert genutzt; Goethe selbst ist sowohl in der Gestalt des Werther wie auch als Herausgeber der Briefe zu finden.

Vergleicht man die Figuren der historischen Romanvorlage mit dem zeitgenössischen Roman Plenzdorfs, so ergeben sich deutliche Entsprechungen: Edgar Wibeau und Werther, Charlie und Lotte, Dieter und Albert, Willi und Wilhelm. Über diese Personenkonstellation hinaus zeigen sich auch Parallelen in der Erzähltechnik. Goethes Briefroman wird von einem Herausgeber recherchiert und mit Zwischentexten versehen, bei Plenzdorfs „Neuen Leiden“ recherchiert der Vater Edgars auf der Dialog-Ebene Stationen aus dem Leben seines Sohnes. In beiden Werken wird retrospektiv erzählt. Aktualisiert hat Plenzdorf die Werther-Tracht zu Blue

jeans, Briefe an Wilhelm zu Tonbandcassetten an Willi. Die Werther-Tracht (blauer Rock, gelbe Weste mit Messingknöpfen) drückt ebenso Individualität und Abkehr von sozialen Standardnormen aus, wie das Tragen von Jeans in der realsozialistischen Gesellschaft der DDR der frühen 70er-Jahre als ideologiekritische Aussage zu bewerten ist.
Letztendlich können in der Rezeption beider Werke Ähnlichkeiten festgestellt werden. Beide Werke waren für etablierte Teile der Öffentlichkeit ein Skandal, wurden dagegen von der Zielgruppe der Gleichaltrigen begeistert aufgenommen. Beide Werke lösten in der Fachwelt eine rege Diskussion aus und verhalfen dem Autor zu hohem Bekanntheitsgrad.

Intentionen

Der Konzeption des gesamten Modells liegt das Verständnis zugrunde, daß Plenzdorfs Werk als ein hervorragend gelungenes Stück deutscher Jugendliteratur anzusehen ist. Es wäre deshalb verwerflich, die „Neuen Leiden“ lediglich als „Aufhänger“ oder Anlaß zu benutzen, Goethes „Werther“ extensiv im Unterricht in den Mittelpunkt zu stellen. Andererseits wäre es aber eine nicht zu verantwortende Verkürzung, bei der unterrichtlichen Behandlung der „Neuen Leiden“ so zu tun, als wäre die Existenz des Goetheschen Briefromans über die Bereitstellung der Zitate hinaus für das Verständnis unseres zeitgenössischen Romans bedeutungslos. Ziel dieser beiden Stunden, die am Ende des Unterrichtsmodells stehen, ist es vielmehr, den Schüler über die Begegnung und den Vergleich mit der historischen Romanvorlage zu einem besseren Verständnis der „Neuen Leiden“ zu befähigen. Vielleicht stellt diese Begegnung mit Goethes „Werther“ auch einen Leseanreiz dar, der den Schüler zum *freiwilligen* Lesen anregt (vgl. Äußerungen im Interview der 16. Stunde). Diese beiden Stunden verstehen sich auch als Beitrag zur Behandlung literaturgeschichtlicher Inhalte im Deutschunterricht. Literaturgeschichte wird nicht per se Gegenstand des DU, sondern hier ist literaturgeschichtliche Vorgehensweise zur Erweiterung des Werkverständnisses beider Texte notwendig. Über die Stunde hinaus bedeutsam ist auch die Untersuchung des Einflusses des autobiographischen Hintergrundes auf Goethes „Werther“. Der Schüler erfährt an Entstehungsgeschichte und Figurenkonstellation bzw. Figurengenese, wie Erlebnisse aus der realen Welt des Autors künstlerisch verdichtet und verfremdet werden. Natürlich kann dieser Aspekt literarischer Gestaltung hier nur schlaglichtartig vorgenommen werden, aber auch diese knappe Darstellung kann erste Einblicke vermitteln, die in anderen Unterrichtsreihen näher untersucht werden können.
In dieser Informationsphase sollen dem Schüler komprimiert die wichtigsten Wissensgrundlagen über Inhalt, Entstehung und Rezeption von Goethes „Werther“ vermittelt werden. Hierzu bieten sich grundsätzlich verschiedene Vorgehensweisen an.

1. Lehrerzentrierte Darbietung als Lehrerreferat oder -vortrag.
2. Schülerzentrierte Darbietung als Schülerreferat.
3. Mediale Darbietung.

Die erste Möglichkeit ist zwar die wohl einfachste Vorgehensweise, wird aber von uns nicht in Betracht gezogen, da Lehrerreferat oder -vortrag am wenigsten Schüler motivieren und Schülerpassivität Vorschub leisten.
Die zweite Möglichkeit fordert dagegen vom Schüler eine hoch anzusetzende Eigenleistung, mit der er Techniken der Erarbeitung neuer Inhalte und der Darbie-

tung, des Referierens, erlernt. Wählt der Lehrer diese Vorgehensweise, so seien ihm im folgenden aus der unübersehbaren Fülle der Literatur einige Vorschläge an die Hand gegeben, bei deren Auswahl weniger die Fachwissenschaft als die Schüler als Benutzer richtungsgebend waren. Leichte Verständlichkeit und gute Zugänglichkeit hatte gegenüber Forschungswert Vorrang.

Einen ersten Einblick in die Thematik kann dem Schüler jede brauchbare „Literaturgeschichte", wie sie wohl in jeder Schüler- oder Lehrerbibliothek zu finden ist, vermitteln. Einen recht guten, wenn auch stellenweise populärwissenschaftlichen Zugang ermöglicht:

Friedenthal, Richard: Goethe. Sein Leben und seine Zeit. Gütersloh o.J.

Die beiden folgenden Bändchen bieten schülergemäßen Zugang zu Informationen mit Hilfe von zeitgenössischen Materialien:

Editionen. Johann Wolfgang von Goethe ‚Die Leiden des jungen Werther' mit Materialien. Ausgewählt und eingeleitet von Doris Bonz. Ernst Klett Verlag, Stuttgart 1982.

Reclams Erläuterungen und Dokumente zu Johann Wolfgang Goethe ‚Die Leiden des jungen Werthers'. Hrsg. von Kurt Rothmann. Philipp Reclam jr. Verlag, Stuttgart 1976.

Auf einem wissenschaftlich anspruchsvollen Niveau, das auch hohe Anforderungen an den Schüler stellt, bieten die beiden folgenden Werke Informationen:

Kaiser, Gerhard: Aufklärung, Empfindsamkeit, Sturm und Drang. München 2. Aufl. 1976. (= Geschichte der deutschen Literatur, Band 3. UTB 484).

Pascal, Roy: Der Sturm und Drang. Kröner Verlag, Stuttgart 2. Aufl. 1977. (= Kröners Taschenausgabe Bd. 355).

Darüber hinaus sollte sich der Schüler selbständig in örtlichen Bibliotheken spezielle Literatur besorgen.

Die dritte Möglichkeit, die mediale Darbietungsweise, wurde von uns für die Gestaltung des Stundenblatts gewählt, da hier sehr anschaulich und motivationsstark die notwendigen Informationen vermittelt werden können, andererseits uns eine konkrete Darstellung des Unterrichtsverlaufs möglich wird, was bei einem Schülerreferat problematischer wäre. Die Grundlage ist der hervorragende FWU-Film „Werther – ein Tatsachenbericht" (FWU-Film 32 2560). Dieser Farbfilm mit einer Spieldauer von 22 Minuten bietet dem Schüler anschaulich und motivationsstark die wesentlichen Informationen zur Entstehungsgeschichte und Rezeption des „Werthers" und auch einige Angaben zum Inhalt. Dieser Film ist mit einem brauchbaren Beiheft, das auch eine Fülle an Literaturhinweisen enthält, ausgestattet. Der Film kann bei regionalen und überregionalen AV-Medienzentralen entliehen werden; 16 mm Film – Version wie auch Videobänder (VHS = Nr. 42 0252, Video 2000 = Nr. 43 0252) können bei FWU für weniger als DM 100,– erworben werden.

Unabhängig von der Wahl der Informationsdarbietung verändern sich die folgenden Phasen sowie die Gestaltung der 18. Stunde nicht. Auf dieser Basis kann dann ein Vergleich beider Werke am ehesten bei den Figuren einsetzen. Der Vergleich der Erzähltechnik bietet schon erste Ansätze, von Plenzdorf vorgenommene Aktualisierungen zu beschreiben und auf ihre Notwendigkeit hin zu untersuchen. Ein kritischer Rezeptionsvergleich zwischen beiden Werken schließt die erarbeitenden Zielsetzungen ab. Die Feststellung von Parallelen fordert andererseits auch stets das Konstatieren gravierender Veränderungen, die lediglich beim Tode der

Haupthandlungsträger festzustellen sind. Hier bietet sich der Ansatz zu einer abschließenden Bewertung des Vergleichs. Der Schüler soll sich auf der erarbeiteten Informationsbasis offen ein Urteil über Plenzdorfs Werk vor dem Hintergrund des Goetheschen Briefromans bilden, sich selbst überprüfen, ob und ggf. wie die in diesen Stunden gewonnenen Erkenntnisse seine Bewertung des Plenzdorfschen Romans beeinflussen.
Die umfangreichen Inhalte, die für den Vergleich beider Werke notwendige Voraussetzung sind, verlangen eine Aufteilung auf zwei Stunden. In der 17. Stunde sollen Informationen über die Entstehung und den Inhalt des Goetheschen Briefromanes vermittelt und die Figurenkonstellation beider Werke verglichen werden. In der 18. Stunde stehen dann ein Vergleich von Erzähltechnik und Rezeption sowie Aktualisierungen Plenzdorfs und eine abschließende Bewertung im Mittelpunkt.

Lernziele der 17. Stunde

Die Schüler sollen
- den autobiographischen Hintergrund der Entstehungsgeschichte des Goetheschen Briefromans erkennen und beschreiben
- die Figurenkonstellation in Goethes „Werther“ auf autobiographischer Basis analysieren
- die Figuren des Goethe-Romans und des Plenzdorfschen Werkes miteinander vergleichen und Parallelen feststellen

Lernziele der 18. Stunde

Die Schüler sollen
- die Erzähltechnik beider Werke vergleichen und feststellen, daß Herausgeber und die Figur Vater ähnliche Funktionen erfüllen
- Werther-Tracht und Jeans als Ausdruck verwandter Weltanschauungen erkennen und bewerten
- einen kritischen Rezeptionsvergleich zwischen beiden Werken durchführen
- eine Gesamtbewertung von Plenzdorfs „Neuen Leiden“ vor dem Hintergrund von Goethes „Werther“ vornehmen

Unterrichtsverlauf der 17. Stunde

Phase 1:
Vorwissen über „Werther“

In dieser Einstiegsphase fragt der Lehrer nach dem möglichen Vorwissen der Schüler über Goethes „Die Leiden des jungen Werther“. Anschließend gibt er die Zielformulierung für diese Stunde.

Phase 2:
Filmpräsentation

Wenn man die Präsentation per Film wählt, sollten die Schüler vor der Projektion klare Arbeits- und Beobachtungsaufträge erhalten. Sie sollen die wichtigsten Informationen protokollieren, dabei besonders auf Namen, Zeit- und Ortsangaben achten. Nach der Filmpräsentation muß den Schülern Gelegenheit zu Spontanreaktionen wie zu Verständnisfragen gegeben werden.

Phase 3:
Autobiographisches im „Werther“/
Figurenkonstellation bei Goethe
und bei Plenzdorf

In dieser Erarbeitungsphase wird anhand der im Film gegebenen Informationen der Einfluß von Goethes Erlebnissen auf die Entstehung und die Personen des „Wer-

thers“ im Unterrichtsgespräch untersucht. Hier werden durch exakte Lehrerfragen (Formulierungsvorschläge im Stundenblatt) die Ergebnisse des Mitschreibens abgerufen und in einem Tafelanschrieb gesichert und strukturiert. Bei der Anlage des Tafelanschriebs sollte der Lehrer auf die Einhaltung der notwendigen Freiräume achten, da diese in der nächsten Stunde noch ergänzt werden.
Im Unterrichtsgespräch werden dann mit Hilfe des Tafelanschriebs die Figuren beider Werke verglichen und einander graphisch zugeordnet.

Unterrichtsverlauf der 18. Stunde

Phase 1:
Anknüpfen an Ergebnisse der letzten Stunde (Figurenkonstellation)

In einer Wiederholung werden die Ergebnisse der letzten Stunde den Schülern ins Gedächtnis gerufen. Da das Tafelbild dieser Stunde auf dem der letzten Stunde aufgebaut ist, empfiehlt es sich, bei der Wiederholung von den Schülern die graphische Darstellung der Ergebnisse der letzten Stunde exakt an der Tafel rekonstruieren zu lassen. Danach gibt der Lehrer die Zielformulierung, in der weitere Vergleiche und eine abschließende Bewertung angekündigt werden.

Phase 2:
Vergleich der beiden Werke

Zuerst wird in dieser erarbeitenden Phase im Rahmen eines gelenkten Unterrichtsgespräches auf die Erzähltechnik beider Werke eingegangen. Dabei können die Aufzeichnungen aus der 3. Stunde zur Unterstützung herangezogen werden. Der Lehrer gibt den entscheidenden Impuls, indem er den Anfang des „Werther“-Textes (Vorwort des Herausgebers) verliest, wodurch die Vergleichsansätze sinnfällig werden. Die Herausarbeitung der formalen Aktualisierung Plenzdorfs, nämlich Briefe an Wilhelm zu Tonbändern an Willi werden zu lassen, bietet auch die Verknüpfung zur nächsten Teilphase, wo weitere Aktualisierungen Plenzdorfs inhaltlich behandelt werden. Dabei hat der Lehrer auch eine Deutung der Parallele Werther-Tracht und Jeans (in der DDR der frühen 70er-Jahre) vornehmen zu lassen. Die Ergebnisse werden jeweils nach der Erarbeitung in den Tafelanschrieb der letzten Stunde eingefügt.
Die erarbeitende Phase schließt mit einem Rezeptionsvergleich beider Werke ab. Hierbei sollen in einem Unterrichtsgespräch Informationen, die durch den Film vermittelt wurden, mit Ergebnissen der 15. und 16. Stunde verglichen werden. Die Ergebnisse dieser Teilphase vervollständigen den Tafelanschrieb.

Phase 3:
Abschlußdiskussion

In dieser sowohl die Stunde wie auch die gesamte Unterrichtsreihe abschließenden Phase soll den Schülern ausführlich Raum zu offener, bewertender Diskussion gegeben werden. Dabei soll zuerst die Frage diskutiert werden, welche grundlegenden Veränderungen Plenzdorf gegenüber der historischen Romanvorlage vorgenommen hat, wodurch bewertende Aussagen seitens der Schüler zwingend notwendig werden. Der Lehrer sollte anfangs die Diskussion mit klaren Impulsen auf diese Thematik konzentrieren, später nach und nach Gelegenheit zu freier Diskussion geben, in der sich abschließend und allgemein über Plenzdorfs „Neue Leiden“ bewertend geäußert werden kann und soll.

Möglichkeiten der Leistungskontrolle

Vorschlag 1: Fragen

Gruppe A:

1. Plenzdorf benutzt mehrere Erzählebenen. Beschreibe seine Erzähltechnik, was soll sie bezwecken?
   ....
   ....
   ....

2. Ordne die folgenden Aussagen über Edgar den jeweiligen Figuren zu.
   „wertvoller Mensch" ....
   „jähzornig" ....
   „Nichtskönner" ....
   „inkonsequent" ....
   „konsequent" ....
   „verbohrter, vernagelter Idiot" ....
   „Genie" ....

3. Wozu benutzt Edgar die Werther-Zitate, wenn er sie an seinen besten Freund Willi richtet?
   ....
   ....

4. Wie bewertet Edgar den „Werther" anfangs?
   ....
   ....

5. Untersuche, ob die Problematik der „Neuen Leiden" sich auch auf die Bundesrepublik Deutschland übertragen läßt. Begründe anhand der Studie „Jugend 81".
   ....
   ....
   ....
   ....
   ....

6. Welche tatsächlichen Personen dienten zur Vorlage für die Figur „Werther" in Goethes Roman?
   ....

7. Nenne zwei Aktualisierungen Plenzdorfs gegenüber der Vorlage Goethes.
. . . .
. . . .

8. Ordne die Personen aus Goethes „Werther" und Plenzdorfs „Neuen Leiden" einander richtig zu.
Wibeau . . . .
. . . . Albert
Vater . . . .

Punkte: . . . . Note:. . . . .

Gruppe B:

1. Welche Erzählebenen benutzt Plenzdorf?
. . . .
. . . .
. . . .

2. Ordne die folgenden Aussagen über Edgar den jeweiligen Figuren zu.
„verbohrter, vernagelter Idiot" . . . .
„wertvoller Mensch" . . . .
„konsequent" . . . .
„inkonsequent" . . . .
„jähzornig" . . . .
„Genie" . . . .
„Nichtskönner" . . . .

3. Wozu benutzt Edgar die Werther-Zitate, wenn er sie in Gespräche mit Addi oder Dieter einbaut?
. . . .

4. Wie bewertet Edgar den „Werther" zuletzt?
. . . .
. . . .

5. Ordne die Personen aus Goethes „Werther" und Plenzdorfs „Neuen Leiden" einander richtig zu.
Werther . . . .
. . . . Dieter
Goethe . . . .

6. Welche tatsächlichen Personen dienten zur Vorlage für die Figur „Charlotte" in Goethes „Werther"?
. . . .

7. Vergleiche die Lebensentwürfe Edgars und Dieter mit den Ergebnissen der Studie „Jugend 81“. Welche Schlußfolgerung kann man daraus ziehen?

....
....
....
....
....
....

8. Nenne zwei Aktualisierungen Plenzdorfs gegenüber der Vorlage Goethes.

....
....

Punkte: .... Note:. ....

Vorschlag 2: Literarische Charakteristik

I. Grundschema für eine literarische Charakteristik

1. Biographische Daten
2. Äußeres Erscheinungsbild
3. Charakterliche Merkmale:
   (anhand des Verhaltens in Beruf und Freizeit, gegenüber seinen Mitmenschen und sich selbst)
   - Verhalten im Beruf
   - Verhalten in der Freizeit
   - Besondere Fähigkeiten (sog. „Stärken“)
   - sog. „Schwächen“
   - Zusammenfassung (= typische Wesensmerkmale)
4. Gesamturteil

II. Hinweise zur Abfassung einer literarischen Charakteristik

1. Sammle möglichst alle bedeutsamen Textstellen zu der Figur.
2. Fertige anhand dieser Textstellen eine Stoffsammlung an *und/oder* markiere die wichtigsten Aussagen im Text.
   („heißer Tip“: Lesezeichen helfen beim Wiederfinden von Textstellen.)
3. Werte die gefundenen Textstellen für das Grundschema aus. (Zuordnung zu den Gliederungspunkten)
4. Belege jede Aussage anhand des Textes, indem du das Verhalten der Person in der jeweiligen Situation beschreibst oder ihre Gedanken, Gefühle und Einstellungen darlegst. Verwende dabei, wenn es dir notwendig erscheint, Zitate.

5. Gib bei solchen Situationsbeschreibungen auch die ganze Fundstelle (Seitenzahl) an.
6. Hinweise für das Zitieren:
Zitieren heißt, schriftliche oder mündliche Äußerungen anderer wörtlich in selbstverfaßten Texten anführen. Zitate müssen mit dem Originaltext übereinstimmen (auch in Rechtschreibung, Interpunktion und Sperrungen) und aus sich selbst verständlich sein.
Also:
– Sprecherangabe
– wörtliches Zitat in „. . ."
– umschreibendes Zitat mit dem Hinweis „vgl. S. . . ." versehen
– jegliches Zitat wird mit einer Seitenangabe versehen.

Beispiel für eine literarische Charakteristik

Zaremba

Der gebürtige Böhme Zaremba ist über siebzig Jahre alt und wohnt in Berlin. Nach 1945 soll er für drei Wochen Oberster Richter von Berlin gewesen sein. Zur Zeit arbeitet Zaremba als Anstreicher in einer Malerbrigade in Berlin. Nebenbei ist er noch Gewerkschaftskassierer.
Nach Aussagen Edgars ist Zaremba sehr mager, besteht sowieso nur aus Haut und Knochen und Muskeln. (S. 89) Seine Muskelkraft stellte er immer unter Beweis, indem er sich von allen möglichen Leuten ein offenes Taschenmesser auf den Bizeps fallen ließ. Das Messer sprang dann weg wie aus Gummi. An einer Hand fehlt ihm ein Stück vom kleinen Finger, außerdem zwei Rippen. Seine Arme und Brust zieren mehrere Tätowierungen.
Zaremba ist ein Meister in seinem Fach, denn er kann ausgezeichnet malen. Dies bestätigt auch Edgar, als er feststellt: „Zaremba malte wie eine Maschine." (S. 91) Nebenbei betreut Zaremba noch den Bauwagen der Brigade und sorgt für die Reinhaltung des Fahrzeuges. Zaremba ist ein gewissenhafter Mensch, der in seiner Umgebung gerne Ordnung und Sauberkeit vorfindet. Wenn das Arbeitsklima durch einen Streitfall zwischen den Mitgliedern der Brigade getrübt ist, fängt Zaremba an zu singen, so daß alle seinem Beispiel folgen und es somit selten zu einem offenen Ausbruch eines Streites kommt. So schlichtete er auch einen Streit zwischen Addi und Edgar. (S. 92)
Sonnabends geht Zaremba mit den Mitgliedern der Brigade zum Kegeln. Den Rest seiner Freizeit nimmt der gemeinschaftliche Bau eines nebellosen Farbspritzgerätes in Anspruch.
Zaremba besitzt gute Menschenkenntnis. Zu dieser Überzeugung gelangt auch Edgar, als er sagt: „Ich glaube, dieser sah durch mich wie durch Glas." Zaremba hat das Talent, jede Situation richtig einzuschätzen. Während Edgar in der Maler-Brigade von Anfang an Streit mit Addi hat, merkt er sehr bald, daß er in Zaremba eine außergewöhnliche Persönlichkeit vor sich hat. Zaremba ist eine Art Vaterfigur, der sich sämtliche Mitglieder der Brigade anvertrauen können. Zaremba besitzt ein hohes Maß

an Autorität, ohne aber autoritär zu sein. Diese Autorität braucht nicht von der Ausübung einer bestimmten offiziellen Funktion hergeleitet zu werden.
Zaremba ist ein guter Maler; er versteht etwas von seinem Handwerk. Er ist ein Mensch, der das Arbeitsklima in der Brigade durch seine Fähigkeiten wie Menschenkenntnis, Weitsicht, Einfühlungsvermögen und Kompromißbereitschaft immer bessert und Konflikte zu lösen vermag. Er ist ein vorbildlicher und fleißiger Arbeiter, ohne von seiner Arbeit besessen zu sein. Seine Kameradschaft und immerwährende Vermittlungsbereitschaft machen ihn zu einem beliebten Kumpel. Zaremba ist der einzige Erwachsene, der Edgars Streben nach Freiheit und Unabhängigkeit versteht und respektiert. Seine große Toleranz Edgar gegenüber ist sicher auch auf sein Selbstvertrauen und seine politische Einstellung zurückzuführen. Zaremba ist ehemaliger Spanienkämpfer. Er hat also für seine politische Überzeugung sein Leben riskiert und braucht nicht andauernd zu beweisen, daß er die „richtige" Einstellung hat. Zaremba ist unverkrampft und hat außerdem einen ausgeprägten Sinn für Humor. Er ist auch der einzige, der ohne jede Spur von Befremden und Aggression auf die Werther-Zitate reagiert. Für ihn, den kämpferischen Sozialisten, ist alles Ungewöhnliche und Neue nicht schockierend. Mit all diesen Qualitäten ausgestattet, liegt es auch nahe, daß Edgar von diesem Zaremba beeindruckt ist und sogar dazu neigt, ihn zu idealisieren. So rückt er ihn an einer Stelle sogar in die Nähe von Goethe und Schiller: „Schiller und Goethe und die, das waren vielleicht wertvolle Menschen. Oder Zaremba." (S. 87)

Materialien zur 14. Stunde

1. Einrichtungen zur Materialbeschaffung:

Gesamtdeutsches Institut (GDI)
Postfach 120607
5300 Bonn 1

Verleih in Berlin:
Gesamtdeutsches Institut
– Abteilung IV –
Fehrbelliner Platz 3
1000 Berlin 31

Bundeszentrale für politische Bildung
Berliner Freiheit 7
5300 Bonn 1

Ostkolleg der Bundeszentrale für politische Bildung
Am Stadtwaldgürtel 42
5000 Köln 41

2. Literatur:

Bundesministerium für innerdeutsche Beziehungen (Hrsg.): DDR-Handbuch. 3. Aufl. Köln (Verlag Wissenschaft und Politik) 1984.
Umfassendes Nachschlagewerk. Bezug: teilweise kostenlos beim GDI. Buchhandel ca. DM 38,–.

Bundesministerium für innerdeutsche Beziehungen (Hrsg.): Zahlenspiegel Bundesrepublik Deutschland/Deutsche Demokratische Republik – Ein Vergleich. Neue Ausgabe, 2. aktualisierte Auflage. Nachdruck Bonn (GDI) Juli 1983.
Umfassendes synoptisches Tabellarium. Bezug: kostenlos beim GDI.

Bundeszentrale für politische Bildung (Hrsg.):
Informationen zur politischen Bildung: Bundesrepublik Deutschland – DDR 1 und 2. Vergleich der politischen Systeme. (= Hefte 192 und 193). Bonn o. J.
Unterrichtsmaterialien für die Hand des Schülers. Bezug: kostenlos (auch im Klassensatz) beim Herausgeber.

Bundeszentrale für politische Bildung (Hrsg.):
PZ Nr. 38. Jung sein in der DDR. Wie fremd sind wir uns eigentlich? Bonn September 1984.
Unterrichtsmaterial für die Hand des Schülers. Bezug: kostenlos im Klassensatz beim Herausgeber.

Bundeszentrale für politische Bildung (Hrsg.):
Zeitlupe Nr. 15: Jugend in der DDR. Bonn 1984.
Unterrichtsmaterialien für die Hand des Schülers. Bezug: kostenlos im Klassensatz beim Herausgeber.

Bücher, Wolfgang und Peter Wensierski:
Null Bock auf DDR. Spiegel-Buch. Reinbek (Rowohlt) 1984.
Aktuelle und schülernahe Darstellung.

Haase, Norbert/Lothar Reese/Peter Wensierski:
VEB Nachwuchs. Reinbek (Rowohlt) 1983.
Aktuelle und schülernahe Darstellung.

Helmrich, Herbert und Bernd Ahrndt:
Schüler in der DDR. München (Saur) 1980.
Sachlich-informative Darstellung der Situation der Schüler in der DDR.

Jäger, Manfred:
Kultur und Politik in der DDR. Ein historischer Abriß. Köln (Verlag Wissenschaft und Politik) 1981.
Darstellung von Kulturentwicklungen, Kulturpolitik der DDR, besonders der Literatur.

Jaide, Walter und Barbara Hille (Hrsg.): Jugend im doppelten Deutschland. Opladen (Westdeutscher Verlag) 1977. Sachliche und umfassende Darstellung.

Walwei-Wiegelmann, Hedwig (Hrsg.): Jugend – Sozialismus – Deutsche Frage. Texte und Materialien für den Deutschunterricht. Paderborn (F. Schöningh) 1979.
Reader für die Hand des Schülers.

Weber, Hermann:
Kleine Geschichte der DDR. Köln (Verlag Wissenschaft und Politik) 1980. Leicht verständliche Gesamtdarstellung der DDR-Geschichte.

Wilhelmi, Jutta:
Jugend in der DDR. Berlin (Gebr. Holzapfel) 1983.
Sachlich-informative Darstellung.

Windmöller, Eva und Thomas Hoepker: Leben in der DDR. Hamburg (Gruner und Jahr) o. J.
Taschenbuchausgabe: München (Goldmann) o. J.
Populäre Darstellung des DDR-Alltags der (späten) 70er-Jahre.
Bezug: Buchhandel, ca. DM 9,80 für die tb-Ausgabe.

Wochenschau für politische Erziehung, Sozial- und Gemeinschaftskunde. Schwalbach bei Frankfurt/Main (Wochenschau-Verlag Dr. Kurt Debus):
Ausgaben Sekundarstufe 1:
DDR-Alltag 1: Schule und Arbeitswelt. 33. Jg. (1982) Nr. 3
DDR-Alltag 2: Freizeit und Familie. 33. Jg. (1982) Nr. 4
Ausgaben Sekundarstufe 2:
Jugend in der DDR. 30. Jg. (1979) Nr. 1/2
Systemvergleich BRD – DDR. 34. Jg. (1983) Nr. 2
Sehr aktuelle Materialien für die Hand des Schülers.
Bezug: über den Verlag, ca. DM 4,50 für das Einzelheft, ab 10 Expl. ca. DM 3,60.

Zitzlaff, Dietrich/Clemens Lessing/Kurt Gerhard Fischer (Hrsg.):
Kinder und Jugendliche in der Bundesrepublik Deutschland und der DDR. Unterrichtsmodelle Politische Didaktik. Unterrichtseinheiten für die Förderstufe und die Sekundarstufe 1.
Didaktischer Teil: Stuttgart (J. B. Metzlersche Verlagsbuchhandlung) 1983. Materialteil: Stuttgart (Metzler) 1982.
Zweiteiliges praxisnahes Werk für die Hand des Lehrers. Bezug: Buchhandel

3. Filme:

Abschied von Gabriele (Aus dem Zyklus: Drei Mädchen von heute)
Spielfilm 1976 – schwarz-weiß – 77 min (Autor: Walter Baumert. Regie: Hubert Hoelzke. Produktion: Fernsehen der DDR)
Thema: Reifungsprozeß einer Studentin
Verleih: Best.-Nr. 391 beim GDI

Ich bin 18 Jahre alt und lebe in der DDR.
Dokumentarfilm 1978 – farbig – 45 min (Produktion: Dietrich und Katharina Schubert / Westdeutsches Fernsehen)
Thema: Berufsausbildung – Abitur – Beruf und Freizeit
Verleih: Best.-Nr. 403 beim GDI

Jäckis Liebe (Aus der Reihe: Der Staatsanwalt hat das Wort)
Spielfilm 1980 – farbig – 60 min (Drehbuch: Gerhard Stübe. Regie: Bodo Fürneisen. Produktion: Fernsehen der DDR)
Thema: Jugendkriminalität in der DDR

Jugend in der DDR – Erziehung zum Sozialismus

Dokumentarfilm 1984 – farbig – 44 min
Videokassette
Bezug: FWU. System VHS Nr. 420127, System VCR 410127. DM 135,–.

Mit Hammer und Zirkel – Berufswahl und Berufsausbildung in der DDR
Dokumentarfilm 1976 – farbig – 47 min
(Autor: Holger Oehrens. Regie: Rüdiger Herzog. Produktion: Hessischer Rundfunk)
Thema: Einführung in das Bildungswesen der DDR
Verleih: Best.-Nr. 380 beim GDI

Schulen in der DDR Teil 1: Lernen nach Plan
Dokumentarfilm 1979 – farbig – 45 min
(Produktion: Hans-Jürgen Weineck/ Westdeutscher Rundfunk)
Thema: Vorschule, Polytechnische Oberschule
Verleih: Best.-Nr. 417 beim GDI

Schulen in der DDR Teil 2: Zwischen Schulbank und Schraubstock
Dokumentarfilm 1979 – farbig – 45 min
(Produktion: Hans Jürgen Weineck/ WDR)
Thema: Polytechnische Bildung
Verleih: Best.-Nr. 418 beim GDI

Schulen in der DDR Teil 3: Sozialistische Reifeprüfung
Dokumentarfilm 1979 – farbig – 45 min
(Produktion: Hans-Jürgen Weineck/ WDR)
Thema: Erweiterte Oberschule (EOS) – Abitur – Lehrerausbildung
Verleih: Best.-Nr. 419 beim GDI

Wer, wann, weshalb oder Wie kommt man zu Kindern?
Dokumentarfilm 1973 – schwarz-weiß – 34 min
(Autoren: Jürgen Kohrt, Detlef Tetzke. Regie: Detlef Tetzke. Produktion: DEFA)
Thema: Einstellung von jungen DDR-Bürgern zu Liebe und Sex
Verleih: Best.-Nr. 345 beim GDI

Zwischen Ostsee und Thüringer Wald
Teil 1: Ein Fischer in Mecklenburg
Teil 2: Eine Bäuerin in der Magdeburger Börde
Teil 3: Ein Industriearbeiter in Karl-Marx-Stadt
Teil 4: Eine Lehrerin in Thüringen
Schulfernsehen 1984 – farbig – je 19 min 50 sec
(Autor: Rolf Koch. Produktion: WDR/ Westdeutsches Schulfernsehen)
Thema: Einblick in die Lebensweisen verschiedener Bevölkerungsgruppen in der DDR unter geographischen Aspekten
Verleih: GDI (ab 1985)

Literaturverzeichnis

1. Primärliteratur und Materialien:

Plenzdorf, Ulrich: Die neuen Leiden des jungen W. Frankfurt 8. Aufl. 1976. (= suhrkamp taschenbuch 300).

Materialien für den Literaturunterricht Ulrich Plenzdorf ‚Die neuen Leiden des jungen W.'. Editionen für den Literaturunterricht. Ausgewählt und eingeleitet von Jürgen Wolff. Stuttgart (Klett) 1980.

Goethe, Johann Wolfgang von: Die Leiden des jungen Werther, mit Materialien. Editionen für den Literaturunterricht. Ausgewählt und eingeleitet von Doris Bonz. Stuttgart (Klett) 1982.

Rothmann, Kurt (Hrsg.): Erläuterungen und Dokumente (zu) Johann Wolfgang Goethe ‚Die neuen Leiden des jungen Werthers'. Stuttgart (Reclam) 1976.

2. Sekundärliteratur:

Behn-Liebherz, Manfred: Ulrich Plenzdorf. In: Arnold, Heinz Ludwig (Hrsg.): Kritisches Lexikon zur deutschsprachigen Gegenwartsliteratur. Band 3. 5. Nachlieferung (Stand 1. 6. 1980). München (edition text und kritik) 1978ff. (mit ständigen Nachlieferungen).

Biele, Peter: Nochmals – „Die neuen Leiden". In: Sinn und Form 6/1973. Berlin (Ost) (Rütten und Loening). S. 1288–1293.

Blumensath, Christel und Heinz: Einführung in die DDR-Literatur. 2. Aufl. Stuttgart (Metzler) 1983.

Blumensath, Heinz und Stephan Lohr: Verfilmte Literatur – literarischer Film. Basisartikel in: Praxis Deutsch 57. 10. Jg., Januar 1983. Seelze (Friedrich Verlag). S. 10–19.

Brinker-Gabler, Gisela: „Ich weiß nicht, ob mich einer versteht, Leute." Funktions- und Wirkungspotential von Teenagersprache und Werther-Zitat in Ulrich Plenzdorfs ‚Die neuen Leiden des jungen W.'. In: Literatur in Wissenschaft und Unterricht (LWU). Band XI. Heft 2. Kiel Juni 1978. S. 80–92.

Bundesministerium für innerdeutsche Beziehungen (Hrsg.): DDR Handbuch. 2. völlig überarbeitete und erweiterte Auflage Köln (Verlag Wissenschaft und Politik) 1979.

Bundesministerium für innerdeutsche Beziehungen (Hrsg.): Bericht über eine Untersuchung von Infratest Medienforschung zum Thema ‚Die DDR und die deutsche Frage'. Informationsstand und Einstellungen der bundesdeutschen Jugendlichen. Bonn 1983.

Deutscher Bundestag. 9. Wahlperiode: Bericht der Enquete-Kommission ‚Jugendprotest im demokratischen Staat'. Bonn 1983 (= Drucksache 9/2390 v. 17. 1. 83).

Diskussion um Plenzdorf. In: Sinn und Form 1/1973. Berlin (Ost). S. 219–221. 238–252.

Diskussion um Plenzdorf (Fortsetzung). In: Sinn und Form 3/1973. Berlin (Ost). S. 672–676.

Fischbeck, Helmut: U. Plenzdorf: Die neuen Leiden des jungen W. In: Diskussion Deutsch, Heft 18, Frankfurt/ Main (Diesterweg) 1974.

Girnus, Wilhelm: Lachen über Wibeau . . . aber wie? In: Sinn und Form 6/ 1973. Berlin (Ost). S. 1277–1288.

Hanke, Irma: Anpassung, Apathie und Ritualisierung von Politik. Politische Kultur im Spiegel der Gegenwartsliteratur der DDR. In: Der Bürger im Staat. Hrsg. von der Landeszentrale für politische Bildung in Baden-Württemberg. 33. Jg., Heft 2. Stuttgart Mai 1983. S. 109–116.

Jauss, Hans-Robert: Klassik – wieder modern? In: Der Deutschunterricht, Jahrgang 30, Heft 2. Stuttgart (Klett) 1978. S. 45–51.

Jugend ’81. Lebensentwürfe, Alltagskulturen, Zukunftsbilder. Studie i. A. des Jugendwerks der Deutschen Shell. Opladen (Leske und Budrich) 2. Aufl. 1982.

Kaiser, Erich und Georg Pilz: Lernziel: Wertungskompetenz – Ein Unterrichtsversuch mit Ulrich Plenzdorfs ‚Die neuen Leiden des jungen W.‘. In: Der Deutschunterricht, Jahrgang 31, Heft 4. Stuttgart (Klett) 1979. S. 82–93.

Kaschuge, Heidrun: Goethe/Plenzdorf: Die (neuen) Leiden des jungen (W.) Werthers. Vergleiche und Untersuchungen. Hollfeld 4. Aufl. 1981.

Kluge, Gerhard: Plenzdorfs neuer Werther – ein Schelm? In: Amsterdamer Beiträge zur Neueren Germanistik, Heft 7, 1978. S. 165–206.

Labroisse, Gerd: Überlegungen zur Interpretationsproblematik von DDR-Literatur anhand von Plenzdorfs ‚Die neuen Leiden des jungen W.‘. In: Amsterdamer Beiträge zur Neueren Germanistik, Heft 4, 1975, S. 157–181.

Lucas, Lore: Textsorte: Drama. Bochum 1977 (= Kamps pädagogische Taschenbücher Nr. 76).

Mannack, Eberhard: Zwei deutsche Literaturen? Zu G. Grass, U. Johnson, H. Kant, U. Plenzdorf und C. Wolf. Kronberg 1977 (= Athenäum Taschenbuch 2123, Literaturwissenschaft).

Meyers Großes Taschenlexikon. Band 3. Bahr-Box. Mannheim. (Bibliographisches Institut) 1981.

Monaco, James: Film verstehen. Kunst, Technik, Sprache, Geschichte und Theorie des Films. Reinbek bei Hamburg (Rowohlt) 1980.

Münder, Peter: Erläuterungen zu Ulrich Plenzdorf ‚Die neuen Leiden des jungen W.‘. Hollfeld/Ofr. 2. Aufl. 1978.

Nössig, Manfred: Nachdenken über Edgar Wibeau. In: Theater der Zeit 1973, Heft 4 und 6.

Plavius, Heinz: Freuden an Leiden. In: Sinn und Form 2/1973. Berlin (Ost). S. 448–453.

Raddatz, Fritz J.: „Die neuen Leiden des jungen W.“. In: Süddeutsche Zeitung, 16./17. 9. 1972. (Ausschnitte in Editionen, S. 37).

Reich-Ranicki, Marcel: Der Fänger im DDR-Roggen. In: Die Zeit v. 4. 5. 1973. Nachdruck in: M. R.-R.: Zur Literatur der DDR. München (Piper) 1974. S. 131–138.

Schwarz, Paul: Das sind nicht so Deutsche wie wir sind. In: Die Rheinpfalz v. 16. 6. 1983.

Stimmen zu den „Neuen Leiden des jungen W.“. In: Sinn und Form 4/1973. Berlin (Ost). S. 848–887.

Waiblinger, Franz-Peter: Zitierte Kritik. Zu den Werther-Zitaten in Ulrich Plenzdorfs ‚Die neuen Leiden des jungen W.'. In: Poetica, 8. Jg., Heft 1. Amsterdam (Grüner) 1976. S. 71–88.

Wapnewski, Peter: Zweihundert Jahre Werthers Leiden oder: Dem war nicht zu helfen. In: Merkur, 29. Jg., Stuttgart (Klett) 1975. S. 530–544.

Weimann, Robert: Goethe in der Figurenperspektive. In: Sinn und Form 1/1973. Berlin (Ost). S. 222–238.

Wiedemann, Dieter: Würden Sie mit Edgar befreundet sein wollen? In: Forum, Heft 8, 1973.

Zimmer, Dieter E.: „Nicht mehr so dogmatisch". In: Die Zeit v. 20. 4. 1973. (Ausschnitte in Editionen, S. 39).

Reimund Emde

Stundenblätter Soziale Ungleichheit

Sekundarstufe II

Beilagen:
27 Seiten Stundenblätter
+ 17 Arbeitsblätter zum Kopieren

Ernst Klett Verlag

Die Stundenblätter Sozialwissenschaften / Sekundarstufe II
werden herausgegeben von Heinz Brinkmann

CIP-Kurztitelaufnahme der Deutschen Bibliothek

Emde, Reimund:
Stundenblätter soziale Ungleichheit :
Sekundarstufe II / Reimund Emde. –
2., verb. Aufl. – Stuttgart : Klett, 1984. ; & Beil.
(Stundenblätter Sozialwissenschaften : Sekundarstufe II)
ISBN 3-12-927741-2

ISBN 3-12-927741-2

2. verbesserte Auflage 1984

Satz: G. Müller, Heilbronn
Druck: Wilhelm Röck, Weinsberg
Einbandgestaltung: Zembsch' Werkstatt, München

Inhaltsverzeichnis

I. Vorbemerkungen

Die Analyse der Sozialstruktur gehört zweifellos zu den unverzichtbaren Standards des sozialwissenschaftlichen Unterrichts. Wissenschaftliche Relevanz, unmittelbarer Bezug zu jetzigen und späteren Lebensbedingungen der Schüler sowie die politische ‚Brisanz‘ von Ungleichheit oder Gleichheit kennzeichnen dieses Thema. Es weist über rein soziologische Fragestellungen weit hinaus und bietet Anknüpfungspunkte zu weiteren Themen des gesellschaftswissenschaftlichen Aufgabenfeldes, wie z.B. Rollentheorie, Sozialer Wandel und Soziale Mobilität, Gesellschafts- und Wissenschaftstheorien, Grundwertediskussion, Wirtschafts- und Sozialpolitik, um nur einige unterrichtliche Anknüpfungspunkte zu nennen.

Die Themenwahl erweist sich auch unter dem Integrationsaspekt des Fachs ‚Sozialwissenschaften‘ als besonders günstig, da unmittelbar an die Analyse von Ungleichheiten und Sozialstruktur anschließend politische und wirtschaftliche Strategien und Handlungsmuster zur Behebung oder Linderung von Ungleichheitszuständen behandelt werden können. Es ergibt sich aber auch, neben diesem Handlungsaspekt, die Möglichkeit, das Problemfeld ‚Soziale Ungleichheit‘ weiter auszudifferenzieren:

a) nach eher soziologischen Fragestellungen (z.B. Sozialer Wandel),
b) nach eher politischen Fragestellungen (z.B. Sozialpolitik, Grundwerte),
c) nach eher ökonomischen Fragestellungen (z.B. Verteilungspolitik).

Da eine rein soziologische Behandlung des Themas nicht intendiert wird, kann die Planung der einzelnen Stunden nur auf solche wissenschaftlichen Methoden und Theoriebereiche eingehen, die eine relativ einfache didaktische und unterrichtsmethodische Strukturierung erlauben:

– Statistische Methoden und Verfahren, die über eine reine Deskription hinausgehen, dürften ohne entsprechende mathematische Vorkenntnisse der Schüler nur schwer vermittelbar sein.
– Ein Theorienvergleich stößt ebenfalls auf erhebliche Schwierigkeiten. Abgesehen von der Vielzahl vorhandener Erklärungsversuche würde ein Vergleich im vorgegebenen Stundenrahmen alle anderen Aspekte zwangsläufig verdrängen. Es werden daher nur die beiden dominierenden Paradigmen verglichen (funktionalistischer und marxistischer Ansatz).
– Die Handlungsorientierung soll, soweit im Unterricht der Sekundarstufe II überhaupt möglich, durch den Einbezug sozialpolitischer Fragen abgedeckt werden. Dafür wurde der Bereich ‚Soziale Mobilität‘ herausgenommen. Dieses Thema soll in einem gesonderten Stundenblatt behandelt werden (u.U. im Zusammenhang mit dem Komplex ‚Sozialer Wandel‘).
– An spezifischen sozialwissenschaftlichen Methoden sollen, didaktisch aufbereitet, Soziale Selbsteinschätzung (SSE) und Fremdeinschätzung (FE) behandelt werden. Auch hier wird eine vertiefende Behandlung der Vorstellung weiterer Methoden zur Erfassung von sozialer Ungleichheit vorgezogen.

Eine jahrgangsübergreifende Planung sollte, in Anbetracht der Komplexität des Themas, von in diesen Stundenblättern angesprochenen soziologischen und politischen Schwerpunkten aus zusätzliche ökonomische Probleme aufgreifen und vertiefen (Verteilung, Tarifauseinandersetzung usw.).

Die Stundenblätter ‚Soziale Ungleichheit' können demnach nur ein Element der Unterrichtsplanung sein, neben anderen curricularen und lerngruppenbezogenen Überlegungen. Je nach Lehrplansituation und Motivationslage der Schülerinnen und Schüler sind Ergänzungen, Umstellungen und Abänderungen mit Sicherheit erforderlich. Die einzelnen Stunden sind zu thematischen Einheiten zusammengefaßt, wodurch solche Änderungen erleichtert werden. Da auch das Zeitbudget für die Behandlung des Themas eine wesentliche Rolle spielt, wird neben der ‚Normalfassung' (17 Stunden) je eine ‚Kurzfassung' (8 Stunden) und eine ‚Leistungskursfassung' (24 Stunden) als Realisierungsvorschlag vorgelegt.

II. Fachwissenschaftlicher Exkurs

1. Eine unmittelbare Erfahrung unserer Alltagswelt ist das Erlebnis von Unterschieden zwischen Menschen. Diese Differenzen gehören zum Konstitutionszusammenhang unserer gesellschaftlichen Wirklichkeit. Sie sind da und wirken auf unser Verhalten, wie dieses seinerseits Differenzierungen produzieren kann. Unterschiede zwischen Menschen ergeben zwar noch keine soziale Ungleichheit, wohl aber lassen sich soziale Ungleichheiten auf bestimmte Differenzierungen zurückführen. Immer dann, wenn mit Differenzierungen gleichzeitig Vorstellungen von ‚höher' oder ‚tiefer', ‚besser' oder ‚schlechter', kurz, wenn Verhalten bewertet wird, werden solche Differenzen als ‚Soziale Ungleichheit' bezeichnet (K. M. Bolte u.a., 1974). Dazu E. R. Wiehn: „Es geht um Beschreibung und Erklärung genau der Ungleichheiten, die sich im gleichen oder ungleichen Verhalten manifestieren und insofern ihrerseits wieder für gleiches oder ungleiches Verhalten relevant sind." (E. R. Wiehn, 1975, S.12)

Soziale Ungleichheit wäre mithin
a) eine besondere Art der sozialen Differenzierung, die sich
b) in unterschiedlichem bzw. ungleichem Verhalten äußert.

Bei der Analyse von sozialer Ungleichheit steht also die Differenz von individuellem Verhalten unter dem Aspekt seiner Bewertung und seinem Rückbezug auf diese gesellschaftliche Bewertung im Mittelpunkt des Interesses. Allgemein werden solche Fragestellungen eher unter dem Aspekt der Rollentheorie abgehandelt. Drücken Rollen jedoch unterschiedliche, d.h. hier von Prestige, Besitz, Macht, Symbolen usw. abhängige Verhaltenszumutungen aus, muß nach den Ursprüngen dieser Unterschiede gefragt werden.

Hier zeigen sich bereits unterschiedliche Deutungsmuster: Der Ansatz des Funktionalismus versucht diese Unterschiede u.a. aus dem Anpassungs- und Normensystem einer Gesellschaft zu erklären (z.B. T. Parsons, 1972). Die marxistische Soziologie sieht hier ein Ergebnis der Produktionsweise in einer bestimmten Gesellschaftsformation (z.B. G. Hauck, 1979).

Im Brennpunkt beider Ansätze konzentriert sich unser Problem: Soziale Ungleichheit zeigt sich nicht nur als ein individuelles (Verhaltens/Rollen-)Problem, sondern auch als gesellschaftliches (Normen-, Sanktions-, Herrschafts-)Problem. Individuelle und soziale Ebenen schneiden, bedingen und überlagern sich – dies verhindert eindimensionale Deutungsmuster. Es ist nun keinesfalls überraschend, daß sich eine Fülle von Theorieansätzen und empirischen Abklärungsversuchen um das Problemfeld ‚Soziale Ungleichheit' rankt.

Im weiteren kann es hier allerdings nur um eine außerordentlich knappe Einführung in den Sachbereich und nicht um eigenständige Theorieproduktion gehen. Bei der Fülle der unterschiedlichen Positionen müssen notwendigerweise auch Abstriche bei der Einzeldarstellung gemacht werden.

2. Die Entwicklung der Soziologie als eigenständige Wissenschaft verdankt ihre Entstehung nicht zum geringsten Teil der Entdekkung des gesellschaftlichen Ursprungs von Ungleichheiten (R. Dahrendorf, Über den Ursprung der Ungleichheit unter den Menschen, Tübingen 1966). Man könnte, so B. Schäfers, die Entwicklungsgeschichte der So-

ziologie entlang der Behandlung dieses Problems verfolgen (B. Schäfers, 1976). Zwar führte die Überbetonung der ‚makroskopischen' Analyse von sozialer Ungleichheit zu einer Entmenschlichung der Soziologie (E. R. Wiehn, 1975), trotzdem bleibt dieses Problem wichtiger Schwerpunkt der Soziologie, wie ein Blick in die Tagungsberichte der letzten Soziologentage in Berlin usw. zeigt.

Im Unterricht der Sekundarstufe II kann es allerdings selbst bei starker Betonung der Wissenschaftspropädeutik nicht darum gehen, wissenschaftliche Kontroversen in den Mittelpunkt des Unterrichts zu stellen. Ebenfalls sollte die Bezugswissenschaft des Unterrichtsfachs (Soziologie) nicht Abbild der unterrichtlichen Thematik und Methode werden. Beides überfordert den Unterrichtenden und die Schüler, beachtet wichtige Lernvoraussetzungen nicht (hinführender Charakter der S II zu wissenschaftlichen Arbeiten) und läßt wichtige Ziele des Unterrichtsfachs ‚Sozialwissenschaften' außer acht (Handlungsaspekt). Aus diesen Gründen wurde der Bereich ‚Soziale Mobilität' aus der Planung ausgeklammert. Die Erweiterung des Themas um den politischen Aspekt ‚Soziale Gerechtigkeit' und ‚Sozialpolitik' ist unter den o. a. Voraussetzungen sinnvoll, um eine ausschließlich fachwissenschaftlich orientierte Unterrichtsplanung zu vermeiden.

3. Soziale Ungleichheit steht in unmittelbarem Bezug zur Theorie sozialer Schichtung. Die letztlich müßigen Auseinandersetzungen um die richtige Benennung (Schichtungstheorie versus Theorie Sozialer Ungleichheit) braucht hier nicht nachgezeichnet werden. Es empfiehlt sich jedoch, die jeweils ‚hinter' den Benennungen stehenden wissenschaftlichen Vorstellungen kurz getrennt vorzustellen.

Schichtungstheorien und mit ihnen Klassentheorien könnte man als Paradigmen zur Erläuterung der Sozialstruktur – Ungleichheitstheorien als Erklärungsversuche der Entstehung von Sozialstruktur – bezeichnen. Einige Ansätze, so die marxistische Soziologie, verbinden beide Vorhaben.

‚Schicht' oder ‚Klasse', so ließe sich im Schlagwort die Kontroverse um die Beschreibung der Sozialstruktur zusammenfassen. Die beiden Ansätze, Klassentheorie oder Schichttheorie, beruhen auf kontroversen gesellschafts- und wissenschaftstheoretisch wesentlichen Vorentscheidungen und sind von daher unvereinbar. Der Versuch S. Ossowskis (1972), die unterschiedlichen Schemata zur Beschreibung von Sozialstrukturen zu vergleichen, führte u. a. zu dem Schluß, daß „... die Anwendung der <u>verschiedenen Schemata</u> auf einzelne Gesellschaften ... ein Ausdruck des <u>verschiedenen Interesses</u> und auch ein Ausdruck der verschiedenen Urteile über die Wirklichkeit sein (kann)" (S. 217).

Eine Trennung beider Bereiche sieht auch R. Dahrendorf. Er postuliert zwei Arten von Ungleichheiten: Der Gegensatz von Herrschen und Dienen und die Differenzen im Rang und Status. „Wie mir scheint, müssen den beiden Formen der Ungleichheit zwei verschiedene Grundkategorien der soziologischen Analyse und auch zwei verschiedene Ansätze der soziologischen Theorie zugeordnet werden. Wenn man sich am traditionellen (heute allerdings keineswegs unmißverständlichen) Begriffsgebrauch orientiert, dann bezeichnet die zuletzt erörterte Ungleichheit die soziale Schichtung, die zuerstgenannte dagegen die Klassenstruktur. Die Analyse der sozialen Schichtung hat ihren Ort vor allem im Rahmen einer Theorie der Integration sozialer Systeme, die Klassenstruktur dagegen kann als Ausgangspunkt einer theoretischen Erklärung sozialer Konflikte gelten." (R. Dahrendorf, Die gegenwärtige Lage der Theorie der sozialen

Schichtung. In: ders., Pfade aus Utopia, 3. Aufl., München 1974, S. 22 f.)
E. R. Wiehns Kritik an dieser Trennung zeigt, daß nun keiner der beiden so aufgespaltenen Ansätze in der Lage sei, das Phänomen sozialer Ungleichheit zu erklären (E. R. Wiehn, 1976, S. 49 f.). Die gegenseitige Kritik von Vertretern der beiden ‚Hauptströmungen'

- Schichtungs- und Ungleichheitstheorien als bürgerliche Ideologien zur Verdeckung der ‚wahren' Ungleichheiten (z. B. A. Leisewitz, 1977, S. 8 f.)

oder

- Klassentheorien „... als akademischer Ersatz für einen wirklichen Konflikt politischer Überzeugungen." (R. Bendix u. S. M. Lippsett zit. n. E. R. Wiehn, 1975, S. 37)

kann keinesfalls als rein akademisch abgetan werden. Die Konsequenzen der einzelnen Theorien für konkrete politische Strategien, z. B. im Bereich der Sozialpolitik, liegen auf der Hand.
Eine mögliche Konsequenz, auf der formalen Ebene beide Ansätze zu vereinigen, z. B. Sozialstruktur als Oberbegriff, Klasse/Schicht als Ordnungsbegriffe und Soziale Ungleichheit als Ausdruck von Wertungen zu bezeichnen, bleibt aber ebenso unbefriedigend wie eine einseitige Bevorzugung bestimmter Positionen und/oder empirischer Ergebnisse. Blieb zu konstatieren: die wissenschaftliche Entwicklung auf diesem Gebiet ist zur Zeit von dem Gegensatz ‚bürgerliche' versus ‚marxistische' Wissenschaft gekennzeichnet, dem eine zusätzliche Variante anzufügen wäre, die sogenannte ‚Nicht-funktionale Schichtungstheorie'. Die Konsequenzen für die didaktisch-methodische Aufbereitung des Themas werden unter III behandelt.

4. Die Hauptvertreter der funktionalen Schichtungstheorien (T. Parsons, K. Davis / W. E. Moore, E. K. Scheuch usw.) behaupten trotz aller Differenzen eines gemeinsam: Soziale Schichtung (= institutionalisierte Ungleichheit) ist, „... aufgrund ihrer für die Gesellschaft notwendigen selektiven Wirkung positiv funktional und somit gleich unvermeidbar und unerläßlich ..." (R. Mayntz, 1968, S. 11). Positionen, die hohe Aufwendungen erfordern, sind mit besonderen materiellen, ideellen und/oder symbolischen Belohnungen verknüpft. Wer diese Positionen besetzen will, muß sich besonderen Mühen unterwerfen. Position und Status einer Person sind dann, z. B. bei T. Parsons (D. Rüschemeyer, 1969, S. 187) durch folgende Punkte gekennzeichnet:

1) Mitgliedschaft in einer Verwandtschaftsgruppe,
2) Persönliche Eigenschaften,
3) Leistung,
4) Eigentum,
5) Autorität,
6) Macht

– also einer Mischung von erworbenen und zugeschriebenen Statuskomponenten. Da Gesellschaften zu ‚Systemerhalt' oder ‚Gleichgewicht' streben, führen Umwelteinflüsse oder aber auch innergesellschaftliche Spannungen zu Situationen mit Aufforderungscharakter = gesellschaftlichen Problemen. Für den Funktionalismus Parsons' wäre eine zentrale Norm der Erhalt des Systemgleichgewichts zwischen Systemanforderungen (an das Individuum) und Systemleistung. Da sich Umweltveränderungen und Entwicklung der Individuen nicht beliebig steuern lassen, ist das System ständig gezwungen, sich anzupassen. Das so realisierbare ‚bewegliche Gleichgewicht' ist das Ergebnis von Problemlösungsprozessen, die sich auf die vier ‚Bestandsprobleme' eines Sozialsystems, auf seine Hauptfunktionen zurückführen lassen (Integration, Normerhaltung, Zielverwirklichung und Anpassung).
‚Funktionale' Problemlösungen führen u. a. zur Differenzierung im politischen System, womit dann Unterschiede aufgrund von Macht/Anweisungsrechten entstehen.

Dies führt dann im weiteren Verlauf erfolgreicher Problemlösungen zu einer Hierarchisierung des sozialen Systems: Funktionale Schichtungstheorien setzen einen abgestuften Aufbau der Gesellschaft voraus. „Soziale Schichten bilden mithin Bündel von sozial gleich bewerteten Positionen, die untereinander als höher- oder geringwertig eingeschätzt werden" (A. Bellebaum, Soziologische Grundbegriffe, 5. Aufl., Stuttgart 1972, S. 154); oder: Soziale Schicht ist eine Anzahl von Menschen, die sich

a) im Verhältnis zu anderen Menschen in ihrem sozialen Rang als eine eigenständige Gruppierung und jenen gegenüber als höher oder tiefer stehend empfindet, sich
b) entsprechend verhält und
c) auf der Grundlage dieses Verhaltens klar von jenen anderen Menschen abgegrenzt werden kann. (Nach: K. M. Bolte, a. a. O., 1974, S. 14)

Die Liste der Definitionsversuche ließe sich fortsetzen, empirische Untersuchungen dagegen, so E. R. Wiehn, „... gab es zumindest hierzulande eigentlich nicht sehr viele, dafür um so häufiger hypothetische Konstruktionen von Schichtungsmodellen" (1975, S. 29). Trotzdem seien hier kurz einige Versuche beschrieben, die empirische und theoretische Aspekte mehr oder weniger erfolgreich verbinden.

T. Geiger (1932) hat als einer der ersten Soziologen in Deutschland versucht, ‚Die soziale Schichtung des Deutschen Volkes' systematisch auf der Grundlage einer Volkszählung des Jahres 1925 zu beschreiben und Ungleichheiten zu analysieren. Über eine streng begriffslogische Diskussion der Begriffe ‚Klasse' und ‚Schicht' kommt er zu dem Schluß, „... weder Schichten im allgemeinen noch Klassen im besonderen ... rechenbare Größen (sind)" (S. 12). Berechenbar sind Daten aus der sozialstatistischen Analyse; diese können allerdings nur Ausgangs- oder Hilfsstellung für soziographische Untersuchungen sein. (S. 15) Statt Klassen- oder Schichtbegriff führt T. Geiger den Begriff der „Soziallage" ein. Soziallage bezeichnet annähernd homogene Bevölkerungsblöcke, die aufgrund ihrer ökonomischen Funktionen ermittelbar seien. T. Geiger nimmt als Grundlage u. a. die Berufszählung (S. 17 f.) und kommt so zu einer Einteilung nach den Produktionsverhältnissen (Rohgliederung). Ergänzt wird diese Einteilung durch eine ‚Tiefengliederung', die unter „... wirtschafts- und universalsoziologischen Gesichtspunkten gewonnen wurden". Letztlich drücken Rohgliederung ökonomisch-technische, Tiefengliederung individuell-subjektive Faktoren aus. (S. 24) So erklärt sich das Phänomen, daß Tiefen- und Rohgliederung unterschiedliche empirische Werte zeigen.

Ebenso war es Geiger klar, daß sein ‚Schichtungsthema' nicht mit dem, wir würden heute sagen, ‚Selbstbild' der Schichtangehörigen übereinstimmt. (Z. B. für die im ‚Schichtungsschema' so bezeichneten ‚Lohn- und Gehaltsbezieher mit höherer Qualifikation' findet sich unter den ‚empirischen Ergebnissen' die Bezeichnung ‚Neuer Mittelstand' usw.)

Vergleicht man die analytisch gewonnene Roh- und Tiefengliederung mit den empirischen Ergebnissen, so ergibt sich folgende Übersicht:

Analytisch gewonnenes Schichtungsschema		Empirische Ergebnisse (Anteil der Erwerbstätigen in %)	
Rohgliederung	Tiefengliederung	Rohgliederung	Tiefengliederung
I. Kapitalistische Lage	I. Kapitalisten	Kapitalisten 0,84%	Kapitalisten 0,84%
	II. Mittlere und kleinere Unternehmer		Alter Mittelstand 18,33%
II. Mittlere Lage	III. Tagewerker für eigene Rechnung	Mittelstand 24,39%	
	IV. Lohn- und Gehaltsbezieher, höhere Qualifikation		Neuer Mittelstand 16,04%
III. Proletarische Lage	V. Lohn- und Gehaltsbezieher, mindere Qualifikation		Proletaroide *) 13,76%
		Proletariat 74,77	Proletariat 51,03%

*) = abgestiegene ehemalige Angehörige des alten Mittelstandes.

T. Geiger versuchte auch zu zeigen, daß von einer Klassengesellschaft im Marxschen Sinne nicht mehr die Rede sein könne: Der Mittelstand sei nicht nur nicht zwischen Lohnarbeit und Kapital aufgerieben worden, es sei vielmehr ein neuer Mittelstand entstanden, der sich gegen Großkapital und Arbeiterschaft abzugrenzen versuche (T. Geiger, Klassengesellschaft im Schmelztiegel, Köln-Opladen, 1949).
Nach dem 2. Weltkrieg erschien in der Bundesrepublik erst 1958 die erste großangelegte Studie von M. Janowitz: Soziale Schichtung und Mobilität (KZfSS 1958, 10. Jg., S. 1–37). Verwandt wurden die Verfahren Selbsteinschätzung und Fremdeinschätzung. Beim ersten Verfahren ordnet sich der Befragte einem ihm vorgegebenen Schichtungsmuster selbst zu, bei der Fremdeinschätzung wurden Beruf und Stellung zu den Produktionsmitteln berücksichtigt, die Befragten von den Interviewern in dieses Raster eingeordnet. Für die Selbsteinschätzung wurden die Kategorien: Obersicht, Mittelschicht, Arbeiterschicht, Unterschicht und Keine Antwort vorgegeben; die Fremdeinschätzung folgte einem von M. Janowitz selbst konstruierten Modell. Die Ergebnisse weichen erheblich voneinander ab: erstens sind die Kategorien unterschiedlich definiert, zweitens ist eine Zuordnung der einzelnen Ergebnisse nicht möglich.

Selbsteinschätzung

1. Oberschicht	1,9%
2. Mittelschicht	43,2%
3. Arbeiterschicht	48,5%
4. Unterschicht	5,3%
Keine Antwort	1,1%

Fremdeinschätzung

1. Obere Mittelschicht	4,6%
2. Untere Mittelschicht	28,0%
3. Obere Unterschicht	13,3%
4. Untere Unterschicht	34,9%
5. Bauern	10,6%
6. Landarbeiter	3,7%
Unklassifizierbar	4,9%

Die Untersuchung von H. Moore und G. Kleinig „Das soziale Selbstbild der Gesellschaftsschichten in Deutschland“ (KZfSS, Jg. 12/1, 1960, S. 86–119) schließt in gewisser Weise an die Untersuchung von M. Janowitz an. Sie unterscheidet sich jedoch erheblich durch das neu verwandte Verfahren der ‚Sozialen Selbsteinstufung (SSE)‘. Da Schichtbezeichnungen, so die Forscher, von

den Befragten mit Wertungen verbunden werden, sollte nicht mehr direkt mit den Schichtbegriffen, sondern mit Symbolen gearbeitet werden. Als herausragendes Symbol wählten sie die Berufsbezeichnungen. Das Verfahren arbeitet mit je zwei Testbatterien (für Land- bzw. Stadtbevölkerung), in denen unterschiedliche Berufe aufgeführt sind. Den Befragten wurden nacheinander beide Listen vorgelegt, aus denen sie diejenige Berufsbezeichnung auswählten, die ihrem Beruf am meisten ähnlich ist (S. 87). Nach mehreren Änderungen der Testbatterien wurden dann vier repräsentative Umfragen durchgeführt, die dann die Forscher zu folgendem Ergebnis zusammenfaßten:

1. Oberschicht		1%
2. Obere Mittelschicht		5%
3. Mittlere Mittelschicht		15%
4. Untere Mittelschicht		30%
Nichtindustriell	17%	
Industriell	13%	
5. Obere Unterschicht		28%
Nichtindustriell	10%	
Industriell	18%	
6. Untere Unterschicht		17%
7. Sozial Verachtete		4%

Die Grundlage der Charakterisierung einzelner Schichten bilden ‚soziale Selbstbilder' oder ‚Images', die durch spezielle Interviews gewonnen wurden (S. 91). Diese Selbstbilder sind besonders aufschlußreich für eine Analyse schichtenspezifischer Verhaltensdifferenzierungen. Statt der sehr breit ausgeführten Beschreibung bei H. Moore und G. Kleinig kann für den Unterricht auf die Zusammenfassung von K. M. Bolte (1974, S. 100) zurückgegriffen werden.

Gegenüber der Untersuchung von M. Janowitz, deren Beliebigkeit in Aufbau und Ergebnis außer Frage steht, stellt die Arbeit von H. Moore und G. Kleinig sicher einen Zuwachs an Erkenntnis dar, wie E. R. Wiehn meint „... nicht nur sozial, sondern auch soziologisch" (E. R. Wiehn, 1975, S. 27).

Die Untersuchung von E. Scheuch und H. Daheim illustriert ein entscheidendes Problem von Schichtungsuntersuchungen und Konstruktion von Schichtmodellen: Das Problem der Zuordnung bestimmter Merkmale zu einer prüfbaren Aussage. Das Problem der Indexbildung nimmt daher in der Untersuchung: „Sozialprestige und Soziale Schichtung" (KZfSS, Sh5, 1968, S. 65–103) einen breiten Raum ein. Verschiedene Merkmalsausprägungen werden Punktzahlen zugeordnet, deren Addition einen Rangindex symbolisiert:

1\. 0. Einkommen des Hauptverdieners = max. 9 Punkte
1\. Pro-Kopf-Einkommen des Haushalts = max. 6 Punkte
2\. Raumanteil pro Person = max. 3 Punkte
3\. Index des Besitzes wertvoller Güter = max. 3 Punkte

2\. 0. Beruf des Hauptverdieners = max. 12 Punkte

3\. 0. Bildungsniveau = max. 9 Punkte
1\. Leseniveau = max. 6 Punkte
2\. Konzertbesuch = max. 3 Punkte
3\. Theaterbesuch = max. 3 Punkte

Nach dem Ergebnis einer Umfrage (E. K. Scheuch / D. Rüschemeyer 1960) von 1960 wurden die einzelnen Schichten wie folgt definiert:

	Punkte	
1. Obere Oberschicht	49–54	0,0%
2. Untere Oberschicht	41–48	3,1%
3. Obere Mittelschicht	35–40	4,3%
4. Mittlere Mittelschicht	27–34	15,9%
5. Untere Mittelschicht	21–26	22,4%
6. Obere Unterschicht	14–20	41,0%
7. Untere Unterschicht	0–13	11,9%
Unklassifizierbar		1,4%

Nach mehrfachen Modifikationen besteht der Index nun aus einer Kombination nur noch dreier Merkmale: Einkommen, Beruf, Schulbildung des Haupternährers. „Die jet-

zige Fassung des Instruments ist damit erheblich gröber als frühere Versionen, wenngleich ihre Meßeigenschaften von zureichender Verläßlichkeit scheinen" (E. K. Scheuch unter Mitarbeit von H. J. Daheim, Sozialprestige und soziale Schichtung. In: Soziale Schichtung und Mobilität, D. V. Glass u. a. [Hrsg.], a. a. O., S. 71).

Der Index hat nun folgende Fassung:

Merkmale	Punktwerte	Beabsichtigter Beitrag zu den Punktwerten insgesamt
Persönliches Einkommen des Hauptenährers (Teilbereich wirtschaftliche Lage)	20	28,6%
Index des Sozialprestiges von Berufskreisen (Teilbereich Berufszugehörigkeit)	30	42,8%
Schulbildung (Teilbereich kulturelles Niveau)	20	28,6%
	70	100,0%

Gegen dieses Modell läßt sich, ebenfalls wie gegen andere Schichtungsmodelle, einwenden, daß Klassifizierung und Gewichtung der einzelnen Merkmale eher den subjektiven Vorstellungen des beobachtenden Sozialwissenschaftlers als den Strukturen des beobachteten Gegenstandes entspricht.

Die theoretische Diskussion wurde auch u. a. nicht unerheblich von H. Schelskys These von der nivellierten Mittelstandsgesellschaft angeregt: Nicht mehr der Gegensatz zwischen gesellschaftlichen Klassen oder Schichten, sondern eine grundlegende Tendenz zur Nivellierung früherer Differenzen sei das entscheidende Merkmal der heutigen Gesellschaft (1953). Kollektive Abstiege (z. B. durch Kriege und Inflationen) der oberen Mittelschicht und verbreiterte Aufstiegsmöglichkeiten der ehemaligen Unterschicht durch zunehmende Qualifizierung führten zu einer „sehr breiten, verhältnismäßig einheitlichen Gesellschaftsschicht". „Dieser verhältnismäßig einheitliche Lebensstil der nivellierten Mittelstandsgesellschaft wird keineswegs mehr von der Substanz einer sozial irgendwie hierarchisch gegliederten oder geschichteten Gesellschaftsverfassung geprägt, sondern diese ‚mittelständische' Lebensform erfüllt sich darin, einheitlich an den materiellen und geistigen Gütern des Zivilisationskomforts teilzunehmen." (S. 332) Zwar war H. Schelskys These zu ihrer Zeit schon umstritten und nicht durch Daten belegbar, so ist sie heute nicht nur korrekturbedürftig, sondern zeigt sich als letztlich unzulässige Verallgemeinerung eines (K. M. Bolte, 1974, S. 41) „Eindruckes der Nachkriegszeit".
Auch der neuere Versuch, den Klassenbegriff in unkonventioneller Weise polemisch auf ‚Intellektuelle' anzuwenden, ist kaum mehr als Bestätigung seiner Vorurteile, denn als sachliches Bemühen zu werten (H. Schelsky, 1977). Für die unterrichtliche Behandlung eignen sich Auszüge aus beiden Schriften, da ihre Argumentation sehr leicht entschlüsselt und widerlegt werden kann.

5. Die Kritik an den funktionalen Schichtungstheorien von seiten nichtmarxistischer Soziologen führte u. a. zu dem Einwand, der Zusammenhang zwischen Differenzierung und Fortbestand der Gesellschaft sei keineswegs schlüssig nachzuweisen (R. Mayntz 1968, S. 26). R. Dahrendorf (Gesellschaft

und Demokratie in Deutschland, München 1965) sieht Ungleichheiten überhaupt nicht abhängig von funktionellen Erfordernissen, sie seien vielmehr durch Macht und Herrschaft, also durch Konflikte zwischen Herrschern und Beherrschten verursacht (‚Aspekte der Ungleichheit'). Anders begründet er die Entstehung von Ungleichheit in: „Über den Ursprung der Ungleichheit unter den Menschen" (a.a.O.). Hier unterscheidet er natürliche und gesellschaftliche Komponenten, die jeweils gekoppelt zu vier Formen von Ungleichheit werden:

1. die natürliche Verschiedenwertigkeit des Aussehens, des Charakters, der Interessen;
2. die natürliche Verschiedenwertigheit der Intelligenz, der Talente und Kräfte;
3. die soziale Differenzierung prinzipiell gleichwertiger Positionen;
4. die soziale Schichtung nach Ansehen und Reichtum als Rangordnung des sozialen Status (S.6).

R. Dahrendorfs eigenes Schichtungsmodell, das ‚Haus mit sieben Zimmern', beruht allerdings weder auf einer eigenen empirischen Untersuchung, noch wird ein Bezug zu den von ihm an anderen Stellen als wichtig angesehenen Kategorien im Modell hergestellt (1965, S.101). Letztlich trifft sein eigenes Verdikt gegenüber den ‚funktionalistischen Schichtungstheorien' sein eigenes Modell: „Schichtmodelle der angedeuteten Art sind nämlich analytisch nur mäßig fruchtbar, und sie sind deskriptiv beliebig... Keines der verschiedenen Schichtmodelle ist im Grunde besser als das andere; mit keinem läßt sich sehr viel mehr anfangen als mit irgendeinem anderen; sie sind alle gleich konstruiert." (R. Dahrendorf, 1965, S.101)

Theoretisch ergiebiger als diese und ähnliche Versuche (z.B. G. E. Lenski 1977) und empirisch abgesicherter sind die Bemühungen, Ungleichheiten über die Ermittlung unterschiedlicher Lebenssituationen mit Hilfe von sozialen Indikatoren zu ermitteln. Soziale Indikatoren sind in bestimmter Weise konstruierte Indices, die vor allem zu einer Verbesserung der gesellschaftlichen Dauerbeobachtung, zu einem gesellschaftlichen Frühwarnsystem führen sollen (dazu W. Zapf, 1977; B. Werner, Soziale Indikatoren und politische Planung, Reinbek 1975).

Richtungweisend für die Bundesrepublik Deutschland dürfte das SPES-Projekt sein, aus dem einige Veröffentlichungen auch für unseren Zusammenhang interessant sind. Zum Beispiel: K. U. Mayer, Soziale Ungleichheit und Mobilität – Ansätze zu einem System sozialer Indikatoren (In: W. Zapf, Lebensbedingungen ... S.149–208 a.a.O.). Weiter in diesem Band: Untersuchungen zur Einkommensverteilung, Bildungspolitik, Partizipation. Ausgangspunkt für die Untersuchung von K.U. Mayer ist es, für die Zielsetzung und -beurteilung von Gesellschaftspolitik Information bereitzustellen (dies gilt auch für das Gesamtprojekt). Über eine Diskussion von Gleichheitszielen und -vorstellungen in der Bundesrepublik gelangt er zu einem Dimensionsschema für die Beschreibung von Sozialer Ungleichheit. Zusammengefaßt enthält es folgende Dimensionen:

1. Struktur der Eliten
2. Zugang zu den Eliten
3. Kulturelle Ungleichheit
4. Produktive Ungleichheit
5. Ungleichheit der Arbeit
6. Distributive Ungleichheit
7. Zugang zu Kollektiven Gütern
8. Symbolische Ungleichheit
9. Relationale Ungleichheit
10. Normative Ungleichheit
11. Politische Ungleichheit
12. Rigidität der Ungleichheit.

Leider steht eine umfassende Indikatorenliste für diese Dimensionen noch aus. „Beim gegenwärtigen Stand der amtlichen Statistik, der empirischen Sozialforschung und solch integrierter Datenanalysesysteme wie das SPES-Entscheidungssystem kann jedoch eine unmittelbare und relativ vollständige

empirische Messung der Indikatoren nicht in befriedigender Weise durchgeführt werden." (K. U. Mayer, a.a.O., S. 177) Die dann im weiteren vorgelegten Daten sind dann auch, gemessen an den selbst gestellten hohen Anforderungen, etwas dürftig.

Anders verhält es sich mit zwei anderen Veröffentlichungen aus dem SPES-Projekt: J. Handel / K.U. Mayer / W. Müller: Klassenlage und Sozialstruktur und F. Klanbergs: Armut und ökonomische Ungleichheit in der Bundesrepublik Deutschland. In beiden Veröffentlichungen sind sowohl empirische Vorarbeiten, z.T. auf der Basis von Sekundäranalysen als auch soziologische Analysen in einem ausgewogenen Verhältnis. Alle drei SPES-Veröffentlichungen bieten eine Fülle unterrichtsrelevanten Materials.

6. Marxistisch beeinflußte Theorien zur Erläuterung der Sozialstruktur wandten sich verstärkt Ende der 60er Jahre auch empirischen Analysen zu. Alle Klassentheorien knüpfen direkt an die Vorstellung an, daß die Klassentheorie das ‚große Bewegungsgesetz der Geschichte widerspiegle'. „Es war gerade Marx, der das große Bewegungsgesetz der Geschichte zuerst entdeckt hatte, das Gesetz, wonach alle geschichtlichen Kämpfe ... in der Tat nur der mehr oder weniger deutliche Ausdruck von Kämpfen gesellschaftlicher Klassen sind, und daß die Existenz und damit auch die Kollisionen dieser Klassen wieder bedingt sind durch den Entwicklungsgrad ihrer ökonomischen Lage, durch die Art und Weise ihrer Produktion und ihres dadurch bedingten Austausches." (F. Engels, Marx/Engels Werke, Bd. 21, Berlin, 1962, S. 249) Danach ist die Zugehörigkeit zu einer Klasse ausschließlich abhängig von der Beziehung, die der einzelne Mensch zu den Produktionsmitteln hat. Für die Entwicklungsstufe der bürgerlichen/kapitalistischen Gesellschaft ergeben sich zwei Klassen, die sich unversöhnlich gegenüberstehen. Die Gesellschaftsstruktur ist, im Gegensatz zum funktionalistischen Modell, dichotomisch. Zur Klasse der ‚Kapitalisten' gehören die Eigentümer von Produktionsmitteln und diejenigen, die Verfügungsmacht über diese Mittel ausüben (Manager). Aufgrund dieser Verfügungsmacht gelingt es den Besitzenden, neben der wirtschaftlichen auch politische Macht auszuüben. Während die andere Klasse, die abhängig erwerbstätige Bevölkerung ‚Arbeiterklasse', durch Verkauf ihrer Arbeitskraft Einkommen beziehen muß (da sie keine Produktionsmittel besitzt), als einzelne machtlos gegenüber der Klasse der Besitzenden sind (W. I. Lenin, Die historischen Schicksale der Lehre von Karl Marx, Werke Bd. 18, Berlin, 1962, S. 576f.).

Trotz der relativ eindeutigen Definition für die beiden Hauptklassen gibt es zwischen den einzelnen Vertretern der Klassentheorie nicht unerhebliche Unterschiede bei der Zuordnung konkreter Bevölkerungsteile in das Klassenschema. In der Tat liegt hier wohl, neben einer exakten empirischen Erfassung, ein schwieriges Problem für die Klassenanalyse.

Will man nicht schlicht die starre Zweiteilung aufrechterhalten, was angesichts der starken Differenzierung der erwerbstätigen Bevölkerung auch keine der vorliegenden Untersuchungen ernsthaft erwägt, braucht man zusätzliche Unterscheidungskriterien wie Beschäftigungsart (angestellt, beamtet usw.), Einkommen, usw. Exemplarisch seien drei unterschiedliche Gliederungsvorschläge für die Gesellschaft der Bundesrepublik angeführt:

a) Klassen in der Bundesrepublik Deutschland

Diese Veröffentlichung beruht zum überwiegenden Teil auf der Untersuchung des Instituts für Marxistische Studien und Forschungen, Frankfurt/M. „Klassen und Sozialstruktur der BRD 1950–1970", die Daten für die weiteren Perioden wurden ergänzt. Für 1974

gliedert sich die erwerbstätige Bevölkerung in Arbeiter = 12,2 Mio.; Angestellte = 8,86 Mio.; Beamte = 1,56 Mio. (S. 79). Die aktive Arbeiterklasse 1974 teilt sich auf 19,6 Mio. = 71,9% der erwerbstätigen Bevölkerung (S. 88). Abgesehen davon, daß beide Maßzahlen nicht übereinstimmen, ist die Zuordnung von Teilen der Angestellten zur Arbeiterklasse recht beliebig: „...alle Lohn- und Gehaltsempfänger, die in vollem Umfang dem kapitalistischen Lohngesetz unterworfen sind.“ (S. 87) „Der zur Arbeiterklasse gehörige Teil der Angestellten läßt sich quantitativ bestimmen, wenn die Angestellten mit Leitungs- und Planungsfunktionen ausgegliedert werden“. (S. 113) Genaue Kriterien für die quantifizierbare Ausgliederung fehlen allerdings. Ähnlich sind die Probleme bei der Bestimmung der Klassenzugehörigkeit von Beamten, freien Berufen usw. Es ist daher verständlich, daß trotz ‚geschickten Ausschlachtens‘ von amtlichen und anderen Statistiken ein Teil der Untersuchung von Klassifikations- und Definitionsversuchen eingenommen wird. Die Zusammenfassung der Klassenstruktur nach der Erwerbsbevölkerung zeigt für 1974 folgende Ergebnisse (S. 194):

Arbeiterklasse	19,6 Mio.	71,9%
Mittelschichten	6,1 Mio.	22,3%
Kapitalistenklasse	0,6 Mio.	2,1%
Arbeiterklasse im Machtapparat (u. a. Polizei usw.)	1,0 Mio.	3,7%

Verteilt auf die Gesamtbevölkerung (S. 296):

Arbeiterklasse	45,1 Mio.	72,8%
Mittelschichten	14,9 Mio.	24,0%
Kapitalistenklasse	2,0 Mio.	3,2%

b) Klassenverhältnisse im Spätkapitalismus

Diese 1973 von M. Tjaden-Steinhauer und K. H. Tjaden veröffentlichte Untersuchung kommt zu ähnlichen Ergebnissen wie das Autorenkollektiv (siehe a): „Es gehörten von den erwerbstätigen Gesellschaftsmitgliedern der Bundesrepublik Deutschland im Jahre 1970 etwa 83,4% zur Arbeiterklasse, 1,8% zur Kapitalistenklasse und 14,9% zu den nicht oder halbkapitalistischen Sondergruppen und Schichten.“ (S. 200)

c) Projekt Klassenanalyse (1974)

Abweichend von den beiden erstgenannten Untersuchungen weicht das Konzept des Projekts einmal durch die unterschiedliche Abgrenzung der Mittelschichten von der Arbeiterklasse zum einen und der Kapitalistenklasse zum anderen durch z. T. völlig abweichende Zahlengliederung ab:

Arbeiterschicht 75,6%
Agrarische und gewerbliche Mittelschicht 15,8%
Übrige lohnabhängige Mittelschicht 3,9%
Intelligenz 2,9%
Bourgeoisie 2,1%
der erwerbstätigen Bevölkerung (J. Handel, 1977, S. 155)

Kritisch ließe sich zu den Klassenmodellen ausführen, daß sie versuchen, auch empirisch ein Bild von der Klassenstruktur der Bundesrepublik zu zeichnen, das den Grundlinien der Marxschen Voraussagen über die Entwicklung des Kapitalismus gerecht wird: „...zunehmende Konzentration von immer größeren Kapitalien in den Händen von immer weniger Kapitalisten, abnehmender Bevölkerungsanteil in der Mittelschicht und eine stets wachsende Arbeiterklasse“ (J. Handel, 1977, S. 14). Dabei werden Phänomene wie das Auftauchen des ‚neuen Mittelstandes‘ oder die erheblichen Differenzierungen innerhalb der Gruppe der Lohnabhängigen übersehen und abgestritten. Immerhin sind die o. a. Autoren zumindest bereit, die Existenz einer Mittelschicht anzuerkennen. Inwieweit die entgegengesetzten Auffassungen (z. B. D. Bell, 1976) vom Verschwinden der Arbeiterklasse zugunsten der Angestellten allerdings eher zutreffen, kann nach dem jetzigen Stand der Forschung ebenfalls bestritten werden.

7. Theorien sozialer Ungleichheit sollen die Ursachen von Unterschieden zwischen Menschen erklären. Nicht die Frage ‚Warum gibt es Ungleichheit?' sondern ‚Woher stammt sie?' ‚Welche Faktoren produzieren sie?' ist soziologisch. Die Frage nach dem Warum?, „... ist ein sehr altes und damit eines der zahlreichen vorsoziologischen Probleme, das vielleicht eher seinerseits ihr ... dazu verholfen hat, ‚die Dämmerung der Welt' zu erblikken." (E. R. Wiehn, 1975, S. 34) Auch hier kann es nicht um die Diskussion jeder einzelnen Richtung gehen, es werden nur kurz die wesentlichen Ansätze vorgestellt. Dabei werden die Schicht- und Klassentheorien hinsichtlich ihrer Erklärung von sozialer Ungleichheit ebenfalls nochmals kurz erläutert.

a) Der biologische Ansatz

Position und Status in der Gesellschaft korrelieren eindeutig mit dem Intelligenzquotienten. Dieser ist im überwiegenden Maße durch Vererbung und nicht durch Umwelteinflüsse vorgegeben / veränderbar (H. J. Eysenck, 1975). Darüber hinaus kann das Lebensalter (z. B. in vorindustriellen Gesellschaften) einen erheblichen Einfluß auf die gesellschaftliche Position ausüben. Nach K. M. Bolte spielen aber in einer entwickelten Industriegesellschaft Unterschiede in Geschlecht, Alter usw. eine ständig abnehmende Rolle. Gegen die Auffassung H. J. Eysencks und andere Autoren ließe sich das Ergebnis einer Untersuchung von J. L. Peschar (1979) über die Einflüsse der sozialen Schichtung auf Ausbildung und Beruf anführen.

Hierbei wurden Kinder aus unterschiedlichen Milieus, die einen gleichen IQ aufwiesen, über einen längeren Zeitraum (1958–1973) beobachtet: Der Einfluß der sozialen Schicht erwies sich durchgehend als stärker, als es die IQ-Verteilung vermuten ließ.

b) Eigentum an Produktionsmitteln

Neben dem marxistischen Modell zur Erklärung sozialer Ungleichheit ließe sich die Theorie M. Webers hinzufügen, der zwar auch Ungleichheit vom Besitz an Produktionsmitteln abhängig macht; bei ihm treten aber noch zusätzliche Faktoren hinzu (Soziale Macht: Abhängig von der Verteilung von Privilegien und Politische Macht: Abhängig von der Beteiligung am Partei- oder Herrschaftsapparat) (M. Weber, Wirtschaft und Gesellschaft, Tübingen, 5. Aufl. 1976).

c) Arbeitsteilung

Auch hier sahen Marx (als Reflex der kapitalistischen Produktionsweise) und andere – als Ergebnis zivilisatorischer Änderungen (z. B. K. Polanyi, The Great Transformation, Frankfurt/M. 1977) eine Ursache von Ungleichheiten. Arbeitsteilung impliziert immer gesellschaftliche Vereinbarungen über den Austausch arbeitsteilig hergestellter Produkte. „Die Verteilung des Arbeitsertrages kann gemeinschaftsbestimmt oder herrschaftsbestimmt sein. Sie ist gemeinschaftsbestimmt, wenn die Verfügung über die wichtigsten Arbeitsmittel nicht bei einzelnen, sondern bei einer zusammenwirkenden Gruppe liegt... Herrschaftsbestimmt ist die Verteilung des Arbeitsertrages dann, wenn über die entscheidenden Arbeitsmittel der Produzenten direkt oder indirekt Nichtarbeitende verfügen." (Hoffmann, Grundelemente der Wirtschaftsgesellschaft, Hamburg 1969, S. 28) Darüber hinaus führt Arbeitsteilung zu einer Spaltung der Berufe in für die Gesellschaft notwendige und unwichtigere Verrichtungen. Aus der unterschiedlichen Wertschätzung ergeben sich ebenfalls soziale Differenzierungen. Dieser Ansatz verbindet Klassentheorie (Besitz an Produktionsmittel als entscheidender Faktor) und Funktionalismus (Belohnung/Wertschätzung als Bestimmungsgrund) miteinander. In der Literatur wird er allerdings kaum beachtet.

d) Funktionalismus

Ungleichheit entsteht aus dem Zwang der Gesellschaft, ihren Fortbestand zu sichern:

Alle Funktionen, die dies erfüllen, werden positiv sanktioniert. Inhaber von besonders verantwortungsvollen Positionen können auf materielle und/oder symbolische Belohnung rechnen. Aus der Institutionalisierung des Belohnungssystems ergibt sich zwangsläufig soziale Ungleichheit. Sie kann hingenommen werden, wenn der Zugang zu den entscheidenden Positionen ‚jedermann' offen ist (vgl. dazu P. Parson, 1970).

e) Normen, Sanktion und Herrschaft als Bestimmungsgrund sozialer Ungleichheit

Dieser Ansatz versucht soziale Ungleichheit über die Erfüllung oder Nichterfüllung von Rollenerwartungen zu klären. Nichterfüllte Erwartungen (Normen) werden negativ sanktioniert, Sanktionen ihrerseits sind abhängig von Macht und Herrschaft. Soziale Ungleichheit ist „.... eine sekundäre Konsequenz der Herrschaftsstruktur von Gesellschaft." (R. Dahrendorf, 1957, S. 373) Herrschaft bestimmt sich aus dem Konflikt der Klassen.

f) Verteilungstheorie

Wichtigste Annahmen dieser u. a. von K. O. Hondrich und G. E. Lenski vertretenen Richtung sind:

- Menschen müssen, um zu überleben, zusammenarbeiten;
- sie lassen sich dabei von egoistischen Interessen leiten;
- erstrebenswerte Güter sind oft knapp;
- die Verteilung der Güter erfolgt nach Bedürfnissen der Macht.

Letzter Verteilungsmodus ist allerdings erst dann im größeren Umfang möglich, wenn die Gesellschaft in der Lage ist, mehr als zum unmittelbaren Lebensvollzug notwendig ist zu produzieren. Im Normalfall soll diese Theorie auf die Industriegesellschaft anwendbar sein.

g) Theorie von der Disparität der Lebensbereiche

Dieser in der theoretischen Entwicklung jüngste Ansatz sieht einen Zusammenhang zwischen der Wirtschaftspolitik im Spätkapitalismus und der stets neu produzierten Ungleichheit (vgl. dazu M. Baethge 1970, J. Bergmann 1969, C. Offe 1969). Um sich der, für den Bestand der Herrschaft, notwendigen Loyalität der Bevölkerung zu versichern, müssen die Regierenden sich vorrangig ökonomischen Problemen zuwenden. Hierbei geht es vor allem um die Verfolgung der Ziele: Wirtschaftswachstum, Stabilität und Vollbeschäftigung. Bei dieser Politik werden stets solche Gruppen bevorzugt, die in der Lage sind, entweder die Erreichung dieser Ziele zu gefährden oder durch Aufkündigung der Gefolgschaft die Regierung abzuwählen. Das führt zu einer Überbetonung ökonomischer Aspekte staatlicher Politik und zu einer Vernachlässigung von gesellschaftlichen Bereichen und Gruppen (Sozialpolitik, Einkommensschwache), die nicht unmittelbar das Bestandsinteresse des Staates berühren. Hier zeigen sich ungewollt Parallelen zu der Diskussion um die ‚Neue soziale Frage' (H. Geißler, Die Neue soziale Frage, Freiburg/Br. 1976), die zwar aus einem anderen Begründungszusammenhang aufgeworfen wurde, aber zu fast identischen Problembeschreibungen kommt.

Diese Auflistung von Theorien sozialer Ungleichheit ist keinesfalls vollständig, es fehlen u. a. historisch relevante Theorien (Rousseau, Aristoteles usw.) und die einzelnen ‚Spielarten' der vorgestellten Ansätze. Hier sollte nur ein kurzer Überblick über die Vielfalt möglicher Erklärungsmuster vorgeführt werden, die für eine unterrichtliche Behandlung wichtig sein könnten.

8. Im Gegensatz zu den Erklärungsversuchen zur sozialen Ungleichheit heben die Gleichheitstheorien im weitaus größeren

Maß auf sozialphilosophische und staatstheoretische Überlegungen ab. Die Diskussion der jüngsten Vergangenheit wurde durch zwei kontroverse Theorien geprägt, die dieses Thema fundiert behandeln: J. Rawls: Eine Theorie der Gerechtigkeit (a.a.O.) und K. Nozik: Anarchie, Staat, Utopia (a.a.O.). Huldigt K. Nozik einem „brutalen Individualismus" (R. Dahrendorf, 1979), beschreibt und begründet so eher ein System sozialer Ungleichheit, geht es J. Rawls ausschließlich um eine fundierte Begründung von Gleichheit und Gerechtigkeit. „Wie bei Denksystemen die Wahrheit, ist bei sozialen Einrichtungen Gerechtigkeit die höchste Tugend." (J. Rawls, 1979, S. 23) Gleichheit sei in modernen Industriegesellschaften derartig institutionalisiert, so T. Parsons, „.... daß sich die Beweislast bei der Legitimierung sozialer Ungleichheit umgekehrt habe." „Nicht Veränderungen gegebener Ungleichheitsstrukturen in Richtung größerer Gleichheit müßten gerechtfertigt werden, sondern Abweichungen vom Zustand sozialer Gleichheit." (K. Mayer, 1977, S. 151) In einem ‚Naturzustand', in dem die zukünftige Verteilung von Gütern usw. mit einem ‚Schleier des Nichtwissens' verdeckt ist, würden sich die Menschen auf zwei Gerechtigkeitsgrundsätze einigen: „1. Jedermann soll gleiches Recht auf das umfangreichste System gleicher Grundfreiheiten haben, das mit dem gleichen System für alle anderen verträglich ist. 2. Soziale und wirtschaftliche Ungleichheiten sind so zu gestalten, daß a) vernünftigerweise zu erwarten ist, daß sie zu jedermanns Vorteil dienen und b) sie mit Positionen und Ämtern verbunden sind, die jedem offenstehen." (J. Rawls, 1979, S. 81) In einer längeren Diskussion werden diese Prinzipien unter Berücksichtigung von ökonomischen Elementen (Sparen usw.) ergänzt, aber nicht wesentlich verändert (S. 336).

Der zweite Grundsatz läßt nun vier Deutungen von Gleichheit zu, die J. Rawls so zusammenfaßt (S. 86):

„jedem offen"	„Jedermanns Vorteil" Optimalitätsprinzip	Unterschiedsprinzip
Dem Fähigen stehen die Laufbahnen offen	System der natürlichen Freiheit	Natürliche Aristokratie
Gleiche Chancen	Liberale Gleichheit	Demokratische Gleichheit

a) System der natürlichen Freiheit

Dieses System ist dann ‚gerecht', wenn die Verteilung von Gütern (pareto-) optimal ist, d.h. wenn die Wohlfahrt eines Individuums nicht mehr verbessert werden kann, ohne die Wohlfahrt eines anderen einzuschränken, und wenn formal Chancengleichheit herrscht, der Staat also weder in die Verteilung der Güter noch in die Verteilung der Positionen eingreift. Ungleiche Startchancen und daraus resultierende Ungleichheiten gelten als legitim.

b) Liberale Gleichheit

Die Ungleichheit der Startchancen macht Eingriffe des Staates notwendig: „Alle diejenigen mit denselben Fähigkeiten und Leistungen sollen einen ähnlichen sozialen Rang einnehmen, unabhängig von ihrer sozialen Herkunft." (K. U. Mayer, a.a.O., 1977, S. 153) Ungleichheiten, die auf verschiedenen Leistungen beruhen, werden hingenommen.

c) Natürliche Aristokratie

Die soziale Herkunft bestimmt Begabung, Fähigkeit und Leistung, es genügt daher formale Chancengleichheit. Unterschiedliche Fähigkeiten und Leistungen bedingen unterschiedliche Rechte und Pflichten.

d) Demokratische Gleichheit

Da weder eine Verteilung gesellschaftlicher Positionen nach natürlichen Anlagen (,natürliches Lotteriespiel') noch der formal gleiche Zugang zu diesen Positionen eine gerechte Gesellschaft ermöglicht, soll, unter Voraussetzung größtmöglicher Freiheit, nur solche Ungleichheit zugelassen werden, die unabdingbar notwendig ist, um den am meisten benachteiligten Gruppen Vorteile zu bringen. Eine ,naive' Interpretation des Grundgesetzes würde, so K. U. Mayer, (a.a.O., 1977) Annäherung an das Differenzierungsprinzip J. Rawls nahelegen (Würde des Menschen, Gleichheit vor dem Gesetz, Sozialpflichtigkeit des Eigentums). Andererseits zeige die rechtstheoretische Diskussion, daß bestimmte Ungleichheiten hingenommen werden (Schutz des Eigentums, Entfaltungsmöglichkeiten). Insgesamt aber sei die Frage „inwieweit entstehende Ungleichheiten Grundrechtsprinzipien widersprechen", in der Rechtstheorie erst gar nicht gestellt. Es wäre sicher interessant, nun die verschiedenen Ungleichheitstheorien auf dieses Raster zu beziehen. Wir beschränken uns darauf, Gleichheitsvorstellungen in der Bundesrepublik kurz zu umreißen.

Prüft man nun die Gleichheitsvorstellungen der wichtigsten gesellschaftlichen Gruppen auf dem Hintergrund der Rawls'schen Theorie, ergeben sich folgende Zuordnungsmöglichkeiten (die Darstellung folgt im wesentlichen K. U. Mayer, a.a.O., 1977, S.165f.).

1. Es existiert ein hoher verbaler Konsens zwischen Arbeitgeber- und Arbeitnehmervereinigungen (BDA, DAG, DGB) und den im Bundestag vertretenen Parteien.

Der Konsens zeigt sich vor allem „...in der übereinstimmenden Forderung nach geringerer Verteilungsungleichheit und einem Höchstmaß an Chancengleichheit" (S.165).

2. Unterschiede bestehen in der Bereitschaft, in die herrschende Verteilung von Gütern und Positionen einzugreifen.

3. Der BDA dürfte demnach eher zum ,System natürlicher Freiheit'; die CDU/CSU und F.D.P. zum ,Prinzip der liberalen Gleichheit' und die SPD und der DGB tendenziell zu ,Demokratischer Gleichheit' streben.

9. Versteht man unter Sozialpolitik nicht nur individuelle Einkommenssicherung und -umverteilung, sondern auch den Bereich der politischen Gestaltung gesellschaftlicher Lebensbedingungen, wird klar, warum auch die Soziologie ein entscheidendes Interesse an der theoretischen Begründung und praktischen Ausgestaltung der Sozialpolitik haben sollte. Das neuerliche Interesse, der ,institutionalisierten' Soziologie zeugt von einer Orientierung zu diesem Sachgebiet hin (vgl. die Tagungsberichte der jüngsten Soziologentage in Kassel, Bielefeld, Bremen, Berlin).

In der Bundesrepublik wird Sozialpolitik in erster Linie als ,Soziale Gesetzgebung' aufgefaßt. Die geschichtliche Entwicklung ist bei H. Lampert (1980) exakt analysiert. Da eine historische Behandlung nicht intendiert ist, wird dieser Aspekt nicht weiter verfolgt. Sozialpolitik im Sinne von ,Sozialer Gesetzgebung' ließe sich in zwei große Bereiche teilen:

- Arbeitsrecht, Mitbestimmungsrecht (Betriebsverfassungsgesetz), Tarifrecht, etc.
- Recht der sozialen Sicherung.

Vor allem das letzte leitet sich aus dem Sozialstaatsgebot des Grundgesetzes ab und ist im sogenannten Sozialgesetzbuch (SGB) z.T. bereits kodifiziert. Ökonomisch wirken beide Bereiche letztlich auf die Einkommensverteilung, da die primäre Verteilung als ,unzureichend', ,ungerecht' u.ä. angesehen wird. Die durch Eingriffe des Staates bewirkte sekundäre Verteilung soll die aus dem Produktionsprozeß entstehende (primäre) Verteilung gemäß den politischen Vorstellungen umformen. Dieser eher ökonomische Aspekt

kann hier ebenfalls nicht weiter verfolgt werden. Er bietet aber Anknüpfungspunkte zu anderen Themen des Unterrichts aus dem Bereich der Ökonomie (z.B.: Ist die Einkommensverteilung gerecht? Konzentration ohne Kontrolle? u.ä. Themen).

Innerhalb unseres Themenkreises liegt der Schwerpunkt mehr auf den unterschiedlichen Begründungszusammenhängen für Sozialpolitik. Hier ließen sich die Vorstellungen der großen gesellschaftlichen Gruppen zum Problem ‚Gleichheit' fortführen zur Darstellung ihrer spezifischen Auffassung zur Sozialpolitik. Eine Auflistung der konkreten Einzelvorstellungen würde hier zu weit führen.

Stellt man die Grundsatzaussagen der beiden großen Bundestagsparteien CDU/CSU und SPD gegeneinander, so erhält man das Gegensatzpaar sozialer Kapitalismus : demokratischer Sozialismus, aus der sich dann die unterschiedlichen Strategien ableiten lassen (vgl. dazu H. H. Hartwich, Sozialstaatspostulat und gesellschaftlicher Status quo, Opladen 1970). Ähnliche Gegenüberstellungen ergeben sich für das Verhältnis Arbeitgeberverbände und Gewerkschaften (ökonomische Entscheidungs-Freiheit : Gegenmachtprinzip).

Abgesehen von den ideologisch begründbaren Unterschieden wird Sozialpolitik immer noch als Politik der sozialen Sicherung verstanden. Diese enge Begriffsbestimmung trifft sicher nicht mehr zu. Trotzdem ist eine Darstellung der Sozialpolitik am Beispiel der sozialen Sicherung (Begründung, Instrumente, Wirkung der Instrumente) leichter zu vermitteln als die zum Teil doch sehr speziellen Probleme der anderen Bereiche wie z.B. der Gesundheitspolitik.

Das Gesamtsystem der sozialen Sicherung läßt sich kurz an dem Schaubild zur 16. Stunde verdeutlichen:

Im Kern besteht die Sicherung in der

a) Gesetzlichen Krankenversicherung ab 1883
b) Gesetzlichen Unfallversicherung ab 1884
c) Gesetzlichen Rentenversicherung ab 1889
d) Arbeitslosenversicherung ab 1927

- In der Folgezeit wurden die einzelnen Sparten z.T. erheblich erweitert (z.B. Handwerkerversicherung; jüngste Veränderung: Versicherung der Künstler).
- Es handelt sich im Normalfall um eine Zwangsversicherung mit sozialem Ausgleich. D.h. Bezieher höherer Einkommen leisten, bei gleichen Ansprüchen, z.B. in der gesetzlichen Krankenkasse, einen höheren Beitrag.
- Weiteres Kennzeichen ist die Solidarität der Versicherungsgemeinschaft. (Nicht nur Ausgleich zwischen den ‚aktiven' Mitgliedern, sondern auch zwischen ‚aktiven' und ‚passiven' Mitgliedern; sog. Generationenvertrag in der gesetzlichen Rentenversicherung).

Die noch andauernde Diskussion um die ‚Grenzen des Sozialstaats' und die längst nicht bewältigten Krisen des Sozialversicherungssystems und der Staatsfinanzen zeigen noch keinen einheitlichen Trend, wenn auch ein neuer Konservativismus den staatlichen Einfluß auch in der Sozialpolitik zurückdrängen will. Einen ersten Überblick über diese Probleme bietet Hefte 2 (11/1978) Politische Bildung, ‚Probleme und Aufgaben der Sozialpolitik'.

III. Didaktisch-methodische Entscheidungskriterien

1. Begründung und Auswahlkriterien für die Themenwahl

Die didaktische Umsetzung des Themas wird durch vier Faktoren bestimmt, deren Anforderungsniveaus zwar allgemein beschrieben werden können – hier allerdings nur in aller Kürze – im konkreten Einzelfall für die spezifische Unterrichtssituation variiert und u. U. neu festgelegt werden müssen. Diese Bedingungsfaktoren sind (mit zunehmender unterrichtspraktischer Relevanz):

a) Wertprämissen des Grundgesetzes
b) Lehrplananforderungen
c) Struktur des Unterrichtsgegenstandes bzw. seiner Bezugswissenschaft
d) Lernbereitschaft und Lernfähigkeit der Schülergruppe.

Die schon ‚klassisch' gewordene sogen. Berliner Schule ging davon aus, solche und ähnliche Faktoren in ein Beziehungsgeflecht zu setzen, um daraus Hilfen für eine didaktische Bestimmung von Gegenständen, Unterrichtseinheiten u. ä. zu gewinnen. Mit Recht ist die Beliebigkeit dieses Verfahrens kritisiert worden. Als allgemeines, und damit gerade nicht inhaltlich bestimmtes Entscheidungsverfahren kann ein solches Schema allerdings bei einer entsprechenden Ausfüllung Hilfe für die didaktische Strukturierung im pädagogischen Alltag liefern. Daß diese Ausfüllungen kontrovers sein können, spricht m. E. eher für das Konzept. So sind auch die im weiteren beschriebenen Entscheidungskriterien bestenfalls Vorschläge zur eigenen kritischen Reflexion und können, vom Standpunkt einer systemtheoretisch orientierten Soziologie, bestenfalls die Plausibilität nicht umfassend reflektierter Erfahrung beanspruchen.

a) Wie kein zweites Fach berührt der sozialwissenschaftliche Unterricht die Wertdimension unserer Gesellschaft, ja thematisiert sie als ausdrückliches Lernziel und ist so in besonderer Weise, auch politisch, exponiert. Der Rückgriff auf die Wertvorstellungen des Grundgesetzes, als die Ausformulierung ‚oberster' gesellschaftlicher Normen und Werte, wird in der politischen Didaktik fast durchgängig vorgenommen (z. B. R. Schörken [Hrsg.] Curriculum Politik, Opladen 1974). Nun führt aber, wie bereits oben beschrieben, eine naive, d. h. rechtstheoretisch und rechtspraktisch nicht abgesicherte Interpretation des Grundgesetzes zu teilweise total widersprüchlichen Analysen. (Vgl. dazu auch die Zusammenstellung in W. Hilligen, Zur Didaktik des politischen Unterrichts I. Opladen 1975, S. 64.) In unserem Fall führen ‚naive' Grundgesetzinterpretationen i. d. R. zu einer Fehleinschätzung der normierten und politisch durchsetzbaren Gleichheitsvorstellungen (vgl. K. U. Mayer, 1977). Normieren die Artikel 1, 2, 3 und 12 GG in gewisser Weise Gleichheit, so können in gleicher Art aus den Artikeln 2, 6 und 14 GG Sanktionierung von Ungleichheit interpretiert werden. Mayer stützt seine Ansicht auf den Grundgesetzkommentar von Maunz-Düring, der allgemein anerkannt ist. „Der aus der Menschenwürde fließende Wert der Freiheit hat wertmäßig Vorrang (Präponderanz) zum ebenfalls in der Menschenwürde begründeten Wert der Gleichheit. Dies folgt ... vor allem daraus, daß einer ‚Entfaltung' der Freiheit begrifflich nicht eine nivellierte Zustandsgleichheit, vielmehr nur eine Gleichheit der Entfaltungsmöglichkeiten entsprechen kann. Bei deren Verwirklichung können aber auch Ungleichheiten auftreten, ohne dem Grundrechtswertsystem zu wider-

streiten." (Maunz-Düring. Grundgesetz Kommentar 2, i 3 zit. n. K. U. Mayer a. a. O., S. 156) Diese Auffassung wird so weder von den Parteien noch von den Gewerkschaften und Unternehmerverbänden geteilt. Alle gesellschaftlichen Gruppen siedeln ihre Grundgesetzinterpretationen hinsichtlich der Gleichheitsvorstellungen zwischen den beiden Polen – Legitimierung von Ungleichheit und Forderung nach Gleichheit – an.
Für die Planung des Unterrichts in unserem Fall ist demnach sowohl eine Orientierung an die im Grundgesetz beschriebenen individuellen Freiheitsrechte (z.B. Berufswahl), die u.U. Ungleichheiten hervorrufen können und von konservativer Seite als Legitimation bestehender Ungleichheiten genommen werden, als auch an Gleichheitsforderungen und Sozialstaatsgebot erforderlich. Hier zeigt sich, daß der sozialwissenschaftliche Unterricht den Schülern alternative Orientierungen vorstellen muß, will er nicht einseitig oder, durch Aussparung der Gegensätze, wirklichkeitsfremd werden.
Der Unterricht sollte also, neben der fachlichen Darstellung von Ungleichheitszuständen, auch die Gleichheitsvorstellungen und sozialpolitischen Forderungen der wichtigsten Gruppen unserer Gesellschaft aufzeigen.

b) Außer den KMK-Vereinbarungen zur Organisation der gymnasialen Oberstufe und sehr allgemein gehaltenen Lernzielen gibt es keine bundeseinheitliche Regelungen für das Fach ‚Sozialwissenschaften'. Die Richtlinien der einzelnen Bundesländer lassen, teils explizit wie z.B. Nordrhein-Westfalen, oder implizit unter Themenstellungen wie ‚Die Sozialstruktur der Bundesrepublik' (z.B. Bayern), das Thema ‚Soziale Ungleichheit' zu. Die kontroversen gesellschaftspolitischen Vorstellungen der einzelnen Länderregierungen spiegeln sich zwar in diesem Themenkomplex wider, die Richtlinien lassen jedoch durch die unbestimmten Themenvorgaben einen relativ großen Entscheidungsspielraum. Mit geringen Abänderungen lassen sich die Stundenblätter in Themenbereiche wie: Deutsche Gesellschaft im Wandel, Struktur und Aufbau der Gesellschaft, Sozialpolitik u.ä. einsetzen. Von hier waren keine besonderen Gesichtspunkte in die Planung einzubringen. Je nach Lehrplansituation sind allerdings Änderungen bei den Stundenthemen und den Materialien notwendig. Die Anlage der einzelnen Themengruppen läßt einen Austausch ohne weiteres zu. (S.w.u.)

c) Die Struktur des Unterrichtsgegenstandes bzw. seiner Bezugswissenschaft kann sicher nicht in dem zur Verfügung stehenden Abschnitt beschrieben werden. Auf allgemeiner Ebene läßt sich der Gegenstand zwar als komplex und kompliziert erfassen, ohne daß dies Anlaß für seine Behandlung im Unterricht sein kann. Unterrichtliche Analyse von Ungleichheitszuständen sollen vielmehr die Schülerinnen und Schüler befähigen, Einsicht in die Struktur der sie umgebenden Gesellschaft und möglicher Strategien zu ihrer Veränderung oder Erhaltung zu erkennen. Dieses und ähnliche allgemeine Ziele des sozialwissenschaftlichen Unterrichts verlangen nach einem Unterrichtsgegenstand, der sowohl Analyse von Gesellschaft als auch Handlungsorientierung erlaubt. Das Thema ‚Soziale Ungleichheit' eignet sich dazu m.E. in besonderer Weise, wenn der wissenschaftlich und politisch bearbeitete Sachzusammenhang didaktisch aufbereitet wird. Das bedeutet hier: Die komplexe Struktur des Gegenstandes muß einsichtig reduziert werden. Erschwert wird dies durch die kontroversen Beschreibungen und Theorien, die die Wissenschaft anzubieten hat. Es bieten sich nun mindestens drei verschiedene Verfahren an, die kurz diskutiert werden, ohne auf ihren größeren Zusammenhang einzugehen.
– Auswahl nach dem Prinzip des Exemplarischen. Als durchgängiges Prinzip didakti-

scher Entscheidung wohl nicht geeignet, da z. B. kontroverse Theorien nicht füreinander als ,Exempel' eingeführt werden können. So kann z. B. die Klassentheorie nicht ausschließlich als Modell der Erklärung sozialer Ungleichheit behandelt werden.

- Anknüpfen an die jetzigen/zukünftigen Lebenssituationen der Lerngruppe. Dieses Verfahren setzt, neben prognostischen Überlegungen, voraus, daß die Schülerinnen und Schüler sich in einer annähernd gleichen Soziallage befinden. Zur Verdeutlichung bestimmter Erscheinungen, in der Motivations- und Beurteilungsphase sicher ein brauchbares Verfahren, da hier gerade die Unterschiede im Alltagsleben der Lerngruppe für den Unterricht fruchtbar gemacht werden können.
- Entscheidungsorientiertes Verfahren. Kombiniert man die angesprochenen Elemente unter Einschluß der artikulierten Bedürfnisse der Schüler, gelangt man zu m. E. einsichtigen Reduktion der komplexen Struktur des Unterrichtsgegenstandes. Selbstverständlich müssen in der konkreten Durchführung der Reihe die besonderen Bedingungen (Lerngruppe, Schulumfeld aber auch die Situation des Unterrichtenden) ausreichend berücksichtigt werden.

Bei dem Entwurf der Reihen wurden folgende Entscheidungen gefällt:

Konkrete Beschreibung von Ungleichheit. Den Schülern sind Ungleichheitszustände aus dem Alltag bekannt (Wohnsituation, Umfeld, Konsummöglichkeiten, Bildung).

Definitions-, Abstraktionsversuche. Das Alltagsphänomen wird aufgegriffen, relativiert durch historische Vergleiche und gleichzeitig werden, bezogen auf diese Phänomene, Elemente sozialer Ungleichheit beschrieben.

,Empirische' Realität. Diese gewonnene Beschreibung wird auf die gesellschaftliche Wirklichkeit angewandt. Voraussetzung ist die Kenntnis bestimmter, statistischer Methoden, die mit den Schülern eingeübt werden müssen.

Theorien über Ursachen und Ausmaß sozialer Ungleichheit schließen sich an und führen zu:

Strategien zur Veränderung bzw. Erhaltung bestimmter gesellschaftlicher Strukturen. Der Schluß der Reihe führt also zurück zu konkreten Handlungsmustern, die allerdings i. d. R. nicht direkt im Erfahrungsbereich der Schüler liegen dürften (Sozialpolitik).

Der didaktische Aufbau der Stundenblätter verläuft von der alltäglichen Erfahrung zu konkreten Handlungsmustern. Dazwischen liegen Abstraktionen persönlicher Erfahrung, wissenschaftlicher Erfassung der gesellschaftlichen Wirklichkeit und theoretische Erklärungsversuche der behandelten Phänomene.

d) Es wird vorausgesetzt, daß den Schülerinnen und Schülern der S II die Lernfunktion von Unterricht bewußt ist und von daher auf besondere ,Motivationseinlagen' verzichtet werden kann. Ein Problem stellt allerdings das Alltagswissen der Schülergruppe dar, da mehr als in den anderen Fächern als Betroffenheit von gesellschaftlichen Zuständen im Unterricht relevant wird. Diese Betroffenheit aktualisiert sich oft in Wünschen nach Themen von unmittelbarem persönlichen Bezug. Nun gehört die Erfahrung von Ungleichheit sicher zum Bewußtsein der überwiegenden Zahl der Schüler, so daß von dem Thema her leicht Interesse geweckt werden kann. Über das eher zeitpunktbezogene Interesse hinaus lassen sich noch ebenfalls zwei Interessenlagen unterstellen:

- einmal ,Lernen zu lernen', zum zweiten
- Interesse am Fach Sozialwissenschaften.

Beide Interessen lassen sich selbstverständlich nicht ständig aktualisieren, dürfen aber

auch nicht völlig in den Hintergrund treten. In unserem Zusammenhang bedeutet es, daß sowohl die Lernfunktion (neue Techniken, Vertiefung bereits erlernter Verfahren), als auch das Interesse am Fach (neue Einsichten) nicht zu kurz kommen darf.

2. Entwicklung der übergeordneten Lernziele

Allgemein ließen sich die übergeordneten Lernziele wie folgt beschreiben:
Die Schüler sollen die Wertvorstellungen des Grundgesetzes und der wichtigsten gesellschaftlichen Gruppen kennen und beurteilen können.
... Ungleichheitszustände kennen, die unterschiedlichen Erklärungen beurteilen und mögliche sozialpolitische Entscheidungen nachvollziehen können.
... (fachspezifische) Kenntnisse und (allgemein-wissenschaftspropädeutische) Fähigkeiten erwerben, die sie zur Bewältigung späterer Lebenssituationen einsetzen können.

Die kognitiven Elemente wären:
- Kenntnis der zentralen Ungleichheitszustände (Einkommen usw.);
- Kenntnis der wichtigsten Erklärungshypothesen und ihre Kritik (Funktionalismus/Klassentheorie);
- Einsicht in die historische und gesellschaftspolitische Wertgebundenheit von ‚Sozialer Ungleichheit‘;
- Kenntnis der Gleichheits- und Gerechtigkeitsvorstellungen des Grundgesetzes und der wichtigsten gesellschaftspolitischen Gruppen;
- Funktion und Grenzen der Sozialpolitik.

3. Die Reihenfolge der Themen

Die Themenfolge ist so angelegt, daß sowohl Kürzungen als auch ein Austausch einzelner Einheiten möglich ist. Die Reihe besteht aus fünf Hauptgruppen:
- Einleitung, Problem der Gerechtigkeit/Ungleichheit, historischer Vergleich;
- Methoden zur Erfassung von Ungleichheit;
- Beschreibung von Ungleichheit;
- Theorien zur Erklärung von Ungleichheit;
- Bedingungen und Funktion von Sozialpolitik.

Es ist ohne weiteres möglich, den letzten Abschnitt zu kürzen bzw. ganz fallenzulassen; ebenso kann der Abschnitt Methoden ausgelassen werden. Auch innerhalb der einzelnen Abschnitte ‚Beschreibung‘ und ‚Theorien‘ können u. U. Kürzungen vorgenommen werden. Es sind allerdings auch Erweiterungen z. B. für Leistungskurse möglich. Diese werden bei den Beschreibungen der einzelnen Stundeneinheiten kurz angeführt. Für eine Stundeneinheit sind erfahrungsgemäß zwei Unterrichtsstunden (Doppelstunde) anzusetzen.
Die Stundenblätter stellen also ein ‚mittleres Modell‘ dar, für dessen Realisierung etwa 17 Unterrichtseinheiten gebraucht werden (= 17 Doppelstunden). Wird anstatt der 3. Einheit das vorgeschlagene Projekt (Umfrage) durchgeführt, erhöht sich der Zeitbedarf entsprechend.

4. Methodische Hinweise

Die Vorschläge für die einzelnen Stundeneinheiten beziehen weitgehend Texte, Statistiken u. ä. an zentraler Stelle in den Unterricht ein. Von daher ergibt sich eine gewisse Dominanz der *Textarbeit/Analyse-Interpre-*

tation der Texte im Unterrichtsgespräch. Um hier nicht unnötige Hemmnisse bei der Lerngruppe aufzubauen, werden folgende methodische Varianten vorgeschlagen:

1. Die dritte Einheit wird als ‚Projekt' angelegt; die Schüler erproben das Verfahren ‚Soziale Selbsteinschätzung' durch selbständigen Entwurf und Durchführung einer Umfrage.

2. Für den Abschnitt ‚Beschreibung' von Ungleichheit wird ein ‚Methodenmix' vorgeschlagen, das eine eintönige Abfolge Problem–Statistik–Erklärung usw. vermeiden soll (s. Vorb. zu den Einheiten 5–8).

3. Der Abschnitt ‚Sozialpolitik' kann durch eine Exkursion bzw. durch ein Expertenreferat aufgelockert werden (z. B. Vertreter des Sozialamts, der gesetzlichen Krankenkassen; vgl. auch Vorbemerkungen zu den Einheiten 14–17).

An zusätzlichen Schülerarbeiten (Hausarbeiten, Referaten) können Themen aus allen Abschnitten gewählt werden. Besonders geeignet scheinen mir Themenbereiche, die sich auf die sozialpolitischen Vorstellungen von Parteien, Gewerkschaften und Unternehmerverbänden beziehen, z. B. ‚Die sozialpolitischen Vorstellungen der XY-Partei'. Da diese Themen am Ende der Reihe liegen, haben die Schüler auch genügend Zeit, sich mit den entsprechenden Materialien dieser Gruppen zu versorgen.

Klausurthemen lassen sich relativ einfach aus den jeweiligen Einheiten ermitteln, z. B. Statistiken mit Interpretationsaufträgen; Texte, die eine bestimmte Erklärung für Ungleichheit anbieten; Auszüge aus Parteiprogrammen o. ä.; Zeitungsartikel/Berichte über Armut; soziale Brennpunkte in der näheren Umgebung usw.

Die zur Zeit erhältlichen Lehrbücher berücksichtigen unser Thema nur unzureichend. (Ausnahme: K. M. Bolte u. a., Soziale Ungleichheit, Opladen 1974, Leske-Verlag) Zudem werden statistische Materialien benötigt, die relativ schnell veralten. Aus diesem Grund werden zusätzliche Materialien angeboten.

IV. Literaturverzeichnis

Aus der umfangreichen Literatur zu unserem Thema wurden nur einige Titel ausgewählt, die für die Vorbereitung und Durchführung der Reihe von unmittelbarem Interesse sein können.

- Schulbücher, Unterrichtsmaterialien; da diese das Thema in unterschiedlicher Gewichtung behandeln, ist jeweils eine kurze Erläuterung beigefügt.
- Datenhandbücher, Sozialkunden, Lexika, aus denen weiteres Datenmaterial usw. für den Unterricht, Klausuren etc. gewonnen werden kann.
- Fachwissenschaftliche Darstellungen mit Angabe der entsprechenden Stundeneinheiten. (Jeweils die Nr. der entsprechenden Einheit)

Schulbücher, Unterrichtsmaterialien:

Abels, H. u. a., Kurs Sozialwissenschaften, Basisband, Düsseldorf 1978 (Thema wird nur kurz gestreift, für diese Reihe kaum geeignet) – A. Bagel Verlag –

Atzerodt, A., u. a. (Hrsg.): Hampel, Johannes, u. a., Sozialstruktur und Sozialpolitik in der Bundesrepublik Deutschland, München 1980 (Insgesamt geeignet, besonders der Absatz über ‚Sozialpolitik‘) – R. Oldenbourg Verlag –

Behet, F.-J., u. a., Sozialwissenschaftliche Aspekte (Gesamtausgabe oder Teilausgabe 1 ‚Gesellschaft‘), Stuttgart 1978 (Bei Einsatz zusätzliches Datenmaterial und Ergänzungen zur Theorie sozialer Schichtung erforderlich) – Klett Verlag –

Bolte, K. M., u. a., Soziale Ungleichheit, 3. Auflage Opladen 1974 (Teilband aus: ders. u. a., Deutsche Gesellschaft im Wandel) (Fundierte Behandlung des Themas, von den z. Zt. zum Schulgebrauch in NRW zugelassenen Werken am besten geeignet; allerdings sind die Daten z. T. sehr stark veraltet) – Leske Verlag –

Braun, G., Hamann, R., Kursbuch Politik, Frankfurt 1977, Lehrerband ebenda 1979, (Ähnlich wie die ‚Sozialwissenschaftl. Aspekte‘, sind Ergänzungen erforderlich) – Diesterweg Verlag –

Fischer, K. G., u. a., Politische Bildung, Neuaufl. Stuttgart 1978, (Soziale Ungleichheit wird nicht explizit behandelt, aber gutes Material zur Sozialpolitik) – Metzlersche Verlagsbuchhandlung –

Freundl, O., Die Sozialstruktur der Bundesrepublik Deutschland, München 1980 (Sehr detailliert über die Sozialstruktur, zur ‚Sozialen Ungleichheit‘ aber nichts) – Bayerischer Schulbuch Verlag –

Kappel, G., Sozialstruktur der Bundesrepublik Deutschland, Bd. 1 Arbeitstexte Politik, Bamberg 1980 (Zu unserem Thema evtl. Ergänzungen zu ‚Theorien sozialer Ungleichheit‘) – C. C. Buchner-Verlag –

Neumann, F., Gleichheit, Reihe Grundwerte Bd. 7 (umfangreicher Materialteil, gut geeignet), Baden-Baden 1980 – Signal-Verlag –

Ritscher, H., (Hrsg.), Welt der Politik, Neubearbeitung, Frankfurt 1980 (Soziale Ungleichheit wird nur am Rande beschrieben, weniger geeignet) – Diesterweg-Verlag –

Sutor, B., (Hrsg.), Politik – Ein Lehr- und Arbeitsbuch, Paderborn 1979 (Soziale Ungleichheit wird nur sehr knapp beschrieben, ergänzungsbedürftig) – Schöningh-Verlag –

Zur Erweiterung des Themenbereichs ‚Sozial-Politik‘:

Gegenwartskunde Sonderheft 4, Sozialpolitik in der Bundesrepublik (Hrsg.: Schäfers, B.), 32. Jg. 1983

Kreuter, Hansheinz, Soziale Sicherung in der Bundesrepublik Deutschland, Wirtschafts- und Gesellschaftspolitische Grundinformationen Heft 43 (5/1981). Dazu: Wirtschaft und Unterricht, Soziale Sicherung, Heft 5, 7. Jg. Beide hrsg. v. Institut der deutschen Wirtschaft, Köln 1981

Politische Bildung, Materialien für den Unterricht 11/1978, ‚Sozialpolitik angesichts der Wachstumskrise‘; ‚Probleme und Aufgaben der Sozialpolitik‘ – Ernst Klett –

Über Sozialpolitik. Hrsg. v.d. Arbeitsgemeinschaft zur Förderung der wirtschaftlichen und sozialen Bildung eV. Wiesbaden, Rößlerstraße 7. Materialien können dort kostenlos angefordert werden.

Unsere Sozialversicherung, Bundesversicherungsanstalt für Angestellte, 1000 Berlin 88 (kann kostenfrei bezogen werden)

Weitershausen, v., Ottheinrich, Leistungsgesellschaft und Sozialstaat, Wirtschafts- und Gesellschaftspolitische Grundinformationen Heft 38 (6/1980). Dazu: Wirtschaft und Unterricht, Leistung und Solidarität, Heft 6; 6. Jg. Beide hrsg. v. Institut der deutschen Wirtschaft, Köln

Wochenschau, Ausg. Sek. II, 29. Jg. Heft 7/8 ‚Soziale Sicherung im historischen Wandel. Sonderausgabe 27. Jg. 1976 ‚Die soziale Frage – Fakten aus der Arbeitswelt‘.

Datenhandbücher, Sozialkunden, Lexika:

Aßmann, G., u. a. (Hrsg.), Wörterbuch der marxistisch-leninistischen Soziologie.

Ballerstedt, E., Glatzer, W., Soziologischer Almanach. Handbuch gesellschaftspolitischer Daten und Indikatoren für die Bundesrepublik Deutschland, 2. Aufl. Frankfurt/M. 1977, SPES-Schriftenreihe Bd. 1

Basisdaten, Zahlen zur sozio-ökonomischen Entwicklung der Bundesrepublik Deutschland, Bonn-Bad Godesberg 1974

Bernsdorft, W., (Hrsg.), Wörterbuch der Soziologie, 3 Bde., Frankfurt/M. 1977

Claessens, J., u. a., Sozialkunde der Bundesrepublik Deutschland, 8. Aufl., Düsseldorf 1978

Fürstenberg, F., Die Sozialstruktur der Bundesrepublik Deutschland. Ein soziologischer Überblick, 5. verb. Aufl. Opladen 1976

Gesellschaftliche Daten 1979, Hrsg. v. Presse- und Informationsamt der Bundesregierung, Bonn

Hartfiel, G., Wörterbuch der Soziologie 2. Aufl. Stuttgart 1976

Handl, J., Mayer, K. U., Müller, W., Klassenlagen und Sozialstruktur – Empirische Untersuchungen für die Bundesrepublik Deutschland. SPES-Schriftenreihe Bd. 9 Frankfurt/M. 1977

Krupp, H. J., Zapf, W., Sozialpolitik und Sozialberichterstattung, SPES-Schriftenreihe Bd. 1, Frankfurt/M. 1977

Mayer, K. U., Soziale Ungleichheit und Mobilität. In: W. Zapf, (Hrsg.), Lebensbedingungen in der Bundesrepublik, SPES-Schriftenreihe Bd. 10, Frankfurt/M. 1977 S. 149–208

Schäfers, B., Sozialstruktur und Wandel der Bundesrepublik Deutschland. Ein Studienbuch zu ihrer Soziologie und Sozialgeschichte, 2. überarb. und erw. Auflage Stuttgart 1979

Statistisches Jahrbuch für die Bundesrepublik Deutschland, hrsg. v. Statistischen Bundesamt, div. Jahrgänge

Wirtschaftlicher und sozialer Wandel in der Bundesrepublik Deutschland, Hrsg. v. d. Kommission für den wirtschaftlichen und sozialen Wandel, Göttingen 1977

Wissenschaftlicher Rat für soziologische Forschung in der DDR (Hrsg.), Zur Sozialstruktur der sozialistischen Gesellschaft, Berlin (DDR) 1974

Zapf, W., Sozialberichterstattung: Möglichkeiten und Probleme (Kommission f. d. wirtschaftlichen und sozialen Wandel Bd. 125) Göttingen 1976

Zapf, W. (Hrsg.), Lebensbedingungen in der Bundesrepublik, SPES-Schriftenreihe Bd. 10, Frankfurt/M. 1977.

Fachwissenschaftliche Literatur zu den einzelnen Unterrichtseinheiten:

Baethge, M., Ausbildung und Herrschaft, Unternehmerinteressen in der Bildungspolitik. Frankfurt/M. 1970 (7; 13)

Bahrdt, H. P., u.a., Gibt es noch ein Proletariat? Frankfurt/M. 1962 (11)

Bell D., Die nachindustrielle Gesellschaft, Frankfurt/M. 2. Aufl. 1976 (1; 15; 17)

Bell, D., Die Zukunft der westlichen Welt, Frankfurt/M. 1979 (1; 15; 17)

Bendix, R., Lipset, S. M., (Ed.), Class, Status and Power – Social Stratification in Comperative Perspective, New York 2. ed. 1966 (9–13)

Bergermann, J., u.a., Herrschaft, Klassenverhältnis und Schichtung. In: Adorno T., W., (Hrsg.), Spätkapitalismus oder Industriegesellschaft, Stuttgart 1969, S. 67–87 (13)

Bischoff, J., (Hrsg.), Die Klassenstruktur der Bundesrepublik Deutschland, Berlin (W) 1976 (10)

Blau, P. M. (Hrsg.), Theorien sozialer Strukturen. Ansätze und Probleme, Opladen 1978 (9–13)

Bottomore, T. M., Soziale Schichtung. In: König, R., (Hrsg.), Handbuch der empirischen Sozialforschung, TB-Ausgabe Bd. 5, Stuttgart 1976, S. 1–39 (9)

Dahrendorf, R., Soziale Klassen und Klassenkonflikt in der industriellen Gesellschaft, Stuttgart 1957 (9; 10)

Dahrendorf, R., Über den Ursprung der Ungleichheit unter den Menschen. In: ders., Pfade aus Utopia. München 1968 (1)

Dahrendorf, R.: Lebenschancen, Frankfurt/M. 1979 (1; 15; 16)

Davis, K., Moore, W. E., Einige Prinzipien der sozialen Schichtung. In: Hartmann, H., (Hrsg.), Moderne Amerikanische Soziologie, Stuttgart 1967 (9)

Ehrenberg, H., Fuchs, A., Sozialstaat und Freiheit, Frankfurt/M. 1981 (16, 17)

Eysenck, H. J., Die Ungleichheit der Menschen, München 1975 (1)

Friedrichs, J., Methoden empirischer Sozialforschung, Reinbek 1973 (3–8)

Geiger, T., Die soziale Schichtung des deutschen Volkes, unv. Nachdruck der Ausgabe von 1932, Stuttgart 1967 (2)

Glass, D. V., König, R., (Hrsg.), Soziale Schichtung und soziale Mobilität, Kölner Zeitschrift für Soziologie und Sozialpsychologie, Sonderheft 5, Opladen 3. Aufl. 1968 (2; 9)

Haller, M., Theorien der Klassenbildung und sozialen Schichtung, Frankfurt/M. 1983 (9–13)

Hartfiel G., Soziale Schichtung (Bearb. v. U. Schwarz) München 1978 (5–13)

Hauck, G., Von der Klassenlosen zur Klassengesellschaft, Köln 1979 (10)

Hörning, K. H., (Hrsg.), Soziale Ungleichheit. Strukturen und Prozesse sozialer Schichtung, Neuwied 1976 (9–13)

Jaeggi, U., Kapital und Arbeit in der Bundesrepublik, Frankfurt/M. 1973 (10; 13)

Kirchberger, S., Kritik der Schichtungs- und Mobilitätsforschung. Zum Verhältnis von soziologischer Theoriebildung und empirischer Sozialforschung, Frankfurt/M. 1975 (5–13)

Klanberg, F., Armut und ökonomische Ungleichheit in der Bundesrepublik Deutschland, SPES-Schriftenreihe Bd. 13, Frankfurt/M. 1978 (14)

Kleining, G., Moore, H., Soziale Selbsteinstufung. Ein Instrument zur Messung sozialer Schichten. In: Kölner Zeitschrift für

Soziologie und Sozialpsychologie, Jg. 20/1968, S. 502 ff. (3)
Kleining, G., Soziale Mobilität in der Bundesrepublik Deutschland. In: ebenda, Jg. 27/1975, S. 97–121 (Klassenmobilität) und S. 273–292 (Status- und Prestigemobilität) (3)
Lampert, H., Sozialpolitik, Berlin 1980 (1; 15–17)
Laumann, E. O., (Ed.), Social Stratification, New York 1970 (9)
Lenski, G. E., Macht und Privileg. Eine Theorie der Sozialen Schichtung, Frankfurt/M. 2. Aufl. 1977 (8)
Leisewitz, A., Klassen in der Bundesrepublik Deutschland heute, Frankfurt/M. 1977 (10)
Mayer, K. U., Ungleichheit und Mobilität im sozialen Bewußtsein. Untersuchungen zur Definition der Mobilitätsdiskussion, Opladen 1975 (13)
Mayntz, R., u. a., Einführung in die Methoden der empirischen Soziologie, Opladen 2. Aufl. 1971 (3–8)
Meyer, K. B., Class and Society, 14. ed. New York 1967 (9)
Miegel, M., Die verkannte Revolution (1), Einkommen und Vermögen der privaten Haushalte, Bonn 1983 (5–6, 17)
Mierheim, H., Wicke, L., Die personelle Vermögensverteilung in der Bundesrepublik Deutschland, Tübingen 1978 (6)
Neumann, M., Methoden der Klassenanalyse-Untersuchungen zu einem Problem der marxistischen Soziologie, Frankfurt/M. 1976 (10; 11)
Nozick, R., Anarchie, Staat, Utopia, München o. J. (1; 17)
Offe, C., Politische Herrschaft und Klassenstrukturen. In: Kress, G., u. Senghaus, D. (Hrsg.), Politikwissenschaft, Frankfurt/M. 1969 (13)
Ossowski, S., Klassenstruktur im sozialen Bewußtsein, Neuwied 2. Aufl. 1972 (11)
Parsons, T., Ansatz zu einer analytischen Theorie der sozialen Schichtung. In: Rüschemeyer, D., (Hrsg.) Talcott Parsons, Neuwied 1968, S. 180–205 (9–11)
Parsons, T., Soziale Klassen und Klassenkampf im Lichte der neueren soziologischen Theorie, Rüschemeyer, O., (Hrsg.), a. a. O., S. 206–222 (9–11)
Parsons, T., Das System moderner Gesellschaften, München 1972 (9–11)
Parsons, T., Equality and Inequality in Modern Society, or Social Stratification Revisited. In: Laumann, E. O., (Ed.) Social Stratification, New York 1970 (1; 9–11)
Peschar, J. L., Chancenungleichheit – Eine empirische Studie zu Einflüssen sozialer Schichtung auf Ausbildung und Beruf, Neuwied 1979 (7)
Rawls, J., Eine Theorie der Gerechtigkeit, Frankfurt/M. 1979 (1; 15)
Roth, J., Armut in der Bundesrepublik, Reinbek, erw. u. aktualisierte Ausgabe 1979 (14)
Schelsky, H., Die Bedeutung des Klassenbegriffs für die Analyse unserer Gesellschaft. In: ders., Auf der Suche nach Wirklichkeit. Gesammelte Aufsätze, Düsseldorf 1965, S. 352–388 (12)
Schelsky, H., Die Arbeit tun die anderen. Klassenkampf und Priesterherrschaft der Intellektuellen, München 1977 (12)
Scheuch, E. K., Daheim, H., Sozialprestige und soziale Schichtung. In: Glass, D. V., a. a. O., S. 65–103 (4)
Seidel, D., Jenker, S., (Hrsg.), Klassenbildung und Sozialschichtung, Darmstadt 1968 (9–12)
Stewart, A., Prandy, K., Blackburn, R. M., Social Stratification and Occupations, London 1980 (9)
Stolz, J., Einkommensverteilung in der Bundesrepublik Deutschland, Frankfurt/M. 1983 (5)
Tumin, M. M., Schichtung und Mobilität, München 3. Aufl. 1975 (9)
Wallner, E. M., Funke-Schitt-Rink, M., Soziale Schichtung und soziale Mobilität (Soziologie der Gegenwart Bd. 6) Heidelberg 1980 (3–14)

Wiehn, E. R., Theorien sozialer Schichtung, Eine kritische Diskussion. München 2. Aufl. 1974 (9–13)

Wiehn, E. R., Mayer, K. U., Soziale Schichtung und Mobilität. Eine kritische Einführung, München 1975 (9–13)

V. Planungsskizze

– Kurzfassung –	– Normalfassung – Unterrichtseinheit	– Leistungskursfassung – (zusätzlich zur Normalfassung)
1. Einheit =	1. Soziale Gleichheit Soziale Ungleichheit	
	2. Soziale Ungleichheit Historische Erscheinungsformen	
	3. Soziale Selbsteinschätzung	Durchführung einer Umfrage
	4. Fremdeinschätzung/ Vergleich der Methoden	
2.–4. Einheit = Auswahl aus den Stundeneinheiten 5–8 der Normal- fassung	5. Einkommensverteilung	Erweiterungen sind an Hand der Materialien/Texte ohne weiteres möglich
	6. Vermögensverteilung	
	7. Verteilung von Bildung	
	8. Verteilung von Prestige/ schichtenspezif. Verhalten	Werden beide Varianten gewählt, verdoppelt sich der Zeitaufwand
5. Einheit =	9. Schichtungstheorie und Schichtungsmodelle	
6. Einheit =	10. Das Klassenmodell – Eigentum als Bestimmungsgrund für soziale Ungleichheit	
7. Einheit =	11. Klasse oder Schicht?	
	12. ‚Nivellierte Mittelstands- gesellschaft'	
8. Einheit =	13. Disparität der Lebensbereiche	
	14. Armut in der Bundesrepublik	
	15. Gleichheits- und Gerechtigkeits- vorstellungen im Grundgesetz und in gesellschaftlichen Gruppen	
	16. Funktionen der Sozialpolitik	Instrumente der Sozialpolitik
	17. Grenzen des Sozialstaats?	

Kurzfassung: Verzicht auf die Behandlung des Themenbereichs ‚Gleichheit' und Kürzungen bei den empirischen Methoden und Verfahren.

Leistungskursfassung: Ergänzungen im Bereich ‚Statistische Interpretationen' und Erörterung und Kritik sozialpolitischer Instrumente.

VI. Darstellung der Unterrichtseinheiten

1. Unterrichtseinheit

Soziale Ungleichheit und Soziale Gleichheit

Soziale Ungleichheit als besondere Art der sozialen Differenzierung

Vorbemerkung

Zwei Schwerpunkte bestimmen den Verlauf dieser Einheit:
Die Vermittlung und Verdeutlichung 1. der Wert-(politischen) Dimension und 2. der gesellschaftlichen, soziologisch erfaßbaren (positiven) Aspekte von sozialer Ungleichheit. Damit wird für die Schüler bereits in der Einstiegsstunde der Doppel- und Integrationscharakter der Reihe deutlich. Die Vermittlung der Wertdimension knüpft sinnvollerweise an die Alltagserfahrungen der Schüler an, zumal in dieser Stunde außer unstrukturiertem Vorwissen keine speziellen Kenntnisse aus dem Sachgebiet vorausgesetzt werden können.
Die Erfahrung von Ungleichheiten im menschlichen Verhalten gehört zum Konstitutionszusammenhang unserer Alltagswelt. Unreflektiert und spontan werden solche, über bloße Differenzierungen hinausgehende Ungleichheiten als ungerecht, moralisch verwerflich usw. bezeichnet. Daß dies kein bloßes Vorurteil ist, sondern durchaus gelebter Wertvollzug sein kann, wird klar, wenn man spontane Urteile über Gerechtigkeitsvorstellungen sammelt und auf ihren Kern zurückführt. Ungerechtigkeit bzw. Ungleichheit bedroht gerade in einer modernen Massendemokratie mit historisch vorher nicht gekannter politischer und rechtlicher Gleichheit die Legitimitätsbasis der Gesellschaft bzw. ihres politischen Systems.
Auf diesen Zusammenhang und das daraus resultierende Bestandsproblem hat Talcott Parsons erneut wieder hingewiesen. (Equality and Inequality in Modern Society, or Social Stratification Revisited. In: E. O. Laumann [Ed.], Social Stratification, New York 1970).

Extreme Gerechtigkeitsvorstellungen, selbst wenn sie auf wissenschaftlicher Reflexion beruhen, können motivierend auf die Schüler wirken und Urteile der o. a. Art hervorrufen. Bei einer entsprechenden Lenkung im Unterrichtsgespräch sollte eine Vertiefung und Relativierung des Alltagswissens möglich sein. Damit wäre der erste Schritt zu einer angemessenen Behandlung des Themas getan, die über eine schlichte Beschreibung von Ungleichheitszuständen – Schichtung in der traditionellen Auffassung – und eine lediglich moralisierende Darstellung von Ungleichheiten hinausgeht. Hierzu bietet sich ein Ausschnitt aus einem Interview, das A. F. von Hayek der Zeitschrift ‚Wirtschaftswoche‘ (11/1981) gegeben hat. Hier werden, z.T. provozierend, die Vorstellungen eines extremen Liberalismus vertreten. Aussagegehalt und Schwierigkeitsgrad der Sprache entsprechen dem Einführungscharakter der Stunde und bieten für ein gelenktes Unterrichtsgespräch eine Fülle von Umsetzungsmöglichkeiten. Als Alternative würde sich u.U. ein Textauszug aus R. Nozick, Anarchie, Staat, Utopia, (München o.J.) anbieten, der eine ähnliche Position wie von Hayek vertritt.
Auf jeden Fall sollte im Unterrichtsgespräch die für den weiteren Verlauf notwendige Trennung von Wert- und Sachaussagen vor-

genommen werden. Wobei die letzteren vorerst in Analysekategorien bestehen (z.B. Soziale Ungleichheit ist notwendig: Sie ist eine besondere Art der Differenzierung). Am Ende der Stunde sollten die Schüler in der Lage sein, die Begriffe ‚Gerechtigkeit' und ‚Gleichheit' bzw. ‚Ungerechtigkeit' und ‚Soziale Ungleichheit' voneinander abzugrenzen. Die in der Stundenskizze vorgeschlagenen Definitionen, in Anlehnung an von Hayek und J. Rawls, können nur als eine mögliche Begriffsabgrenzung verstanden werden, da die unterschiedlichen paradigmatischen Konzeptionen der Sozialwissenschaften sicher auch andere Abgrenzungen zulassen.
Auf eine Weiterführung der Diskussion um den Begriff ‚Gerechtigkeit' kann in der Einführungseinheit auf jeden Fall verzichtet werden, da das Thema in den Einheiten 14–17 vertieft behandelt wird.

Der zweite Schwerpunkt der Stunde, die soziologisch erfaßbaren Komponenten von Ungleichheit zu beschreiben, knüpft an einen Sachtext an. (K. M. Bolte u.a., Soziale Ungleichheit, Opladen 1974, S. 11–13) Soziale Ungleichheit wird hier als Zustand definiert, der von meßbaren Faktoren abhängig ist. Diese Definition vermeidet eine Ursachenbeschreibung und hebt sich so von anderen, theorieabhängigen Definitionen ab. Eine allgemeine Definition ist für den weiteren Verlauf der Reihe zum einen notwendig, um die verschiedenen, empirisch meßbaren Erscheinungsformen von Ungleichheit zu erfassen, zum anderen würde eine theoriegebundene, erklärende Begriffsbestimmung einen Vergleich der verschiedenen Ursachenerklärungen unmöglich machen.
Steht der Text von K. M. Bolte nicht zur Verfügung bzw. sind andere Lehrbücher eingeführt, bietet sich trotzdem die Möglichkeit, soziale Ungleichheit als besondere Art der sozialen Differenzierung zu beschreiben. Aus den einführenden Texten (z.B. G. Braun/R. Hamann, Kursbuch Politik, Frankfurt 1977, S. 192; F.-J. Behet, Sozialwissenschaftliche Aspekte, Stuttgart 1978, S. 71; O. Freundl, Die Sozialstruktur in der Bundesrepublik, München 1980, S. 74) lassen sich sowohl die Dimensionen sozialer Ungleichheit als auch eine einfache Begriffsbestimmung ermitteln. Ist die Lerngruppe mit gruppendynamischen Verfahren vertraut, kann auf die Texte teilweise verzichtet werden und statt dessen mit ‚brainstorming' o. ä. Verfahren das Begriffsfeld ‚Soziale Ungleichheit' bearbeitet werden. Darüber hinaus bietet sich ein Anknüpfungspunkt über die Rollentheorie, falls den Schülern die zentralen Aussagen bekannt sind.

Ziele der Einheit

Die Schüler erarbeiten die zentralen Begriffe an Hand von Textauszügen und im Unterrichtsgespräch:
– Gerechtigkeit: Gleichheit vor dem Gesetz (v. Hayek). Alle sozialen Werte sind gleichmäßig zu verteilen, soweit nicht eine ungleiche Verteilung jedermann zum Vorteil gereicht (J. Rawls).
– Soziale Ungleichheit: Besondere Art der sozialen Differenzierung, die Menschen als besser- oder schlechtergestellt, als bevorzugt oder benachteiligt, als mehr oder weniger angesehen erscheinen lassen (K. M. Bolte).

Materialien

1. Arbeitsblatt 1 (Auszug A. F. v. Hayek)
2. Evtl. Textauszug von J. Rawls (Eine Theorie der Gerechtigkeit, Suhrkamp Taschenbuch Wissenschaft 271, S. 81 und 83 in Auszügen)
3. Lehrbuchtext
   – K. M. Bolte u. a., Soziale Ungleichheit, a.a.O., S. 11–13
4. Evtl. Umdruck Planungsskizze

Verlaufsskizze

1. Unterrichtsschritt:
Erläuterung der Themenschwerpunkte

Im kurzen Lehrervortrag werden Thema, Lernzielschwerpunkte und evtl. weitere organisatorische Einzelheiten der Unterrichtsreihe bekanntgegeben (Themen für Referate, Klausurtermine etc.). Es empfiehlt sich, die Planungsskizze der Reihe den Schülern als Umdruck zur Verfügung zu stellen. Dadurch wird der unter Umständen von einigen Schülern so empfundene Bruch zwischen der soziologischen und politischen Thematisierung (3. und 4. Unterrichtsschritt bzw. 1. und 2. Hälfte der Reihe) als didaktisch notwendige Konstruktion einsichtig. Darüber hinaus wird den Schülern eine Strukturierungshilfe an die Hand gegeben, die die Nach- und Vorbereitung des Unterrichts und – in Hinblick auf die schriftlichen Arbeiten – eine Wiederholung des Stoffs erleichtert.

2. Unterrichtsschritt:
Ermittlung der Gerechtigkeits-/Gleichheitsauffassung (von Hayek und evtl. Rawls)

Das Interview wird mit folgenden Aufgaben und Leitfragen an die Schüler verteilt:
1. Ermitteln Sie die Gerechtigkeitsvorstellung von A. F. von Hayek!
2. Wie leitet von Hayek diese Vorstellungen ab?
3. Nehmen Sie zu den Ausführungen Stellung und versuchen Sie eine eigene Begriffsbestimmung von ‚Gerechtigkeit' bzw. ‚Ungleichheit'!

Es dürfte nicht schwerfallen, die verhältnismäßig einfachen Ausführungen wiederzugeben und in ein Unterrichtsgespräch einzutreten. Die Textarbeit kann daher verhältnismäßig kurz durchgeführt werden.

3. Unterrichtsschritt:
Problematik der Begriffserläuterungen/ Definition von Gerechtigkeit

Es ist sinnvoll, das Unterrichtsgespräch gemäß den Leitfragen des Textes zu strukturieren und das Ergebnis an der Tafel / mit dem OH-Projektor zu fixieren. Für den weiteren Verlauf sollten sinnvolle Definitionsversuche der Schüler ebenfalls erfaßt werden (vgl. Vorschlag Tafelbild, s. Stundenblatt). Nach Beendigung der Textanalyse und der Auflistung der Alltagsvorstellungen der Schüler werden im Unterrichtsgespräch die wesentlichen Definitionselemente ermittelt und an der Tafel fixiert. (Tafelanschrieb s. Stundenblatt) Eine kurze Diskussion zu den Unterschieden zwischen beiden Auffassungen schließt diesen Schritt ab. U. U. ist es nötig, auf die Fortführung dieser speziellen Thematik in den letzten Stunden der Reihe zu verweisen.

4. Unterrichtsschritt:
Erarbeitung ‚Soziale Ungleichheit'

Nachdem der Begriff ‚Gerechtigkeit' durch zwei kontroverse Definitionen umrissen ist, folgt die Bestimmung des Begriffs ‚Soziale Ungleichheit'. Der Text von K. M. Bolte (a.a.o., S. 11–13; evtl. gekürzt) bietet die Möglichkeit, Soziale Ungleichheit deskriptiv hinreichend zu beschreiben. Eine mögliche Leitfrage: Wie definiert K. M. Bolte ‚Soziale Ungleichheit'? Die Auflistung der einzelnen Dimensionen kann durchaus in Partnerarbeit erfolgen, da der Text keine erheblichen Verstehensschwierigkeiten bereitet.
Die vorgeschlagenen Textauszüge aus den anderen Lehrbüchern (s. Literaturverzeichnis) lassen sich ebenfalls verhältnismäßig leicht zu einer deskriptiven Definition von sozialer Ungleichheit verdichten.

Alternative zu Unterrichtsschritt 4:
‚Soziale Rolle und Ungleichheit'

Je nach Wissensstand des Kurses ließe sich der Zusammenhang ‚Soziale Ungleichheit als besondere Art der Differenzierung' auch über eine Anknüpfung an die Rollentheorie erreichen: Definiert man Rollen als dynamischen Aspekt der Position, ergibt sich über eine Definition/Beschreibung der unterschiedlichen Rollen (Herrschaftsrollen usw.) ein Zugang zu unserer Problematik. Gleichfalls ließe sich die Statuskomponente als Ungleichheitsmoment beschreiben. (Tafelbild, s. Stundenblatt)

5. Unterrichtsschritt
Ungleichheit als besondere Differenzierung; Merkmale, Erscheinungsformen

Die Textanalyse besteht im wesentlichen in einer Auflistung der verschiedenen Erscheinungsformen und Dimensionen von sozialer Ungleichheit (wird nicht der Text von K. M. Bolte zugrunde gelegt, muß durch den Lehrer evtl. etwas ergänzt werden).
Das Tafelbild (OH-Folie) hält die wesentlichen Kriterien fest (s. Stundenblatt).
Bei der Textauswertung kann bereits auf den deskriptiven Charakter der einzelnen Kategorien hingewiesen werden, so daß sich ein fließender Übergang zum letzten Unterrichtsschritt ergibt.

6. Unterrichtsschritt
Vergleich Ungerechtigkeit – Soziale Ungleichheit

In dieser abschließenden Phase müssen die unterschiedlichen Begriffssysteme beschrieben und beurteilt werden können. Falls die Möglichkeit besteht, Schülerantworten zu fixieren, kann dies mit Hilfe des Tafelbildes geschehen (s. Stundenblatt).

Hausaufgabe:
Fassen Sie die Erläuterungen zu den Begriffen: ‚Gleichheit/Ungleichheit' und ‚Gerechtigkeit/Ungerechtigkeit' zusammen!

2. Unterrichtseinheit
Soziale Ungleichheit
Historische Erscheinungsformen

Vorbemerkung

Sozialstruktur und damit Soziale Ungleichheit können ohne historischen Rückbezug nur schwer beschrieben und vermittelt werden. Trotz der in diesen Stundenblättern vorgenommenen Trennung zwischen ‚Sozialer Ungleichheit' als eher statistisch-analytisch ausgerichtetem Thema und ‚Sozialer Mobilität' als eher dynamisch-beschreibender Thematik, ist ein kurzer historischer Exkurs erforderlich. Die geschichtliche Dimension sozialer Ungleichheit wird hierdurch selbstverständlich nur zum geringen Teil erfaßt. Vielmehr sollen hier, angelehnt an das Verfahren der ‚komparativ-statischen Analyse' der Ökonomie, verschiedene Erscheinungsformen von Ungleichheit zu unterschiedlichen Zeitabschnitten miteinander verglichen werden. Dieses Verfahren bietet sich an, da in dieser Einheit zwei Zielbereiche erfaßt werden sollen:

a) Nachdem in der 1. Einheit zum erheblichen Teil begriffliches Instrumentarium bereitgestellt wurde, soll nun, ohne daß der Begriffsapparat erweitert werden muß, eine Vertiefung und Anwendung der zentralen Begriffe eingeübt werden. Dies empfiehlt sich angesichts der nicht nur für Schüler oft problematischen Begriffsbildung in der Bezugswissenschaft Soziologie.
b) Die Schüler sollen befähigt werden, Ungleichheitszustände in ihrer historischen Bedingtheit an ausgewählten Beispielen zu erkennen und mit Ungleichheit heute zu vergleichen.

Soziale Ungleichheit war, zumindest bis zur Heraufkunft der bürgerlichen Gesellschaft

und der industriellen Revolution, umfassend in allen Lebensbereichen der Gesellschaft. ‚Stand' oder ‚Kaste' bestimmte den Lebenslauf und Lebenschancen mit fast ausschließlicher Gültigkeit. Dies läßt sich an Quellen wie Lehensordnungen, Bekleidungs- und Steuervorschriften etc. leicht nachweisen und didaktisch vermitteln.

Die moderne Industriegesellschaft kennt keine umfassende, allgemein verbindliche Zuordnung von Positionen und Lebenschancen wie z. B. die Feudalgesellschaft. Hier bezieht sich soziale Ungleichheit nicht auf den kompletten Rollenset und damit auch auf die Persönlichkeit des einzelnen Menschen sondern, als Folge von Arbeitsteilung und Ausdifferenzierung gesellschaftlicher Funktion, isoliert auf einzelne Rollensegmente. Die umfassende Ungleichheit wird abgelöst durch die Ungleichheit bestimmter Rollen voneinander. Wissenschaftlich nicht unumstritten ist die Heraushebung bestimmter Rollen und Lebenslagen als prägendes Kriterium für Ungleichheit (z. B. Berufsrolle, Schicht/-mentalität, Klasse, Klassenbewußtsein). Die in der Industriegesellschaft nun nicht mehr vorhandene einheitliche, in allen Bereichen festgelegte soziale Position und bestimmter Status führt zu ‚Statusunsicherheit', d. h., im alltäglichen Umgang können die Individuen oft nicht Status/Position des Gegenübers erkennen und variieren ihr Verhalten entsprechend (vgl. dazu das Beispiel in K. M. Bolte, a. a. O., S. 101). Speziell zu diesem Problem findet man Aspekte schichtenspezifischen Verhaltens in der 8. Unterrichtseinheit. Für diese Einheit reicht die Gegenüberstellung der verschiedenen Ungleichheitsformen, ohne daß die weiterführenden Probleme (Statusunsicherheit, Klasse oder Schichttheorie usw.) schon problematisiert werden sollen, da sie in den Einheiten 10–13 ausführlicher behandelt werden.

Zur Durchführung der Einheit sollte man von eindeutigen und ohne erhebliche Rückgriffe auf historisches Wissen der Schüler interpretierbaren Quellen ausgehen. Eine ausführliche Analyse z. B. von Lehnsordnungen ist von daher ausgeschlossen. Vielmehr bieten sich Beschreibungen von Lebensumständen (z. B. F. Büchse / J. B. Walz, Industrialisierung und sozialer Wandel, Hannover 1979, S. 57–63) oder Kleiderordnungen (K. M. Bolte, a. a. O., S. 5f.) an. Diese können mit ähnlichen Beschreibungen der Gegenwart verglichen werden (z. B. K. M. Bolte, a. a. O., S. 10 oder aktuelle Materialien aus Modejournalen usw.). Da hier die im Unterricht verwandten Texte nur hinführenden Charakter haben, kann auch auf andere Texte zurückgegriffen werden. Unter Umständen wäre eine Textsammlung durch die Schüler aus einschlägigen Zeitschriften zu heutigen ‚Kleidervorschriften' empfehlenswert. Wir greifen hier auf die Materialien K. M. Bolte, a. a. O., S. 5–8, 10 sowie einen Auszug aus der ‚Wirtschaftswoche' Nr. 45 v. 10. 11. 1972, S. 104 zurück (vgl. Arbeitsblatt).

Ziele der Einheit

Die Schüler sollen

- die zentralen Begriffe: Soziale Ungleichheit als besondere Art der Differenzierung, Schicht (usw. je nach Begriffsraster der 1. Einheit) erklären und auf die vorgestellten Situationen anwenden können.
- Merkmale der ‚Sozialen Ungleichheit' aus den Texten zuordnen und beschreiben können.
- Unterschiede in den Ungleichheitssituationen Mittelalter (Feudalzeit) – Industriegesellschaft beschreiben können.
- Einsicht in die unterschiedlichen Legitimationen von Ungleichheit bekommen.
- Bereitschaft entwickeln, sich weiter mit dem Problem ‚Soziale Ungleichheit' auseinanderzusetzen.

Materialien

1. Arbeitsblatt 2
2. Lehrbuchtext
- K. M. Bolte u. a., Soziale Ungleichheit, a. a. O., S. 5–8 und S. 10 oder
- G. Kappel, Sozialstruktur der Bundesrepublik Deutschland, Bamberg 1980, S. 70–73 oder
- F. J. Behet u. a., Sozialwissenschaftliche Aspekte, a. a. O., S. 72 f.

Verlaufsskizze

1. Unterrichtsschritt:
Wiederholen der zentralen Begriffe

Dieser Unterrichtsschritt ist zum einen notwendig, um Begriffssicherheit herzustellen; zum anderen bietet eine knappe Wiederholung der Begriffe einen Einstieg in das Stundenthema. Nach der strengen begrifflichen Arbeit bietet diese Stunde verhältnismäßig einfache Bearbeitungsformen. Es kann erforderlich sein, den Tafelanschrieb der 1. Stunde durch Schüler ebenfalls kurz wiederholen zu lassen.

2. Unterrichtsschritt:
Historische Ausprägungen von Ungleichheit: Feudalismus – heute

Nach kurzer Angabe des Stundenziels (Vergleich sozialer Ungleichheit einst und jetzt) folgt die Bearbeitung der Lehrbuchtexte (mit Leitfragen); je nach Leistungsstand der Kerngruppe arbeitsteilig oder gemeinsam. Mit den Leitfragen müssen folgende Elemente abgefragt werden:
1. Symbole der Ungleichheit (z. B. unterschiedliche Kleidung, Möblierung)
2. Faktoren der Ungleichheit (z. B. Status, Prestige, Macht)
3. Zeitliche Unterschiede = Wirkung der Ungleichheit/Umfang der Ungleichheit
4. Aufforderung zu Hypothesenbildung (Zusammenfassung und Beurteilung)

Falls von den Schülern Material gesammelt wurde, können diese Fragekomplexe ebenfalls (evtl. als Hausarbeit) vorgegeben werden.

3. Unterrichtsschritt:
Unterschiede zwischen den Ungleichheitszuständen: Symbole und Faktoren

Einzelne Schülergruppen tragen ihre Ergebnisse vor und diskutieren sie untereinander. Die relativ einfachen Texte werden i. d. R. auch schwächere Schüler zu einer Mitarbeit ermuntern. Erst nach einer gewissen Diskussionszeit sollte eine Strukturierung mit Hilfe der Tafel/Tageslichtschreiber durchgeführt werden, da bei diesen einfachen Texten nicht alle Antworten protokolliert werden können. Die Strukturierung erfolgt an Hand der vorgegebenen Leitfragen (Tafelbild s. Stundenblatt).

4. Unterrichtsschritt:
Umfang und Wirkung der Ungleichheit

Um von der relativ einfachen Beschreibung der Ungleichheit in den unterschiedlichen Gesellschaften zu den etwas komplexeren Bestimmungen des Umfangs und der Wirkungen von Ungleichheit zu kommen, brauchen einige Kurse sicher der Hinführung durch den Lehrer. Die Unterschiede (Feudalismus: umfassend in jeder Lebenssituation, Wirkung auf den Rollenset; Industriegesellschaft: Ungleichheit in bestimmten Bereichen, Wirkung auf eine Rolle) sind zwar in den vorgelegten Texten evident, erschließen sich aber den Schülern sicher erst durch eine gezielte Hinführung.

5. Unterrichtsschritt:
Vergleich Feudalismus – Industriegesellschaft (Aufgabe 4 des Arbeitsblattes)
Schüler tragen ihre Zusammenfassung vor. Nach entsprechender Kommentierung kann das Ergebnis zusammengefaßt werden.

6. Unterrichtsschritt:
(falls Zeit vorhanden)
Alternative Vorstellungen von Gesellschaft

Hier können in bezug auf die ‚Gesellschaftsbilder' die Unterschiede zwischen dem Schichtungsmodell und dem Klassenmodell bereits besprochen werden (s.a. 9. Stunde). Das Klassenmodell geht davon aus, daß auch heute soziale Ungleichheit umfassend für alle Lebensbereiche sei.

3. Unterrichtseinheit

Methoden zur Erfassung Sozialer Ungleichheit

Soziale-Selbst-Einschätzung

Vorbemerkung

Im Mittelpunkt der Einheit steht die exemplarische Erarbeitung eines Verfahrens zur Erfassung von Sozialer Ungleichheit. Über die Soziale-Selbst-Einschätzung wird versucht – über bestimmte, vorher festgelegte Kriterien, hier: Beruf – den Status der Befragten und damit die Schichtung der Gesellschaft zu ermitteln. Ausführlich wird dieses Verfahren bei Moore-Kleinig dargestellt (vgl. in K. M. Bolte, a.a.O., S. 78/79). Die konzeptionellen und methodischen Schwächen dieses Verfahrens interessieren hier erst in zweiter Linie. Für eine didaktische Aufbereitung eignet sich Soziale-Selbst-Einschätzung (SSE) trotz aller berechtigter Kritik aus folgenden Gründen:

1. Die Zuordnung zu bestimmten Schichten erfolgt über Berufe bzw. Berufsgruppen und ist so auch Schülern zugänglich. Die einfache Relation Beruf–Schicht erlaubt, ohne auf komplizierte statistische Verfahren zurückgreifen zu müssen, den Verlauf einer soziologischen Untersuchung zu simulieren.
2. Die auch im Sozialwissenschafts-Unterricht notwendige Methodenkritik kann ebenfalls an diesem Fall leicht vorgeführt werden (evtl. aus Zeitgründen in der 4. Stunde).
3. Insgesamt erlaubt das (vereinfachte) SSE-Verfahren ein hohes Maß an Schüleraktivität und vermittelt einen ersten Einblick in die Problematik der empirischen Sozialforschung.

Für die Durchführung der Stunde bieten sich zwei Unterrichtsverfahren an, die kurz beschrieben werden:

Projekt. Die Schülerinnen und Schüler erarbeiten die wesentlichen Lernschritte in Gruppenarbeit (analog zu den noch folgenden Unterrichtsschritten: Problemstellung/Forschungsfrage; Erarbeitung/Vorschlag des Untersuchungsverfahrens; Vorbereitung und Durchführung der Umfrage/Auswertung und Darstellung der Ergebnisse/Vergleich mit den Ergebnissen anderer Umfragen) und führen eine Umfrage durch. Die Vorbereitung und Durchführung eines solchen Projekts erfordert allerdings erheblich mehr Zeit als die Vorstellung des Verfahrens in einer Unterrichtseinheit. Es ist sicher sinnvoll, die ‚Stichprobe' der Umfrage von vorneherein zu beschränken (z.B. nur Sekundarstufe II usw.).

Umfrage in der Lerngruppe stellt sozusagen das Projekt im kleinen dar. Bei entsprechender Vorbereitung ist es in einer Doppelstunde plus Hausarbeit (Kritik an dem Verfahren dann in der 4. Einheit) durchführbar. Die Verlaufsskizze berücksichtigt beide Unterrichtsverfahren.

Ziele der Einheit

Die Schüler erarbeiten am Beispiel der ‚Sozialen-Selbst-Einschätzung' die Grundzüge einer empirischen Studie (Forschungsfrage, Methodenwahl, Durchführung, Darstellung und Analyse).

Material

In den vorliegenden Lehrbüchern wird, mit Ausnahme der ‚Sozialwissenschaftlichen Aspekte', das Verfahren SSE zwar beschrieben, aber nicht unseren Intentionen nach vermittelt. So fehlt durchgängig die Beschreibung des eigentlichen Ablaufs und z. T. auch die Kritik an den Annahmen des Verfahrens. Einzig die ‚Aspekte' bzw. die Originalliteratur bieten einen Einblick in die Verfahrensweise. Wir übernehmen hier die vereinfachten Fragekärtchen der ‚Aspekte' (Arbeitsblatt 3).

Interessanter wäre es jedoch, durch die Lerngruppe eigene Kärtchen entwerfen zu lassen. Auf jeden Fall müssen zu dieser Stunde / zu diesem Projekt Möglichkeiten zur Vervielfältigung der Fragekärtchen bestehen.

Weiter benötigen die Schüler Millimeterpapier zur Darstellung der Ergebnisse sowie Strichlisten und Zeichenmaterial (vgl. Muster für einen Fragebogen und eine Strichliste auf den Arbeitsblättern 3 und 4)

Verlaufsskizze

1. Unterrichtsschritt/Projektabschnitt

Leitfrage/Forschungsfrage: Wie kann ‚Soziale Ungleichheit' empirisch erfaßt werden?
– Ermitteln Sie die sozialen Unterschiede in Ihrem Kurs, Ihrer Jahrgangsstufe usw...!

Es sollten möglichst viele Vorschläge gemacht und durch den Lehrer entsprechend so kommentiert werden, daß eine Befragung von den Schülern in Erwägung genommen wird. Dieser Abschnitt kann durch gezielte Hinweise entschieden abgekürzt werden.

2. Unterrichtsschritt / Projektabschnitt
Verlaufsplan einer empirischen Studie

Sollte dem Kurs dies nicht bekannt sein, muß durch einen kurzen Lehrervortrag der Ablauf einer Studie modellhaft vorgestellt und durch ein Tafelbild verdeutlicht werden (sonst reicht eine kurze Wiederholung):
– Ausgangspunkt ist die Fragestellung (Forschungsfrage), sie kann durch einen Auftraggeber, ein gesellschaftliches Problem usw. vorgegeben sein; hier: Ermittlung der sozialen Unterschiede.
– Es müssen Entscheidungen über die Erhebungstechnik und den Umfang (Stichpro-

be) der Erhebung gefällt werden; hier: Erhebungstechnik muß noch gefunden werden; Stichprobe steht fest: Kursgruppe o. ä.
- Nach diesen Entscheidungen werden die technischen Vorbereitungen für die Umfrage getroffen; hier: Fragekärtchen.
- Nach Durchführung der Umfrage werden die Ergebnisse ausgewertet.

Tafelbild s. Stundenblatt

3. Unterrichtsschritt:
Vorstellen des Verfahrens SSE

Hier bieten sich zwei Unterrichtsverfahren an: Es kann einmal ein Lehrbuchabschnitt über dieses Verfahren besprochen werden, oder die Schüler ermitteln in einem gelenkten Unterrichtsgespräch den Kerngedanken selber. Für die letzte Möglichkeit sind folgende Schritte denkbar:
- Es sollen Unterschiede/Schichtung gemessen werden – An welchen äußeren Merkmalen können diese Unterschiede festgestellt werden? Z. B. Kleidung, Einkommen aber auch am Beruf!
- Die Personen sollen direkt befragt werden – Es ist für einen Laien nicht möglich, sich mit Hilfe soziologischer Fachbegriffe einzuordnen (z. B.: Gehören Sie der oberen Unterschicht an?).
- Die Befragten können wohl Auskunft über ihren Beruf geben; aber Fragen nach dem Einkommen werden nicht gern beantwortet. – An dieser Stelle kann der Lehrer das Prinzip der SSE kurz zusammenfassen und mit einem Tafelbild verdeutlichen (siehe Stundenblatt).

3. Projektabschnitt:
Ermittlung eines geeigneten Verfahrens

Da die Schüler nicht ‚von selbst' auf das Prinzip der SSE kommen werden, ist eine Steuerung der Gruppen durch den Lehrer notwendig. Dies kann analog zum 3. Unterrichtsschritt geschehen. Wichtig ist nur, daß der Zusammenhang Berufsgruppe: Schichtzugehörigkeit von den Schülern erkannt wird.

4. Unterrichtsschritt:
Durchführung

Für die Durchführung in einer Unterrichtsstunde reicht es, wenn die Schüler auf dem Arbeitsblatt die Berufsgruppe des ‚Haushaltsvorstandes' ankreuzen.

5. Unterrichtsschritt:
Auswertung

Die Anzahl der einzelnen Wahlen wird ermittelt und mit Hilfe des Schaubildes dargestellt (Tafelbild s. Stundenblatt) (n. Sozw. Aspekte S. 84).

6. Unterrichtsschritt:
Interpretation

Das Ergebnis der Umfrage von Moore-Kleinig zeigt eine breite Anordnung der Befragten in der gesellschaftlichen Mitte. Die Verteilung in dem Kurs dürfte ähnlich ausfallen.

4. Projektabschnitt:
Entwurf eines Fragebogens

Hier sollte den Schülern freie Hand gegeben werden, allerdings sollten die Berufsgruppen ähnlich wie bei Moore-Kleinig zusammengefaßt werden. Eine genaue Simulation der Umfrage ist wegen des sehr hohen Arbeitsaufwandes für die Vorbereitung (Kärtchen für die einzelnen Berufsgruppen) und für die einzelne Befragung sicher nicht möglich. Werden die Berufe wie im Arbeitsblatt aufgeführt (Fragebogen), reduziert sich der Arbeitsaufwand erheblich.

5. Projektabschnitt:
Durchführung der Umfrage

Hier sind rechtzeitig die ‚Befragten' zu informieren. Ggf. müssen die Schulleitung und die Kollegen unterrichtet werden.

6. Projektabschnitt:
Auswertung

Sie geschieht am besten mit speziellen Auswertbögen (Muster s. Anlage). Darstellungsformen können sein: Zusammenstellung der %-Verteilung; Bildliche Darstellung der Verteilung (Kreis-, Säulendiagramme u. ä.); Verbale Darstellung.

7. Projektabschnitt:
Interpretation der Ergebnisse

Dies kann wie im Unterrichtsschritt 6 geschehen.
Bei der Umfrage sollte auf strikte Anonymität geachtet werden.

4. Unterrichtseinheit

Fremdeinschätzung und Soziale-Selbst-Einschätzung: Vergleich und Kritik der Verfahren

Vorbemerkung

Das Verfahren der Fremdeinschätzung (FE) beruht auf dem allgemeinen Verfahren der Indikatorenbildung und unterliegt weitaus strengeren methodologischen Anforderungen als das Verfahren der SSE und ist deshalb nicht so einfach für den Unterricht verwendbar. Je nach den formal-methodologischen Beziehungen der Indikatoren zu den Merkmalsdimensionen, die indiziert werden sollen, unterscheidet R. Mayntz u. a. (Einführung in die Methoden der empirischen Soziologie, Opladen 1971, S. 40 f.) folgende Ausprägungen:
Definitorische Indikatoren. Durch diese wird die zu untersuchende Merkmalsdimension definiert.
Korrelative Indikatoren. Intern-korrelativ: sie korrelieren als Teil des Definiens mit den übrigen Komponenten dieser Dimension (es besteht ein theoretischer Zusammenhang). Extern-korrelativ: sie sind nicht Teil des Definies, korrelieren jedoch empirisch mit der definierten Merkmalsdimension.
Schlußfolgernde Indikatoren. Mit ihnen kann auf Merkmalsausprägungen, die nicht direkt beobachtbar sind, geschlossen werden.

Die soziale Fremdeinschätzung benutzt korrelative Indikatoren. Scheuch beschreibt sein Verfahren wie folgt: „Die erste Fassung des Instruments war ein Index, der 9 Variable zu einer Gesamtpunktzahl kombinierte. Dieser Index sollte differentielles Sozialprestige als Substitut für Schichtzugehörigkeit erfassen. Hierzu postulierten wir zunächst drei Aspekte (technisch gesprochen: drei Teiluniversen eines Bedeutungskollektivs „Prestige") als relevant:

a) wirtschaftliche Lage,
b) Berufszugehörigkeit bzw. Zurechenbarkeit zu Berufskreisen und
c) „kulturelles Niveau" bzw. Möglichkeit der Teilnahme an kulturellen Werten.

Innerhalb dieser Teiluniversen wurde nun eine unterschiedliche Zahl konkreter Indikatoren ausgewählt, je nach der vermuteten unterschiedlichen empirischen Erfaßbarkeit der jeweiligen hypothetischen Konstrukte" (E. K. Scheuch / H. Daheim, Sozialprestige und soziale Schichtung. In: D. V. Glass / R. König [Hrsg.], Soziale Schichtung und soziale Mobilität, Kölner Zeitschrift für Soziologie und Sozialpsychologie, Sonderheft 5, Opladen 1968, S. 67). Der Index mußte mehrfach geändert werden. Trotzdem lassen sich die Ergebnisse ‚mit aller Vorsicht' (K. M. Bolte u. a., a. a. O.) für die Interpretation der Sozialstruktur verwenden. Wurde SSE als Projekt erarbeitet, bietet sich als Unterrichtsverfahren für FE ein themenzentriertes Vorgehen an (so könnte der Originaltext von Scheuch im Unterricht behandelt werden). Wir verzichten aber auf die eingehende Behandlung des Originaltextes und führen nur das Verfahren der FE kurz vor, um die Ergebnisse mit denen der SSE zu vergleichen und beide Verfahren beurteilen zu können.

Materialien

1. Arbeitsblatt 5
2. Lehrbuchtext (hier: K. M. Bolte u. a., a. a. O., S. 96 f.)

Ziele der Einheit

Die Schüler sollen
– das Verfahren der FE an einem Beispiel erarbeiten,
– die Verfahren SSE und FE miteinander vergleichen können,
– zu den Vorteilen, Schwächen der Verfahren Stellung nehmen können.

Verlaufsskizze

1. Unterrichtsschritt

Kurzes Unterrichtsgespräch: Ist das Verfahren der SSE ‚objektiv'? Problempunkte sind: Befragte geben bewußt oder unbewußt falsche Antworten; die Berufsgruppen treffen für den bestimmten Befragten nicht zu; Interviewer drängt, bestimmtes Kärtchen zu ziehen.
Zusammenfassung als ‚Merksatz': Das Verfahren der SSE ist nicht exakt, wenn die Befragten sich nicht in die Berufsgruppen einordnen können. (Evtl. als Tafelanschrieb, s. Stundenblatt)

2. Unterrichtsschritt:
Verbesserung des Verfahrens

Die Schüler versuchen, Verbesserungen vorzuschlagen. Die Vorschläge sollten so durch den Lehrer kommentiert werden, daß eine mögliche Lösung die Einordnung der Befragten durch den Interviewer darstellt.

3. Unterrichtsschritt:
Ermittlung eines Index'

Die Schüler erhalten das Arbeitsblatt (Fallstudie) und versuchen aus den Angaben dort einen ‚Index' für Soziale Ungleichheit zu konstruieren (Gruppenarbeit).

4. Unterrichtsschritt

(Das Tafelbild sollte vorbereitet sein, vgl. Stundenblatt.)
1. Konstruktion des Indexes
2. Darstellung der Beispiele
3. Erste Beurteilung

Bei der Beurteilung kommt es wesentlich darauf an, zu zeigen, daß bei gleichem Zahlenmaterial die unterschiedlichen Berechnungen zu völlig abweichenden Ergebnissen führen können. Die Diskussion darüber sollte nicht zu sehr ausgeweitet werden.

5. Unterrichtsschritt:
Index ‚Sozialprestige und soziale Schichtung' (sog. ‚Kölner Index')

In diesem Unterrichtsschritt soll nun ein tatsächlich ermittelter Index kurz vorgestellt werden. Dies kann allerdings aus Zeitgründen i. d. R. nur durch einen Lehrervortrag geschehen. (Für einen Leistungskurs empfiehlt sich allerdings ein Auszug aus der Originalliteratur: K. E. Scheuch, unter Mitarbeit von H. J. Daheim, Sozialprestige und Soziale Schichtung, a. a. O.)
Da die Schüler durch die vorhergehenden Unterrichtsschritte die grundlegende Verfahrensweise der Indexbildung und ihrer Schwächen im Prinzip schon erarbeitet haben, kommt es nun darauf an, dies auf einen ‚professionellen' Versuch zu übertragen. Der Index kombiniert in seiner letzten Fassung (vgl. S. 14) drei Merkmale miteinander: Einkommen, Sozialprestige des Berufs und Schulbildung des Haupternährers einer Familie. Für jeden Teilbereich wurden Punktwerte festgelegt (Einkommen max. 20; Sozialprestige max. 30; Schulbildung max. 20).

Die Verteilung der Punktwerte auf die einzelnen Schichten wurde von Scheuch wie folgt vorgenommen:

Oberschicht:	50 und mehr Punkte
Obere Mittelschicht:	40–49 Punkte
Mittlere Mittelschicht:	30–39 Punkte
Untere Mittelschicht	23–29 Punkte
Obere Unterschicht:	15–22 Punkte
Untere Unterschicht	bis 14 Punkte.

(Evtl. als Tafelbild: Im Stundenblatt wird ein Tafelbild vorgeschlagen, das einen Vergleich mit der Sozialen-Selbst-Einstufung erlaubt.)

6. Unterrichtsschritt

Die Schüler sollen ermitteln, welches Verfahren genauer arbeitet (Problem der Gewichtung). Hier ist nun ein Vergleich mit den Ergebnissen der letzten Stundeneinheit notwendig. Die Daten aus der Moore-Kleinig-Studie können als Tafelanschrieb nochmals fixiert werden.
Die Ergebnisse weichen teilweise erheblich voneinander ab, zeigen aber eine deutliche Konzentration der Befragten in der gesellschaftlichen ‚Mitte'.

7. Unterrichtsschritt (oder Hausarbeit)

Offene Diskussion unter der Fragestellung: Können Soziale-Selbst-Einstufung und/oder Fremdeinschätzung (Indexbildung) soziale Ungleichheit messen?

Gegen beide Modelle läßt sich, wie gegen andere Schichtungsmodelle, einwenden, daß Klassifizierung und Gewichtung der einzelnen Merkmale eher den subjektiven Vorstellungen des beobachtenden Sozialwissenschaftlers als den Strukturen des beobachteten Gegenstandes entspricht. Dieser Gesichtspunkt wird allerdings in den Stundeneinheiten 9 (Schichtungstheorie) und 11 (Klasse oder Schicht?) erneut aufgegriffen und vertieft. Hier soll zuerst ein Übergang zu den Einheiten 5–8 geschaffen werden.

Anhang zum Unterrichtsschritt 6
Beim Vergleich der Verfahren kann folgende Tabelle als Tafelanschrieb/OH-Folie den Vergleich erleichtern:

Zusammenstellung der Ergebnisse von Scheuch (FE) 1961 und Moore-Kleinig (SSE) 1960
(Nach: K. M. Bolte u. a., a.a.O., S. 97)

Scheuch (Kölner Index)		Moore-Kleinig (Soziale-Selbst-Einschätzung)	
Untergliederung des Statusaufbaus	%-Anteil	%-Anteil	Untergliederung des Statusaufbaus
Oberschicht (50 und mehr Punkte)	2,5	1,0	z. B. Großunternehmer
Obere Mittelschicht (40–49 Punkte)	6,1	5,0	z. B. leit. Angestellte
Mittlere Mittelschicht (30–39 Punkte)	14,6	15,0	z. B. mittl. Angestellte und Beamte
Untere Mittelschicht (23–29 Punkte)	20,7	30,0	z. B. Malermeister, Kleinhändler, qualifizierte Arbeiter
Obere Unterschicht (15–22 Punkte)	36,6	28,0	z. B. untere Angestellte, qualifizierte Arbeiter
Untere Unterschicht (0–14 Punkte)	19,5	17,0	z. B. Straßenarbeiter
	–,–	4,0	Sozial Verachtete z. B. Handlanger

Vorbemerkungen zu den Unterrichtseinheiten 5–8

Der Erfolg dieser Unterrichtseinheiten hängt wesentlich von den zur Verfügung stehenden Materialien ab. Die z. Zt. greifbaren Lehrbücher bieten in der Regel nur sehr wenig Material bzw. total veraltete Statistiken. Es empfiehlt sich auf jeden Fall, für den Unterricht „Sozialwissenschaften" eine aktuelle Datensammlung zur Hand zu haben. Empfehlenswert sind, neben den Datenhandbüchern, z. B. Basisdaten und Soziologischer Almanach, vor allem die Veröffentlichungen des Statistischen Bundesamtes bzw. der Bundesministerien (Arbeit/Soziales, Familie/Gesundheit, Bildung/Wissenschaft). Besonders geeignet scheinen mir die in unregelmäßiger Folge vom Bundespresse- und Informationsamt herausgegebenen ‚Gesellschaftlichen Daten' zu sein (letzte Ausgabe 1979 z. Zt. noch kostenfrei erhältlich). Hier werden aus den unterschiedlichen Fachgebieten (z. B. Bevölkerung, Bildung, Erwerbstätigkeit, Einkommen usw.) Daten mit auch für Laien verständlichen Kommentaren aufgeführt; dadurch wäre es auch für die Schüler geeignet.

Bei den folgenden Stunden beziehen wir uns auf diese Daten. Sie sollten aber für die jeweilige Stunde auf ihre Aktualität geprüft und u. U. durch neuere Veröffentlichungen ersetzt werden. Um der Gefahr einer methodisch einseitigen Statistik-Interpretation zu entgehen, die für Schüler wie für den Unterrichtenden schnell ermüdend werden kann, sollen die einzelnen Stunden nicht nur durch den jeweiligen Sachbereich: Einkommen–Vermögen (Macht)–Bildung–Prestige (Verhaltensdifferenzierungen) (oder Eliten), festgelegt sein, sondern es soll durch ein ‚Methodenmix' Abwechslung in das formal gleiche Interpretationsschema von Statistiken gebracht werden.

5. Unterrichtseinheit
Einkommensverteilung

Vorbemerkung

Die funktionalistische Schichtungstheorie sieht in der Einkommensverteilung ein Ergebnis der gesellschaftlichen Wertschätzung unterschiedlicher Berufspositionen. ‚Normale' Einkommensungleichheiten zwischen Berufen mit unterschiedlichen Anforderungen werden aber häufig kontrastiert durch Einkommensdifferenzierungen, die nicht auf gesellschaftlichen Notwendigkeiten beruhen (z. B. Einkommen Bergmann – Schlagersänger etc.). Die marxistische Soziologie leitet Einkommensdifferenzierungen in der Regel als Ausdruck des Klassensystems ab, obwohl es auch in sozialistischen Wirtschaften Lohnanreize und damit auch Unterschiede im Einkommen gibt. Einkommensdifferenzen haben zweifache Wirkung: einmal sind sie sicher Ergebnis sozialer Ungleichheit (z. B. unterschiedlicher Besitz an Produktionsmitteln bewirkt unterschiedliche Einkommen), zum anderen bewirkt unterschiedliches Einkommen neue Ungleichheiten (z. B. Konsumvorteile von Künstlern oder Funktionären in sozialistischen Gesellschaften).

Ökonomisch betrachtet, entstehen Einkommen aus dem Produktionsprozeß (Lohn, Gewinn, Rente), die den Besitzern von Produktionsmitteln (Arbeit, Kapital, Boden) zufließen. Die sich so ergebende Einkommen-Verteilung (Primärverteilung) wird von strikten Anhängern der Marktwirtschaft als gerecht angesehen. Die Primärverteilung bewirkt aber, das zeigt die Geschichte der Marktwirtschaft, rigide Formen von Ungleichheit, so daß heute alle gesellschaftlichen Gruppen mit einer mehr oder weniger intensiven Umverteilung der Einkommen durch den Staat einverstanden sind (Sekundärverteilung).

Der Umverteilungsaspekt wird allerdings in dieser Stunde nicht eigens ins Blickfeld gerückt. Die Unterrichtseinheit setzt vielmehr an dem Ergebnis/Hausarbeit der vorherigen Stunde an. Hier sollten die Schüler u.a. ja Möglichkeiten der weiteren Beschreibung von Ungleichheit ermitteln. Dieser Aspekt kann zu Beginn der Einheit aufgegriffen und in Richtung auf Unterschiede bei der Einkommen-Verteilung erweitert werden. An instrumentalen Fähigkeiten sollen das ‚Interpretieren von Statistiken', Möglichkeiten der Darstellungsformen und inhaltlich Bedingungen und Formen der Einkommen-Verteilung besprochen werden.

Materialien

Da die in den Lehrbüchern aufgeführten Daten i.d.R. veraltet sind, wird dieser und den folgenden Stunden zusätzliches Material beigefügt. Es ist auf jeden Fall durch aktuelles Zahlenmaterial zu ersetzen. Verwandt werden in dieser Stunde die Tabelle 60 S.153 und Tab.65 S.163 in Auszügen aus den ‚Gesellschaftlichen Daten 1979'. Hrsg. vom Presse- und Informationsamt der Bundesregierung Bonn.
Als neueres Ergebnis liegt zur Zeit die Untersuchung der Einkommens- und Verbrauchsstichprobe des Mikrozensus von 1978 vor (vgl.: Wirtschaft und Statistik 9/1982, hrsg. vom Statistischen Bundesamt, Wiesbaden, S.659–665). Ein Textauszug daraus (die Seiten 664 und 665, die im Stundenblätterheft nicht abgedruckt sind) kann zur Ergänzung oder als Hausarbeit eingesetzt werden. Zu berücksichtigen ist allerdings, daß die Daten nicht alle Personen umfassen, die Einordnung auf Selbsteinschätzung der Haushalte beruht und eine Zuordnung der Einkommensarten auf eine Person nicht möglich ist. (Vgl. ebenda S.661)

Ziele der Einheit

Die Schüler sollen:
- Einkommensstatistik analysieren und interpretieren können,
- aus einer Tabelle eine einfache Darstellung entwickeln können,
- die Bedeutung der Einkommensverteilung als Ursache und als Ergebnis sozialer Ungleichheit kennen und beurteilen können.

Verlaufsskizze

1. Unterrichtsschritt:
Aktuelle Einkommen nach ‚Stellenanzeigen'.

Der Lehrer läßt die Schüler aktuelle Stellenanzeigen vorlesen und fragt nach den hervorstechenden Merkmalen. Im Unterrichtsgespräch werden, neben den Beschreibungen der ausgeschriebenen Stellen und den geforderten Eigenschaften der Bewerber, Hinweise auf die Dotierung der Stellen erfolgen. Die Schüler sollen im Unterrichtsgespräch beschreiben, was sie sich konkret unter Floskeln wie ‚Bezahlung entspricht den Anforderungen' etc. vorstellen können. Um ein Abgleiten in Diskussionen ‚Was man so verdient' zu vermeiden, sollten die Schüler dann aufgefordert werden, den Durchschnittsverdienst der Arbeitnehmer in der Bundesrepublik Deutschland zu schätzen (Haushaltsbruttoeinkommen 1979 DM 3416 je Monat im Durchschnitt aller Haushalte; durchschnittlicher Bruttolohn eines Industriearbeiters 1982 DM 606 je Woche).

2. Unterrichtsschritt:
Verteilung der Bruttolöhne und -gehälter

Das Arbeitsblatt 6 wird in Einzelarbeit bearbeitet (1.Teil). Während der Bearbeitung sollten unbekannte Begriffe noch zusätzlich erklärt werden.

3. Unterrichtsschritt:
Darstellung der Verteilung

Zur besseren Darstellung können die einzelnen Einkommensstufen bis DM 1000,– zusammengefaßt werden. Auf jeden Fall empfiehlt sich hier eine Vorbereitung des Tafelanschriebs / der OH-Folie vor dem Unterricht, da die Darstellung sehr viel Zeit in Anspruch nimmt (Tafelbild s. Stundenblatt).

4. Unterrichtsschritt:
Gibt die Grafik/Tabelle die Einkommensverteilung wieder?

Die Schüler werden meines Erachtens sehr schnell merken, daß nur ein Teil der Einkommen/Bevölkerung erfaßt ist (nur die unselbständig Beschäftigten). Deshalb müssen weitere Daten zur Erklärung der Einkommensverteilung vorgelegt werden.

5. Unterrichtsschritt:
Beziehung zwischen Herkunft und Höhe der Einkommen

Mit Hilfe des zweiten Teils des Arbeitsblatts sollen die Schüler die Verteilung der Einkommen nach Herkunftsarten und Anteil am Gesamteinkommen ermitteln. Die vorgelegten Daten legen zwar einen Vergleich der relativen (%) Werte nahe, aber nicht alle Schüler werden auf diesen Schluß kommen, zumal dieser Vergleich kurze Umrechnungen der Werte erfordert. Von daher empfiehlt es sich, diesen Arbeitsschritt als Gruppenarbeit anzulegen.
Neben dem Vergleich der Relationen ‚Anteil an den Steuerpflichtigen / am Gesamteinkommen je Einkunftsart' ergeben sich noch weitere interessante Vergleiche, die hier nicht alle angeführt werden können. Das Ergebnis der Arbeit wird auf jeden Fall eine ungleiche Verteilung der Einkünfte zwischen den einzelnen Einkunftsarten aufzeigen.

Alternative: Hier kann ein Textauszug aus der Einkommens- und Verbrauchsstichprobe zur Aktualisierung und zum Vergleich eingesetzt werden. Die spezifischen Schwierigkeiten der Erhebung werden im Text angesprochen. Von daher eignet sich ein solcher Auszug auch als Hausarbeit.

6. Unterrichtsschritt:
Ergebnisse der Gruppenarbeit

Die Darstellung der Ergebnisse durch die Schüler sollte durch ein Tafelbild mit dem ‚zentralen' Vergleich abgeschlossen werden (Tafelbild s. Stundenblatt). Die Werte ergeben sich aus dem Verhältnis der absoluten Werte (erste Spalte der Tabellen).

7. Unterrichtsschritt:
Ursachen der Einkommensunterschiede

An den Darstellungen der Verteilung sollte sich eine Diskussion über die Ursachen der Einkommensunterschiede und ihrer Wirkungen anschließen. Eine Festlegung auf eine bestimmte theoretische Erklärung der Einkommensunterschiede sollte vermieden werden, da dieser Erklärungszusammenhang in den Einheiten 9–13 nochmals aufgegriffen wird. Statt dessen empfiehlt sich eine ‚offene Fixierung' (siehe Stundenblatt).
Eventuell Hausarbeit: Erläutern Sie die Textaussagen der Auszüge aus „Wirtschaft und Statistik" 9/1982 und vergleichen Sie diese mit den Unterrichtsergebnissen.

6. Unterrichtseinheit
Vermögensverteilung und Macht

Vorbemerkung

Die Vermögensverteilung in der Bundesrepublik entspricht sicher nicht den gängigen Gleichheits- und Gerechtigkeitsvorstellungen. Die Untersuchungen aufgrund der letzten Verbraucherstichprobe 1973 bestätigen die schon in den sechziger Jahren aufgestellten Behauptungen von Krelle u. a. Eine ausführliche Analyse bietet H. Mierheim / L. Wicke, Die personelle Vermögensverteilung in der Bundesrepublik Deutschland, Tübingen 1978. Ohne Frage ist großes Vermögen auch mit zusätzlicher Macht in sozialen Beziehungen verbunden. Im Unterricht kann selbstverständlich nicht eine Exegese des Machtbegriffs und seine soziale, ökonomische und politische Komponente untersucht werden. Der Zusammenhang Vermögen/Macht soll vielmehr intuitiv, über ein Fallbeispiel vermittelt werden. Mit der ersten Beschreibung des Vermögensbegriffs und der Analyse der Vermögensverteilung müssen die Schüler in dieser Einheit hinreichend gedanklich abstrakte Arbeit leisten.

Material

1. Lehrbuchtext: ‚Der Kampf um den größeren Schreibtisch‘ (K. M. Bolte, a.a.O. S.10)
2. Arbeitsblatt 7 ‚Vermögensverteilung‘
3. Eine sehr gute Übersicht bietet der Artikel ‚Die heimlichen Reichen‘ von M. Jungblut, DIE ZEIT Nr.46 vom 10.11.1978, S.25–26. Der Artikel kann ebenfalls, statt des Arbeitsblattes bzw. des Lehrbuches, eingesetzt werden.
4. Als Einführung eignen sich auch die Berichte von B. Engelmann / G. Wallraff, ‚Ihr da oben – wir da unten‘, Reinbek 1979, o.ä.

Ziele der Einheit

Die Schüler sollen
- den Vermögensbegriff kennen und anwenden können,
- die Vermögensverteilung der Bundesrepublik erklären (evtl. graphisch verdeutlichen) können,
- den Zusammenhang zwischen Vermögen und Macht in einfacher Weise beschreiben können,
- den Zusammenhang zwischen Vermögen und Einkommen beschreiben können,
- Möglichkeiten der Änderung in der Vermögensverteilung herausfinden.

Verlaufsskizze

1. Unterrichtsschritt:
Demonstration von Macht/Vermögen

Schüler oder Lehrer lesen den Abschnitt ‚Kampf um den größeren Schreibtisch‘ oder einen Auszug aus ‚Ihr da oben – wir da unten‘ (z.B. S.211, als Portier und Bote) vor. Der Lehrer bittet um Stellungnahmen und fordert danach die Schüler auf, Hypothesen über die Motive der einzelnen Personen zu bilden; z.B.: Warum sollen Boten nicht im Direktorenspeisesaal essen? Das Unterrichtsgespräch ist auf den Faktor ‚Macht‘ (Demonstration von Macht) zu lenken. Hier bietet sich u.U. eine Überprüfung des bisher erarbeiteten Stoffes an, da die Schüler mit den Begriffen wie Schicht, Verhalten usw. operieren müssen.

2. Unterrichtsschritt:
Definition von „Macht“

Nach diesem relativ freien Unterrichtsgespräch erfolgt nun eine ‚Engführung‘:

a) auf den Zusammenhang Macht-Vermögen. Falls den Schülern die Definition von Macht nicht bekannt sein sollte, empfiehlt

es sich, Macht nach Max Weber zu definieren: Macht bedeutet die Chance, in einer sozialen Beziehung seinen Willen auch gegen andere Personen durchzusetzen. Diese oder ähnliche Definitionen sollten in dieser Stunde nicht weiter hinterfragt werden, da es den Stundenrahmen in jedem Fall sprengen würde.

b) Macht kann auf ‚Vermögen' beruhen.
c) Die Schüler zählen Vermögensbestände auf (Tafelbild s. Stundenblatt).

3. Unterrichtsschritt:
Vermögensverteilung in der Bundesrepublik

Gruppenarbeit mit Arbeitsblatt 7. Arbeitsaufträge: 1. Vermögensverteilung graphisch darstellen, 2. Vorschläge entwickeln über die Möglichkeiten der Veränderung.
Der Lehrer kann in dieser Zeit das Tafelbild für den 4. Unterrichtsschritt vorbereiten.

4. Unterrichtsschritt:
Darstellung der Vermögensverteilung

Die Schüler tragen ihre Ergebnisse vor und zeichnen an der Tafel. Zur genaueren Darstellung der Konzentration bietet sich die sogenannte ‚Lorenzkurve' an. (Vgl.: J. Pfanzagl, Allgemeine Methodenlehre der Statistik, 4. Aufl. Berlin 1967, S. 33–37)
Zur Konstruktion der Kurve addiert man die relativen Besetzungszahlen der jeweiligen Gruppe (hier: %-Anteile am Gesamtvermögen) und trägt die Summenwerte auf der Ordinate ab. Mit den relativen Anteilen der Gruppen (hier: Haushalte) wird ebenso verfahren. Verbindet man die Punkte, ergibt sich die ‚Lorenzkurve'.
Es erleichtert die Vermittlung, wenn die Darstellung als Tafelanschrieb vorbereitet wird. (Daten entsprechen der Schüleraufgabe, Summe auf 100% gerundet)
Wäre das Vermögen gleichmäßig verteilt, würde die Lorenzkurve mit der Hypotenuse des Dreiecks zusammenfallen.
Die Fläche zwischen der Hypotenuse und der Lorenzkurve gibt ein Maß für die Konzentration an. Dieses einfache statistische Maß sollte allerdings nicht überbewertet werden, da die methodischen Probleme nicht unerheblich sind.

5. Unterrichtsschritt:
Möglichkeiten der Änderung der Vermögensverteilung

Die Schüler erläutern ihre Vorstellungen zur Änderung der Vermögensverteilung. Hier sollten durch den Lehrer zusätzliche Informationen zur Vermögenspolitik beigesteuert werden (siehe Stundenblatt).
(Die staatlichen Maßnahmen werden z. Zt. im Rahmen der Sanierung des Bundeshaushalts revidiert; Sparkassen und Banken geben gern eine aktuelle Übersicht.)

6. Unterrichtsschritt:
Voraussetzungen zur Vermögensbildung

Dieses Problem kann mit einer einfachen Lehrerfrage in den Fragehorizont gerückt werden, falls die Schüler diesen Bereich nicht bereits angesprochen haben. Über Sparfähigkeit der einzelnen Haushalte bietet z. B. der ‚Soziologische Almanach' ausreichendes Material. Auf eine zusätzliche Statistik sollte aber verzichtet werden. Es ist völlig ausreichend, wenn zum Schluß der Stunde den Schülern der (vereinfachte) Zusammenhang deutlich ist (Tafelanschrieb s. Stundenblatt).

Die Vermögensbildung hängt also von der Sparfähigkeit ab; es besteht ein Zusammenhang zwischen Einkommenshöhe und Vermögensbildung. Vermögen können aber auch durch z. B. Erbschaft erworben werden. Dieser Gesichtspunkt kann aber aus Zeitgründen nicht ohne weiteres vertieft werden.

Hausarbeit: Entweder Textvorbereitung zur nächsten Stunde (Arbeitsblatt 8) oder Zusammenfassung der Stundenergebnisse.

7. Unterrichtseinheit
Verteilung von Bildung

Vorbemerkung

Der Zusammenhang Bildung und Soziale Schicht ist in der Literatur vielfach untersucht worden. Die interessanteste Veröffentlichung der jüngsten Zeit scheint mir die Untersuchung von I. L. Peschar zu sein. Er weist nach, daß Kinder in den Niederlanden mit zwar gleichem IQ aber ungleichen sozialen Bedingungen (trotz gewisser Bedenken kann man m. E. von unterschiedlicher Schichtzugehörigkeit sprechen) unterschiedliche Bildungskarrieren durchlaufen. Der Faktor ‚Schichtung‘ (Soziale Herkunft) beeinflußt in eindeutiger Weise Zugang und Verbleib zu weiterführenden Schulen. Für die Bundesrepublik liegen solche Untersuchungen noch nicht vor.
In den vorhandenen Untersuchungen werden in erster Linie die Zusammenhänge Bildung und Schichtzugehörigkeit als zeitpunktbezogene Analysen durchgeführt. Eine Längsschnittanalyse wie die von I. L. Peschar würde für die BRD sicher zu ähnlichen Ergebnissen wie für die Niederlande führen. Aufstellungen über die soziale Herkunft von Schülern und Studenten sind mit verhältnismäßig großen Problemen zu interpretieren:
1. Die Erhebungen des Stat. Bundesamtes verwenden die Kategorien der Erwerbstätigenstatistik: Arbeiter, Angestellter, Beamter, Selbständiger, sonstige berufliche Stellung. So ergeben sich in den einzelnen Kategorien sehr große Unterschiede in der sozialen Stellung. Die Aussagekraft der ‚offiziellen Statistik‘ ist somit, wie offen zugegeben wird, verhältnismäßig gering (vgl. Gesellschaftliche Daten, a. a. O., S. 90).
2. Die Daten in den Lehrbüchern (z. B. K. M. Bolte, a. a. O., S. 69 f.) sind derart überaltert, daß sie ohne zusätzliche Informationen von den Schülern nicht interpretiert werden können.

Wir greifen darum für diese Einheit auf eine kombinierte Darstellung zurück, die den Sachverhalt Bildung: Schicht für die Schüler einfacher darstellt. Es handelt sich um einen Textauszug aus P. L. Berger / B. Berger, Wir und die Gesellschaft, Reinbek 1976, S. 116, 118. Der Text greift zwar auf amerikanische Verhältnisse zurück, ist aber von der Diktion und Intention her leicht zu verstehen. Die Schüler werden nach 4 Stunden ‚Statistikinterpretation‘ eine Textarbeit eher annehmen als eine weitere Tabelle.
Der Text spricht folgende Gesichtspunkte an:
- es gibt einen Zusammenhang zwischen Schicht/Klasse und Bildung;
- es gibt einen Zusammenhang zwischen Bildung und Einkommen;
- die Faktoren bilden einen ‚Teufelskreis‘: Schichtzugehörigkeit – Bildung – Einkommen – Schichtzugehörigkeit;
- es gibt im wesentlichen zwei Erklärungsmodelle: schichtenspezifische Sozialisation und Leistungsnormen der ‚Mittelschichtsinstitution‘ Schule.

Vor allem die beiden Erklärungsmodelle greifen weit über den Rahmen der Reihe hinaus, bieten aber eine Verzahnung zu anderen Themen des Sozialwissenschafts-Unterrichts (Sozialisation, Funktion und Wirkung von Institutionen usw.).
Man sollte sich diese Gelegenheit nicht entgehen lassen und den Schülern einen Einblick in den Zusammenhang der soziologischen Theoriebildung geben.

Material

Textauszug aus Berger/Berger s. Arbeitsblatt 8.
Der Arbeitsauftrag wird so angelegt, daß die Fragen schriftlich beantwortet werden kön-

nen (evtl. in Form einer ‚schriftlichen Übung'). Dies nimmt natürlich etwas mehr Zeit in Anspruch, kann aber zur Vorbereitung einer Klausur durchaus erforderlich sein. Der Stundenverlauf ändert sich in seiner Grundstruktur nicht. Nur können jetzt nicht alle Schüler Beiträge liefern. U.U. können die Schülerarbeiten korrigiert und in einer weiteren Stunde besprochen werden.

Ziele der Einheit

Die Schüler sollen
- den Zusammenhang zwischen Schicht/Klasse und Bildung erkennen können,
- den Zusammenhang zwischen Bildung und Einkommen erkennen können,
- den ‚Teufelskreis' erklären können,
- die beiden wichtigsten Erklärungsmodelle kennen und beurteilen können.

Verlaufsskizze

1. Unterrichtsschritt

Falls der Text nicht zur Vorbereitung aufgegeben worden war, benötigen die Schüler eine gewisse Zeit, um sich in den Text einzulesen. Während der Lesephase – oder falls der Text bekannt ist, zu Beginn der Stunde – werden unbekannte Begriffe erläutert und evtl. angeschrieben. Wird der Text im Rahmen einer Übung erarbeitet, nimmt dieser Abschnitt den überwiegenden Teil der 1. Stunde in Anspruch. Die weiteren Schritte sind dann für die 2. Stunde vorgesehen. Die Bearbeitung des Textes erfolgt in Einzelarbeit.

2. Unterrichtsschritt

Die Schüler tragen ihre Ergebnisse vor. In dieser Phase sollten nur die größten Interpretationsfehler korrigiert werden.

3. Unterrichtsschritt:
Zusammenfassung und Fixierung der Ergebnisse

Dies geschieht in der Reihenfolge der Arbeitsaufträge. Die Schülerantworten werden an der Tafel festgehalten (s. Stundenblatt).
- Gibt es einen Zusammenhang zwischen Schicht/Klasse und Bildung? = JA
  Vom Lehrer ergänzend für die Bundesrepublik Deutschland 1973, Tabelle S. 90, Gesellschaftliche Daten, a. a. O. Kann evtl. auch als zusätzliche Information auf dem Arbeitsblatt vermerkt werden.
- Gibt es einen Zusammenhang zwischen Bildung und Einkommen? = Ja
  Für die Bundesrepublik liegen z. Zt. nur die Ergebnisse des Mikrozensus von 1964! vor, sie gehen aber in die gleiche Richtung. (Auch diese Zusatzinformation kann auf dem Arbeitsblatt bzw. Tafelanschrieb durch den Lehrer vermerkt werden. Vgl. K. M. Bolte, a. a. O., S. 84)
- Die einzelnen Faktoren bilden einen Teufelskreis
- Es gibt zwei Erklärungsmodelle
  (Hier sind je nach Vorwissen der Schüler weitere Erläuterungen des Lehrers notwendig.)

4. Unterrichtsschritt:
Strategien zur Aufhebung von Bildungsungleichheiten

Auch in der wissenschaftlichen Literatur weichen die Lösungsvorschläge erheblich voneinander ab. Es sei nur an die Auseinandersetzung zwischen Befürwortern und Gegnern der Gesamtschule hingewiesen. Die Stellungnahmen der Schüler und die des Lehrers sollten deutlich machen, daß es sich letztlich um eine politische Entscheidung handelt. (In dem Zusammenhang sei auf die Zahlen der USA verwiesen: auch eine ‚Gesamtschule' verhindert offensichtlich keine ungleichen ‚Bildungskarrieren'!)

8. Unterrichtseinheit

Schichtspezifische Verhaltensdifferenzierungen

Vorbemerkung

In der letzten ‚Deskriptionsstunde' wird nun ein besonders auffälliges Phänomen der sozialen Ungleichheit vorgestellt. Die Verteilung des gesellschaftlichen ‚Ansehens' auf die verschiedenen Bevölkerungsgruppen. Unterschiede in der gesellschaftlichen Wertschätzung sind elementar und auch Schülern, zumindest unreflektiert, bewußt. Die Statusunsicherheit moderner Sozialsysteme verlangt geradezu nach Beurteilungsmaßstäben, die sich an äußeren Merkmalen und Symbolen anknüpfen lassen. K. M. Bolte beschreibt einen Vorgang der Einstufung sehr anschaulich (S. 101 f.). In einigen Lehrbüchern ist dieser Fall übernommen, ohne daß auf die eigentlichen Probleme weiter eingegangen wird. Das zentrale Problem besteht offensichtlich einmal in dem Vorgang der Bewertung einer Person durch andere, zum anderen in dem ‚Selbstbild' der einzelnen gesellschaftlichen Gruppe. Die Bewertung durch eine Person könnte man in folgendem Modell beschreiben:

- Es werden äußere Merkmale herangezogen: Erscheinung, Symbole (Auto, Kleidung, bestimmte Luxusartikel).
- Beruf, gesellschaftliche Funktion usw.
- Diese Erscheinungen werden mit bestimmten Wertvorstellungen kombiniert.
- Da aber die soziale Distanz zwischen den Personen umfassende Wertung nicht möglich macht, bilden sich als ‚Reduktionsmechanismus' Vorurteile gegenüber bestimmten Erscheinungen. Diese ‚Vorurteile' bilden dann die Grundlage für die Prestigeverteilung.

Der Prozeß kann auch rückschreitend gedacht werden:

- eine bestimmte Prestigeverteilung beruht auf einer gesellschaftlich vorgegebenen Zuordnung von Merkmalen und Funktionen;
- die Angehörigen bestimmter Gruppen internalisieren diese Vorstellung (sie wird zum Selbstbild);
- bestimmte Merkmale werden als Kriterium für die Zugehörigkeit zu einer bestimmten Gruppe betrachtet.

Diese ‚Selbstbilder' erklären allerdings nicht den Ursprung der Prestigeverteilung und damit die Existenz von bestimmten Gruppierungen. In dieser Stunde soll keine ‚Elitentheorie' besprochen werden, sondern nachdem die Selbstbilder der einzelnen Gruppen reflektiert wurden (auch in bezug auf das eigene Verhalten der Schüler) können Überlegungen zur Struktur und Zusammensetzung der Elite in der Bundesrepublik angestellt werden. Als Variante zu der vorgeschlagenen Unterrichtseinheit ist es selbstverständlich möglich, nur den Aspekt ‚Elite' herauszugreifen und isoliert zu behandeln. In einem Leistungskurs können sicher beide Aspekte behandelt werden.

Die Einheit sollte von den unmittelbaren Alltagserlebnissen der Schülergruppe ausgehen, um im wesentlichen zwei Gesichtspunkte herauszustellen:

- Erarbeitung der ‚Selbstbilder' der einzelnen gesellschaftlichen Gruppen;
- Reflexion über das eigene, ebenfalls schichtspezifisch geprägte Verhalten.

Material

1. Die Lehrbücher von K. M. Bolte, G. Braun und O. Freundl bringen Übersichten bzw. Angaben/Texte über schichtenspezifisches Verhalten. Auf ein eigenes Arbeitsblatt zu dieser Stunde wird daher verzichtet. Als Grundlage wurde hier ein Textauszug aus

dem Lehrbuch von K. M. Bolte, a.a.O., S. 100 gewählt.
2. Für die Erweiterung des Themas ‚Struktur und Zusammensetzung der Eliten' werden am Ende der Verlaufsskizze zwei Auszüge aus der sog. ‚Wildemann-Studie' abgedruckt (zit. n. W. Zapf, Eliten. In: E. Ballerstedt / W. Glatzer, Soziologischer Almanach, Frankfurt 1975, S. 341 f., 350 f.).
(Falls Referate geplant sind, lassen sich zu diesem Thema ausreichend Materialien finden. Z. B. K. M. Bolte, a. a. O., Abs. IV 1–4)

Ziele der Einheit

Die Schüler sollen
- die Selbstbilder der gesellschaftlichen Gruppen erklären können;
- ihr eigenes Verhalten in bezug auf die Abhängigkeit von bestimmten Schichten reflektieren können.

Für Leistungskurs/Ergänzung:
- Zusammensetzung und Herkunft der Eliten in der Bundesrepublik erklären können.

Verlaufsskizze

1. Unterrichtsschritt:
Selbstbilder gesellschaftlicher Schichten

Die Schüler bearbeiten den entsprechenden Lehrbuchtext mit der Leitfrage: ‚Versuchen Sie, die gesellschaftlichen Faktoren der Selbstbilder zu finden!'
(K. M. Bolte, S. 100; G. Braun, S. 199; O. Freundl, S. 96, a. a. O.)
Die Schüler sollen nun versuchen, die gesellschaftlichen Faktoren, auf denen das unterschiedliche Selbstbild beruht, zu isolieren und zu beschreiben. Dies geschieht am besten in Gruppenarbeit, da hier, neben Reproduktionsleistungen, auch problemlösende Gedanken formuliert werden sollen.

2. Unterrichtsschritt:
Zusammenhang zwischen schichtenspezifischen Verhalten/Bewertung und Selbstbild

Die Schüler tragen die Ergebnisse der Gruppenarbeit vor. Diese werden mit entsprechender Kommentierung an der Tafel fixiert (s. Stundenblatt). Die beiden Komponenten des Verhaltens ‚Soziale Bewertung' und ‚Selbstbild' sollten weiter aufgegliedert werden. Werden nur die sichtbaren Phänomene wie Statussymbole etc. besprochen, gelangen die Schüler nur schwer wieder zu einer analytischen Erarbeitung zurück.

3. Unterrichtsschritt:
Reflexion des eigenen Verhaltens: Ist unser Verhalten schichtabhängig?

Hier bietet sich die Möglichkeit für den Unterrichtenden, in einer zwanglosen Diskussion wiederum eine Kontrolle des bisherigen Unterrichtsstoffs durchzuführen. Er sollte nur eingreifen, wenn Unterrichtsinhalte falsch wiedergegeben werden bzw. die Diskussion ‚festzufahren' droht.

Zur Illustration können die Abschnitte VI 1–4 aus K. M. Bolte, Soziale Ungleichheit, a. a. O., als Referate vergeben werden.

Ergänzungen für den Leistungskurs

4. Unterrichtsschritt:
Begriff der ‚Elite'

An Hand eines Textauszuges, z. B. K. M. Bolte, Kap. VII 2, werden die zentralen Begriffsbestimmungen erläutert. Die kurze Zusammenfassung von W. Zapf eignet sich m. E. allerdings besser, da hier operationalisierbare Begriffe verwandt werden. Zapf versteht unter ‚Eliten' im wesentlichen gesellschaftliche ‚Führungsgruppen', die zentrale gesellschaftliche Funktionen – also Herr-

schaft im Sinne M. Webers – ausüben. Er grenzt diese Gruppe, zu denen die Spitzen im Bereich der Legislative, Exekutive, Judikative, Arbeitgeber-, Arbeitnehmerverbände, Großunternehmer, Kirchen und Kulturbereich gehören, ausdrücklich von dem Begriff der ‚Wertelite' ab, da diese empirisch nicht faßbar ist. Das Ergebnis der Textarbeit kann an der Tafel fixiert werden (s. Stundenblatt).

5. Unterrichtsschritt:
Quantifizierung der Aussagen; Schichtungsherkunft der Elite

Mit der Tabelle (von Moore-Kleinig und Wildemann) können die Aussagen weiter spezifiziert werden. So kann z. B. eine Verteilung der Herkunft relativ einfach ermittelt werden (Beamte zur Mittelschicht zählen). Werden diese Zahlen mit den Ergebnissen der Erhebung von Moore-Kleinig verglichen, lassen sich, mit aller Vorsicht!, Aussagen über die Struktur der Eliten gewinnen. Die Tabelle sollte vorbereitet werden (s. Stundenblatt).

Text zu Unterrichtsschritt 4

Ermitteln Sie aus dem Text den Begriff der ‚Elite'! (Zitiert aus: W. Zapf, Eliten. In: E. Ballerstedt / W. Glatzer, Soziologischer Almanach. Handbuch gesellschaftspolitischer Daten und Indikatoren für die Bundesrepublik Deutschland, Frankfurt/M. 1977, SPES-Schriftenreihe Bd. 1, S. 341/342)

„Eliten bzw. gesellschaftliche Führungsgruppen werden hier als die Inhaber von Spitzenpositionen verstanden, die Entscheidungen von gesamtgesellschaftlicher Tragweite treffen oder beeinflussen können. Dies sind zunächst die Inhaber von Positionen, die ‚Gesetze machen', also die Spitzen der Legislative, Exekutive und Judikative. Sodann sind es Positionsinhaber, deren Entscheidungen gesetzesähnliche Wirkung haben, etwa die Spitzenfunktionäre von Arbeitgebern und Gewerkschaften im System der Tarifautonomie. Drittens gehören dazu die Gruppen, die spezifische gesellschaftliche Funktionsbereiche steuern: die Großunternehmer, die Spitzen von Interessenverbänden, die Präsidenten von Großorganisationen. Viertens schließlich die Inhaber von Spitzenpositionen in den Kirchen, in Kultur und Massenkommunikation, die ‚meinungsbildend' und einflußreich sind. In modernen Gesellschaften kann man zu den so bestimmten Führungsgruppen ca. zweitausend bis viertausend Personen zählen.
Das hier verwendete theoretische Konzept versteht Führungsgruppen als Funktionseliten und bewegt sich im Vorverständnis eines rational-bürokratischen Herrschaftsbegriffs, der etwa in der Definition von Max Weber (‚Herrschaft soll heißen die Chance, für einen Befehl bestimmten Inhalts bei angebbaren Personen Gehorsam zu finden') Herrschaft als legitimes und deshalb sanktionierbares Recht versteht, das aber an bestimmte Positionen geknüpft, auf bestimmte Inhalte beschränkt und auf angebbare Personengruppen ausgerichtet ist.
In traditionellen Gesellschaften gibt es eine so ausdifferenzierte Positionsstruktur noch nicht; hier fällt Herrschaft zusammen mit diffuser persönlicher Macht und/oder mit Gruppenprestige. In revolutionären Regimes spiegeln sich die permanenten Machtkämpfe in permanenten Umstrukturierungen von Spitzenpositionen, die weitgehend von ihren Inhabern nicht ablösbar sind. Die Stabilisierung revolutionärer Situationen kann man u. a. daran ablesen, daß sich ihre (Spitzen)-Positionsstruktur stabilisiert, daß Karrieren berechenbar und daß ‚normale', d. h. nicht gewaltsame Regelungen des Nachfolgeproblems etabliert werden.
Das Elitekonzept wird in der Literatur auch anders verwendet, im Sinn von Werteliten. Eliten sind dann alle diejenigen, die in ir-

gendeinem gesellschaftlichen Bereich, der hoch bewertet wird, Spitzenleistungen vollbringen. Bei Pareto gehören folgerichtig also auch die berühmtesten Kurtisanen, Diebe oder Schachspieler zur Elite; aber Pareto trennt anschließend die sog. herrschende Elite von allen anderen. Dieser weite Elitebegriff spielt in moderner Terminologie dort eine Rolle, wo die Oberschicht einer Gesellschaft als die Gruppe der Mächtigsten, der Reichsten und der Prominentesten samt ihren Familien definiert wird. Das sind in modernen Gesellschaften einige hunderttausend Personen, doch davon ist hier nicht die Rede."

Tabelle zu Unterrichtsschritt 5

Zitiert aus: W. Zapf, Eliten. In: E. Ballerstedt / W. Glatzer, Soziologischer Almanach, a. a. O., S. 350/351:

Elite/Funktionsbereich	Schulbildung		soziale Schichtzugehörigkeit des Vaters			
	Kein Abitur %	Hochschule %	Unterschicht %	Mittelschicht %	Oberschicht %	Beamte %
Länderminister	31	65	46	50	–	23
Oberbürgermeister	12	81	16	65	16	39
Parlamentarische Führerg.	34	48	19	72	8	29
Parteifunktionäre	17	37	29	61	10	22
Staatssekretäre (beamt.)	3	74	10	74	15	40
Führer der Wirtschaftsverbände	18	61	7	67	25	22
Manager	14	69	13	54	26	33
Spitzenfunktionäre der Gewerkschaften	72	10	58	34	7	16
Protestantische Kirchenführer	–	100	7	71	21	64
Spitzenfunktionäre polit. Verbände	18	46	–	10	1	73
Spitzenfunktionäre von Berufsverbänden	17	50	22	50	22	23
Bildung und Forschung	–	100	5	56	33	39
Chefredakteure/Intendanten	11	45	11	64	23	28
Politische Elite	27	53	24	67	8	29
Wirtschaftselite	17	66	11	59	26	27
Zusammen	19	58	18	61	18	21

9. Unterrichtseinheit: Schichtungstheorie und Schichtungsmodelle

Vorbemerkung

Schichtungstheorien gibt es ‚wie Sand am Meer'. Allen sind folgende Grundzüge gemeinsam:

1. Die Einteilung der Gesellschaft in die einzelnen Schichten wird von bestimmten, oft kombinierten Faktoren abhängig gemacht. Am häufigsten findet sich eine Einteilung nach Berufspositionen / Einkommen, evtl. noch kombiniert mit Bildung / Einkommen.
2. Im Gegensatz zu den Schichtungskriterien, die aus der empirischen Sozialforschung gewonnen wurden (vgl. E. K. Scheuch u. a., a. a. O.), versuchen einige Theoretiker, ohne empirischen Rückbezug Schichtungsmodelle zu entwerfen.
3. Allen Modellen wird von bestimmten Richtungen der theoretischen Soziologie (kritische Theorie, marxistische Soziologie) die ‚Subjektivität' bzw. ‚Beliebigkeit' der Schichtungskriterien vorgeworfen. Dieser Vorwurf ist nicht ganz unberechtigt, weichen doch die Schichtungsmodelle oft erheblich voneinander ab (siehe den Vergleich SSE/FE!!).

Eine Behandlung der Schichtungsmodelle bzw. Schichtungstheorie ist nun einmal unter dem Aspekt der Wiederholung bereits erarbeiteter Gesichtspunkte interessant, zum anderen wird hier zum erstenmal in dieser Reihe der Entstehungszusammenhang von sozialer Ungleichheit im Rahmen einer Theorie erläutert. Wir verzichten hier auf eine Darstellung der historischen Entwicklung des Schichtbegriffs bzw. der Schichtungstheorie (dazu knapper Überblick in B. Schäfers, a. a. O., S. 50–62) und führen hier nur die wichtigsten Stationen an:

1. T. Geiger, Die soziale Schichtung des Deutschen Volkes, a. a. O.
2. H. Schelsky, These von der „nivellierten Mittelstandsgesellschaft" (vgl.: Die Bedeutung des Schichtungsbegriffes für die Analyse der gegenwärtigen deutschen Gesellschaft. In: H. Schelsky, Auf der Suche nach Wirklichkeit, Düsseldorf 1965).
3. R. Dahrendorf, Reduktion des Klassenbegriffs auf den Begriff der Herrschaft (vgl.: Soziale Klassen und Klassenkonflikt in der industrialisierten Gesellschaft, Stuttgart 1957).
4. Disparität der Lebensbereiche als neuer Ansatz zur Erklärung der Schichtung.

Die funktionalistische Schichtungstheorie sieht bereits in der Schichtung eine Notwendigkeit, die das Funktionieren des gesellschaftlichen Systems sichert. Diese theoretische Prämisse steckt zwar unausgesprochen hinter fast allen Schichtungsmodellen, wird aber in den Lehrbüchern nicht erwähnt.

Der Unterricht verläuft in zwei Schritten:

- Wiederholung / Kurze Neuvorstellung von Schichtungsmodellen,
- Analyse der Erklärung von Schichtung durch die funktionalistische Soziologie.

Falls das Lehrbuch K. M. Bolte, Soziale Ungleichheit, eingeführt ist, kann das Kapitel II 3.3 „Soziale Ungleichheit als gesellschaftliches Belohnungssystem" behandelt werden. An der Reihenfolge der Unterrichtsschritte ändert sich nichts.

Materialien

1. Je nach verwandtem Lehrbuch graphische Darstellungen / arithmetische Zusammenstellungen der einzelnen Schichtungsanteile.
2. Zusätzlich Arbeitsblatt 9: „Die funktionale Notwendigkeit der Schichtung". (Auszug aus K. Davis/W. E. Moore, „Einige Prinzipien der sozialen Schichtung", a. a. O., S. 348)

Ziele der Einheit

Die Schüler sollen
- erkennen, daß Schichtungsmodelle keine Erklärung für soziale Ungleichheit bieten;
- die Grundzüge der funktionalistischen Schichtungstheorie kennen und beurteilen können.

Verlaufsskizze

1. Unterrichtsschritt:
Wiederholung der Schichtungsmodelle

Der Lehrer bittet die Schüler, die verschiedenen, bereits behandelten Schichtungsmodelle zu nennen und ggf. an der Tafel darzustellen. Der Lehrer fordert die Schüler auf, Ursachen für die Schichtung aus den Modellen abzuleiten. Nach kurzer Diskussion stellen die Schüler fest, daß diese nicht möglich ist.

2. Unterrichtsschritt

Textanalyse in Einzelarbeit nach Leitfragen:
a) Gründe für die Schichtung
b) Beurteilung

3. Unterrichtsschritt

Die Schüler sollten das Ergebnis ihrer Arbeit geschlossen vortragen (aus Zeitgründen können das natürlich nur einige Schüler; es ergibt sich so die zusätzliche Möglichkeit der Motivierung bzw. Lernzielkontrolle).

4. Unterrichtsschritt

Die zentralen Aussagen werden an der Tafel fixiert:
1. Gesellschaften müssen ihre Mitglieder motivieren, um ihren Fortbestand zu sichern.
2. Es gibt Pflichten / Positionen, die für die Gesellschaft wichtig sind.
3. Diese Positionen sind mit besonderen Belohnungen = Status (Einkommen, Macht etc.) versehen und daher knapp.
4. Um die knappen Positionen entsteht unter den Gesellschaftsmitgliedern ein Wettbewerb.
5. Der Wettbewerb ist die Motivation für die Mitglieder der Gesellschaft, ihr Bestes für den Fortbestand zu tun.

5. Unterrichtsschritt:
Beurteilung der Theorie

Im dritten Unterrichtsschritt haben einige Schüler ihre Beurteilung vorgetragen. Diese Antworten sind hier aufzunehmen und als erneute Frage an die Lerngruppe weiterzugeben. Für die Beurteilung ergeben sich folgende Kritikpunkte:
1. Nicht alle gesellschaftlich wichtigen Positionen werden auch entsprechend belohnt (Arzt – Landwirt – Popstar).
2. Die Belohnung (Einkommen z.B.) ist nicht unbedingt an die Bedeutung der Position geknüpft (z.B. Arzt – Popstar).
3. Die Bewertung der einzelnen Positionen unterscheidet sich in den einzelnen Gesellschaften (Bezahlung von Ärzten in sozialistischen Ländern i.d.R. geringer als die Bezahlung von Ingenieuren – im Gegensatz zu westlichen Gesellschaften).
4. Es gibt Positionen, die ohne eigene Leistung erreicht werden können (z.B. ‚Nachkomme' eines Großindustriellen).
5. Die Betonung des „Wettbewerbs" kann zu einer Leistungsideologie führen, die z.B. nicht ‚quantifizierbare Leistungen' wie Arbeit einer Hausfrau völlig außer acht läßt.

Evtl. als Tafelanschrieb!

Hausarbeit:
Textvorbereitung für die nächste Unterrichtseinheit oder ‚Ausführliche Stellungnahme zum Text der letzten Stunde'.

10. Unterrichtseinheit

Das Klassenmodell – Eigentum als Bestimmungsgrund für soziale Ungleichheit

Vorbemerkung

Die marxistische Erklärung sozialer Ungleichheit steht dem funktionalistischen Ansatz diametral gegenüber. Nicht die ‚Belohnung' für bestimmte, gesellschaftlich wichtige Leistungen bestimmt die Zugehörigkeit zu einer gesellschaftlichen Schicht, sondern der Besitz von Produktionsmitteln teilt die Gesellschaft objektiv in zwei Klassen: Besitzer: Kapitalisten / Nicht-Besitzer: Proletarier.

Zwar wurde bereits von Rousseau das private Eigentum (erster Sündenfall) an bestimmten Gütern als Ursache für die Ungleichheit zwischen den Menschen angesehen, in der Theorie von Marx wird dieser Faktor wichtiger Anlaß für die Konstruktion einer umfassenden Theorie der bürgerlichen Gesellschaft. Innerhalb dieser Stundenblätter kann die Marxsche Theorie weder im Überblick dargestellt werden, noch können die verschiedenen ‚Weiterentwicklungen des Marxismus' auch nur am Rand gestreift werden.

In der folgenden Einheit soll nur der Aspekt ‚Begründung für die Existenz sozialer Ungleichheit durch den Marxismus' behandelt werden. Ähnlich wie in der vorhergehenden Stunde bleibt die unterrichtliche Umsetzung einer umfassenden soziologischen Theorie vom Standpunkt der Wissenschaft aus immer unbefriedigend, da die notwendigen Kürzungen, didaktisch erforderlichen Umstellungen usw. kein exaktes Bild der Theorie vermitteln können.

Ziel des Unterrichts ist es aber gerade nicht, Einführung in bestimmte Theoriebereiche zu geben, sondern die Schüler dazu zu befähigen, wissenschaftliche Ursachenerklärungen auf ihren Gehalt und ihre Anwendungsfähigkeit in der gesellschaftlichen Praxis zu überprüfen.

Material

1. Die Textauswahl zu dieser Stunde bereitet keine allzu großen Schwierigkeiten, da die vorgestellten Lehrbücher z.T. einen sehr brauchbaren Überblick über die zentrale Argumentation liefern. Selbstverständlich können andere Texte, z.B. ein Auszug aus dem Wörterbuch der marxistisch-leninistischen Soziologie (vgl. Literaturverzeichnis), Stichwort ‚Klasse' oder Originaltexte von Marx und Engels gewählt werden. Letztere würden allerdings eine intensivere Behandlung im Unterricht verlangen und somit erheblich den Zeitrahmen der Stundenblätter sprengen.

Für die Textauswahl sollten folgende Kriterien entscheidend sein:
- Der Text soll Elemente der Klassentheorie enthalten: Besitz bzw. Nichtbesitz von Produktionsmitteln entscheiden über die Klassenzugehörigkeit und damit über den Platz in der gesellschaftlichen Hierarchie.
- Der Text sollte sich auf die Situation der Bundesrepublik beziehen.

2. Arbeitsblatt 10. Dieser Stunde wurde ein Auszug aus K. H. Tjaden / M. Tjaden-Steinhauer, Klassenverhältnisse im Spätkapitalismus, Stuttgart 1973, S. 83ff. (auch in G. Braun / R. Hamann, Kursbuch Politik, Frankfurt 1977, abgedruckt) zugrunde gelegt.

3. Falls die Schüler keine Vorkenntnisse in bezug auf die Marxsche Theorie haben, sollte mit dem Unterrichtsschritt 1 eine kurze Einführung gegeben werden. Hierbei wird im wesentlichen an die Zusammenfassung bei K. M. Bolte (a.a.O., S. 19–20) angeknüpft. Eine Einführung an Hand der Originalliteratur, z.B. Auszüge aus der ‚Deutschen Ideologie', ist nicht in einer Doppelstunde zu lei-

sten. Eine brauchbare Einführung wäre ein Auszug aus F. Engels, Grundsätze des Kommunismus (MEW Bd. 4, S. 363f.). Für die Behandlung wäre ebenfalls eine Stundeneinheit erforderlich.

Ziele der Einheit

Die Schüler sollen
- die Grundzüge der Klassentheorie kennen und beurteilen können (Klassenbegriff, Produktionsmittel, Produktionsverhältnisse);
- die Übertragung der Klassentheorie auf die Verhältnisse der Bundesrepublik an Hand eines Beispiels erklären und beurteilen können.

Verlaufsskizze

1. Unterrichtsschritt:
(Je nach Vorkenntnisse der Schüler) Kurze Einführung in die Klassentheorie

An Hand eines Lehrbuchtexts (z.B. K. M. Bolte, a.a.O., S. 19–20) oder durch einen Lehrervortrag werden die wesentlichen Elemente der Klassentheorie verdeutlicht. Zur Abkürzung kann der Text abschnittsweise behandelt werden. Auf jeden Fall sollten die einzelnen Elemente durch ein Tafelbild festgehalten werden. Da es sich um eine äußerst knappe Zusammenfassung handeln wird, kann an der dargestellten Theorie direkt keine fundierte Kritik erarbeitet werden. Die zentralen Punkte der Darstellung durch den Lehrer bzw. der Textarbeit müssen sein:

a) Die Stellung des Menschen zu den Produktionsmitteln entscheidet über seine gesellschaftliche Position.
b) Die Besitzer von Produktionsmitteln (Kapitalisten) können sich aufgrund ihrer Verfügungsmacht besondere Rechte sichern. Die staatliche Politik wird von den Kapitalisten abhängig.
c) Die übrigen Mitglieder der Gesellschaft (Nicht-Besitzer / Protelarier) sind wirtschaftlich von den Kapitalisten abhängig (Ausbeutung). Politisch sind sie ohne wesentliche Macht und haben keine Chance, ihr Lage zu ändern (Bildungsmonopol).

(Tafelbild dazu siehe Stundenblatt)
Haben die Schüler bereits Vorkenntnisse, sollte analog eine Wiederholung der wichtigsten Begriffe vor der Textarbeit erfolgen. Ein Tafelbild empfiehlt sich allerdings auch in diesem Fall.

2. Unterrichtsschritt:
Textarbeit unter der Leitfrage: ‚Gibt es Klassen in der Bundesrepublik?'
- Nehmen Sie zu den Aussagen des Textes Stellung!

Die Textarbeit kann nach einer Lesephase in Gruppen geschehen. Da die Diktion des Textes nicht allen Schülern geläufig sein dürfte, wäre eine gemeinsame Bearbeitung hier angemessen.

3. Unterrichtsschritt:
Vortrag der Ergebnisse in der Diskussion

Im ersten Teil der Diskussion sollte vom Lehrer ein ständiger Rückbezug zu den Theorieelementen hergestellt werden (Tafelbild). Vor allem sollte er auf eine Trennung von historischen und soziologischen Aussagen achten. Während dieser ersten Phase können nochmals unbekannte Begriffe erläutert werden. Vorschnelle Parteinahmen sind so ausgeschlossen.
Erst im zweiten Teil wird auf den Kern der Textaussage zurückgegriffen: Es bestehen weiterhin Klassen in der Bundesrepublik! Diese Feststellung wird wahrscheinlich von einem Teil der Schüler nicht hingenommen, so daß die Beurteilung des Textes sicher den Rest der Stunde in Anspruch nehmen wird. Sollte wider Erwarten die Diskussion nicht so lange dauern, können die Schüler zur Diskus-

sion möglicher Gegenbeispiele aufgefordert werden. Z. B.: Trotz Aufhebung des Privatbesitzes an Produktionsmitteln gibt es in den sozialistischen Ländern eine ‚Funktionärsklasse'. Besitzer von Produktionsmitteln können ein geringeres Einkommen haben als Nichtbesitzer: Hochschullehrer, Besitzer eines kleinen Geschäftes (‚Tante-Emma-Laden') usw.

Hausarbeit:
Zusammenfassung und Diskussion der These: Es gibt Klassen in der Bundesrepublik!

11. Unterrichtseinheit
Klasse oder Schicht?

Vorbemerkung

Nachdem die beiden vorherrschenden Erklärungsmuster vorgestellt wurden, dürften die Schüler in der Lage sein, den Gehalt der beiden Ansätze im Rahmen der didaktischen Vorgaben zu prüfen. Es sollte allerdings nicht bei einem ‚Theorienvergleich' bleiben, sondern die Theorien können zu einem interessanten Vergleich der Gesellschaftsvorstellungen der einzelnen Gruppen herangezogen werden. Es ist unmöglich, eine bestimmte Sichtweise (Klasse oder Schicht) als die allein Richtige darzustellen (vgl. dazu: S. Ossowski, Klassenstruktur im sozialen Bewußtsein, Neuwied 1972). Klasse und Schicht scheinen sich als soziologische Begriffsfelder gegenseitig zu bedingen. Die Gesellschaftsvorstellungen hängen von der sozialen Lage des Individuums ab. So empfinden Angehörige der Unterschicht die Gesellschaft als zweigeteilt (dichotomisch: Wir hier unten – Die da oben). Angehörige der Mittelschicht betrachten die Gesellschaft eher als hierarchisch mit Auf- und Abstiegsmöglichkeiten (vgl. dazu K. M. Bolte u. a., a. a. O., S. 106–117).

Materialien

1. Mit Ausnahme des Lehrbuches von K. M. Bolte ist für diese Stunde kein weiteres Lehrbuch geeignet.
2. Aus diesem Grund werden hier zwei Auszüge (Arbeitsblatt 11) aus einem akademischen Lehrbuch verwandt, die beide Gesichtspunkte: Unterschiede zwischen Klasse und Schicht – Abhängigkeit des Gesellschaftsbildes von der sozialen Lage, in einfacher Weise erläutern. (H. Doer, G. W. Schneider, Soziologische Bausteine, Bochum 1975, S. 105 f., 116 f.)

Ziele der Einheit

Die Schüler sollen
- die Abhängigkeit zwischen Gesellschaftsbild und sozialer Lage ermitteln können;
- die beiden Gesellschaftsbilder: dichotomisches und hierarchisches Bild beschreiben können;
- die Beziehungen zwischen dem Schichtmodell und dem Klassenmodell erklären und beurteilen können.

Verlaufsskizze

1. Unterrichtsschritt

Wiederholung der wichtigsten Elemente aus der Schichttheorie und Klassentheorie:
- Schichttheorie erklärt soziale Ungleichheit aus dem Belohnungssystem. Soziale Ungleichheit ist zum Weiterbestand der Gesellschaft notwendig.
- Klassentheorie: soziale Ungleichheit ist abhängig vom Besitz an Produktionsmitteln.

2. Unterrichtsschritt:
Ermittlung der Gesellschaftsbilder

Die Schüler erhalten das Arbeitsblatt 11 mit den Aufträgen: Zusammenfassung des Textes; Versuch einer graphischen Darstellung. Arbeitsform: Partnerarbeit.

3. Unterrichtsschritt:
Vortragen der Ergebnisse; Gliederung der Gesellschaft

Der verhältnismäßig einfache Aufbau des Textes dürfte keine Schwierigkeiten bereiten. Die Grundelemente werden im Tafelbild zusammengefaßt (Tafelbild s. Stundenblatt).

4. Unterrichtsschritt:
Hypothesenbildung: Klassen oder Schichten?

Der Lehrer fordert die Schüler auf, diesen Zusammenhang zu erklären. Im Unterrichtsgespräch werden die wesentlichen Faktoren ermittelt: Unterschicht – relativ geringe Aufstiegschancen (Einkommen / Vermögen / Bildung / Verhalten als die entscheidenden Komponenten). Mittelschicht – relativ hohe Aufstiegschancen.
Hier bietet sich eine ideale Gelegenheit zur Wiederholung der Unterrichts-Einheiten 5–8.

5. Unterrichtsschritt:
Welcher Begriff / Welche Theorie beschreibt soziale Ungleichheit am ‚besten'?

Mit dieser und ähnlichen Fragestellungen wird nun zum zweiten Teil der Stunde übergeleitet. Die Frage sollte nur ganz kurz umrissen werden, um Zeit für die Textarbeit (Arbeitsblatt 11, Text 2) und die daran sich anschließende Diskussion zu gewinnen.
Textarbeit in Einzelarbeit.

6. Unterrichtsschritt:
Besprechung des Textes / Diskussion der Leitfrage (Klasse oder Schicht?)

Der Text läßt die Frage insofern unbeantwortet, als er zwar Schicht als zusätzliche Kategorie zur Beschreibung von Klassen zuläßt, nicht aber eine Bewertung der beiden Theorien explizit ausführt. (Es könnte allerdings eine gewisse Vorliebe für den Klassenansatz hergelesen werden.) Bei der Diskussion sollte eine verbindliche Festlegung durch den Lehrer vermieden werden; sie würde der Pluralität der Theoriebildung nicht entsprechen.

12. Unterrichtseinheit

Nivellierte Mittelstandsgesellschaft

Vorbemerkung

Helmut Schelskys These von der nivellierten Mittelstandsgesellschaft hatte seinerzeit (1953) großes Echo und zahlreiche kontroverse Stellungnahmen herausgefordert. Zwar gelten seine Thesen heute als überholt und vom Zeitgeist des Wiederaufbaus, statt von allgemein gültiger soziologischer Analyse geprägt (vgl. K. M. Bolte, a. a. O. und B. Schäfers, Sozialstruktur ... a. a. O.), trotzdem ist eine Behandlung dieses zumindest unkonventionellen Denkers im Unterricht sehr ergiebig. So liegt das eigentliche Ziel dieser Stunde nicht darin, die, wie bereits gesagt, heute überholten Thesen zu wiederholen, sondern vielmehr in der für die Schüler wichtigen Erkenntnis, daß sich soziologische Theoriebildung auch abseits der Kontroverse ‚Schicht oder Klasse' bewegen kann.

In diesem Zusammenhang ist der neuerliche Versuch Schelskys bemerkenswert, den Klassenbegriff, ähnlich wie den Schichtbegriff, polemisch neu zu formulieren (neuer Klassenkampf der ‚Gebildeten'). Auch dieser Ansatz eignet sich gut, um Schüler vor schematisierenden und einseitigen Theoriebildungen oder vor, wie im Fall Schelsky, zwar brillant formulierten aber letztlich m. E. soziologisch gehaltlosen Polemiken zu warnen.

Für die Einheit können zwei Verfahren gewählt werden:

- Bearbeitung eines Textes (hier wäre der Text ‚Nivellierte Mittelstandsgesellschaft' vorzuziehen) oder
- Bearbeitung beider Texte in arbeitsteiliger Gruppenarbeit. Dies hat den Vorteil, daß die Schüler beide Texte kennenlernen und gegeneinander diskutieren können. Der Stundenvorschlag wählt dieses Verfahren.

Material

Die vorgestellten Lehrbücher behandeln durchweg das Problem mit Hilfe des ersten Ansatzes (Mittelstandsgesellschaft). Ausschließlich G. Kappl, Sozialstruktur der Bundesrepublik Deutschland (Bd. 1 Arbeitstexte Politik, Bamberg 1980) bringt beide Texte. Diese sind als Arbeitsblatt beigefügt.

Ziele der Einheit

Die Schüler sollen

- die Grundzüge der Argumentation Schelskys erklären können;
- im Unterrichtsgespräch den von ihnen erarbeiteten Text darstellen können;
- zu den Aussagen der Texte kritisch Stellung nehmen können;
- erkennen, daß soziologische Theoriebildung nicht verabsolutiert werden kann.

Verlaufsskizze

1. Unterrichtsschritt

Der Lehrer gibt das Stundenziel bekannt und verteilt die Arbeitsblätter an die verschiedenen Gruppen. Evtl. kann der Lehrer, falls er auf die Leitung der Diskussion verzichten will, einem Schüler oder einer Schülergruppe beide Arbeitsblätter zur Vorbereitung der Diskussion geben.

2. Unterrichtsschritt

Die Schüler bearbeiten die beiden Texte und bereiten sich auf die Darstellung / Diskussion vor.

3. Unterrichtsschritt

Darstellung der Ergebnisse. Hier sollten zwei Arbeitsschritte voneinander getrennt werden:

a) die Darstellung der Textaussagen (Textreproduktion),
b) die Diskussion um den Gehalt der Aussage.

Zu a) Nivellierte Mittelstandsgesellschaft:
- Breite Auf- bzw. Abstiege nach dem 1. und vor allem nach dem 2. Weltkrieg führten zu einer Anballung der Menschen in der gesellschaftlichen Mitte.
- Die Güterproduktion erlaubt einen vereinheitlichen Lebensstil der überwiegenden Zahl der Bevölkerung.
- Die Teilnahme breitester Schichten am Konsum (Massenkonsum!) verwischt die gesellschaftlichen Schichten.
- Die gesellschaftliche Mobilität führt nicht mehr zu Auf- und Abstiegen, sondern zu einer ‚Entschichtung' der Gesellschaft.

Neue Klassengesellschaft:
- Technischer Fortschritt, Demokratisierung und Mitbestimmung in den Betrieben lassen den alten Klassenkonflikt zwischen Arbeitgebern und Arbeitnehmern verblassen.
- Die ‚Gebildeten' können sich neues Herrschaftswissen aneignen (Wissenschaft, Meinungsbildung usw.).
- Dieses Wissen begründet einen neuen Herrschaftsanspruch.
- Die neue Herrschaftsgruppe (Intellektuelle) setzt den alten Klassengegensatz – der ja nicht mehr besteht – ein, um die eigenen Interessen (neuer Klassenkampf) durchzusetzen.

Evtl. beide Darstellungen als Tafelanschrieb.

4. Unterrichtsschritt:
Diskussion der Aussagefähigkeit

Die Leitung der Diskussion kann ohne weiteres einem Schüler oder einer Schülergruppe übertragen werden. Durch eigene Beiträge des Lehrers sollten folgende Punkte diskutiert werden:
- Zeitbezogenheit der Aussagen zur nivellierten Mittelstandsgesellschaft (Aufbaujahre in der Bundesrepublik nach dem zweiten Weltkrieg, ‚Wirtschaftswunder'). Sind die Schichtunterschiede wirklich verschwunden?
- Wird der Klassenbegriff ‚richtig' verwandt? Gegen wen richtet sich Schelsky im zweiten Text?
(Schelsky hat diese Rede auf einem Parteitag der CSU gehalten.)
- Soziologische Theorien können nicht verabsolutiert werden.

Hausarbeit:
(bei arbeitsteiliger Gruppenarbeit) Zusammenfassung der Diskussion und Vergleich der beiden Texte miteinander!

13. Unterrichtseinheit
Disparität der Lebensbereiche

Vorbemerkung

Die Theorie von der Disparität der Lebensbereiche ist erst Ende der sechziger Jahre aufgestellt worden (vgl. C. Offe, Politische Herrschaft und Klassenstrukturen, a. a. O., S. 155–189; J. Bergmann u. a., Klassenverhältnis und Schichtung, in: T. W. Adorno [Hrsg.], Spätkapitalismus oder Industriegesellschaft, Stuttgart 1969). Sie setzt zwar marxistische Denktraditionen fort, unterscheidet sich aber von den ‚doktrinären' Auffassungen erheblich: Nicht mehr das ökonomische System beherrsche die Politik, sondern das politische System sei im Spätkapitalismus entscheidend für alle gesellschaftlichen Bereiche. Der Kapitalismus habe eine grundsätzlich andere Struktur angenommen und sei mit den traditionellen Ansätzen nicht mehr analysierbar.

Soziale Ungleichheit wäre nach Auffassung dieser Theorie durch folgende Faktoren bedingt:

- Soziale Ungleichheit ist nicht direkt von den ökonomischen Machtverhältnissen abhängig, da der moderne Wohlfahrtsstaat in die Verteilung der Einkommen eingreift.
- Wichtige gesellschaftliche und individuelle Bedürfnisse:
  Innerer und äußerer Frieden / Sicherheit; Gesundheit, Bildung, Verkehr usw.
  Sogar Arbeit (Investition) und Konsum sind nicht mehr uneingeschränkt von dem einzelnen ‚kaufbar', sondern abhängig von staatlichen Maßnahmen.
- Die Stabilität des politischen Systems hängt von der Befriedigung dieser Bedürfnisse ab, da dies die notwendige ‚Massenloyalität' sichert.
- Um aber diese Bedürfnisse befriedigen zu können, muß sich das politische System der Loyalität derjenigen versichern, die
  a) diese Güter bereitstellen können (Produzenten: Arbeitnehmer: Arbeitgeber),
  b) bei Wahlen die entscheidenden Stimmen für die Wiederwahl bereitstellen.

Beides führt dazu, daß bestimmte Lebensbereiche vorrangig mit ‚Macht' / ‚Prestige' etc. ausgestattet werden, als andere (Schlagwort: Bevorzugung der Produktionsteilnehmer). Minderheiten, deren Anzahl bei Wahlen nicht ins Gewicht fällt oder die keinen Beitrag zur Produktion von Gütern leisten, werden politisch und sozial diskriminiert. Gegen diesen Ansatz spricht, daß die ‚neuen' Unterschichten bzw. die Benachteiligten staatlicher Umverteilung soziographisch „... mit den alten, einkommensschwachen Paupern weitgehend identisch sind." (B. Schäfers, a. a. O., S. 58).

Für unseren Zusammenhang ist der Ansatz jedoch wichtig; zum einen bauen die jüngsten sozialpolitischen Initiativen (Neue soziale Frage!) auf ähnlichen Gedanken auf, zum anderen lassen sich mit diesem Ansatz Ungleichheitszustände erklären, die sich einer klasssen- oder schichttheoretischen Analyse verschließen: Das Problem der ‚politisch irrelevanten' Randgruppen wie Obdachlose, Personen mit sehr geringem Einkommen (Armut) usw. Mit dieser Stunde soll der Übergang von der theoretischen Behandlung von Ungleichheit zu konkreter Sozialpolitik eingeleitet werden.

Um den Schülern die Grundstruktur dieses Ansatzes deutlich zu machen, soll der verhältnismäßig einfache Mechanismus: ‚politische Handlungen verursachen / verstärken die Ungleichheit' mit einem Fallbeispiel verdeutlicht werden. Anschließend kann die zusammenfassende Darstellung der Theorie nach K. M. Bolte, a. a. O., (S. 24 f.) behandelt und diskutiert werden. Alternativ oder ergänzend kann ein Auszug aus dem grundlegenden Aufsatz von C. Offe gewählt werden (Auszüge ab S. 176).

Material
Arbeitsblatt 13. ‚Fallstudie'

Ziele der Einheit

Die Schüler sollen
- die Grundstruktur der Theorie Disparität der Lebensbereiche erkennen und beschreiben können,
- den Gehalt der Theorie prüfen und beurteilen können,
- auf die Situation in der Bundesrepublik anwenden können.

Verlaufsskizze

1. Unterrichtsschritt:
Fallbeispiel

Nach Angabe des Stundenziels wird das Fallbeispiel ausgeteilt, das die Schüler in Arbeitsgemeinschaften bearbeiten.

2. Unterrichtsschritt

Die Schüler tragen die Ergebnisse vor und diskutieren sie untereinander.
Das Fallbeispiel ist so gewählt, daß im ersten Abschnitt ein ‚konservierender' (nicht konservativer!!) Haushalt möglich ist (siehe Tafelbild 1. Fall).
Diese Ausgangslage sollte in der Diskussion zwar beschrieben, aber nicht weiter vertieft werden, da der zweite Fall zum Kern unseres Problems stößt und (m. E.) heftige Debatten auslöst (siehe Tafelbild 2. Fall).
‚Radikale' Haushalte, z. B keine oder geringe Ausgaben für Bildung / Renten, werden in der Regel durch andere Schülergruppen, u. U. auch vom Lehrer kritisiert. Auch die ‚Resignative Lösung' (evtl. schon von Fall 1 – lieber auf den Wahlgewinn zu verzichten, als soziale Ungleichheit hinzunehmen) tritt m. E. zwar auf, wird aber oft argumentativ schlecht vertreten, so daß hier leicht ein Ansatzpunkt zu finden ist, um auf die Erklärung des in den Fällen beschriebenen Phänomens zu kommen.

3. Unterrichtsschritt:
Erarbeitung der theoretischen Grundelemente

Falls das Lehrbuch von K. M. Bolte u. a. eingeführt ist, kann der entsprechende Textabschnitt nun in Einzelarbeit verhältnismäßig leicht bearbeitet werden (S. 24 f.). Ist dies nicht möglich, sollten im Unterrichtsgespräch, durch starke Gesprächsführung des Lehrers, die wesentlichen Elemente ermittelt werden. Es empfiehlt sich hierzu das Tafelbild (s. Stundenblatt) schrittweise zu entwickeln, um den sachlogischen Aufbau der Theorie zu verdeutlichen:
- Politiker in einer modernen Massendemokratie brauchen die Loyalität der Wähler, um wiedergewählt zu werden;
- die Loyalität der Wähler ist abhängig von wirtschaftlicher, innen- und außenpolitischer Sicherheit;
- die Sicherheit wird in der Regel durch die ‚Produzenten' (Arbeitnehmer / Arbeitgeber) gewährleistet;
- aus diesem Grund werden die ‚Produzenten' von der Politik bevorzugt – alle anderen Gruppen benachteiligt.

4. Unterrichtsschritt:
Kritik an der ‚Disparitätstheorie'

Die neue Unterschicht ist gleichzeitig die ‚alte', d. h. die Theorie erklärt zwar plausibel einen Entstehungsgrund sozialer Ungleichheit – sie kann aber nicht erklären, warum es soziographisch die gleichen Gruppen sind! Die soziale Ungleichheit in der Bundesrepublik ist offensichtlich auch von anderen Faktoren abhängig.

14. Unterrichtseinheit
Armut in der Bundesrepublik

Vorbemerkung

Armut kann als die extremste Form der Ungleichheit beschrieben werden. Die bisher behandelten Theorieansätze versuchen zwar, Armut aus den jeweiligen gesellschaftlichen Bedingungen zu erklären, bleiben aber dabei in der Regel stehen. In den letzten Jahren ist das Problem ‚Armut' in der Bundesrepublik nicht nur publizistisch stärker wieder in den Mittelpunkt des öffentlichen Bewußtseins gekommen. Dabei wird Armut von zwei entgegengesetzten Positionen beschrieben:
- Die erste Richtung, etwa vertreten durch F. Klanberg (Armut und ökonomische Ungleichheit, SPES-Schriftenreihe Bd. 13, Frankfurt/M. 1978, versucht mit Hilfe einer quantifizierbaren Armutsdefinition statistisch prüfbare Armutlagen zu beschreiben.
- Die zweite Richtung versucht Armut eher in Form einer Reportage zu analysieren (J. Roth, Armut in der Bundesrepublik, Reinbek 1979).

J. Roths Analyse der Krise des Sozialstaats beruht auf einer dezidiert marxistischen Sicht. Unstreitig sind die von Roth aufgestellten Beispiele nicht mit der statistischen Stringenz ermittelt wie die Daten von F. Klanberg. Auch die Diktion der Darstellung gleitet manchmal ins Polemische ab. Trotzdem sind die aufgeführten Fälle für sich schon erschreckend genug, ohne daß gleichzeitig die radikale Veränderung der politischen Struktur gefordert werden muß. Es fällt schwer, wie Klanberg ausführt, „Zahlen und Fakten über die Armen in Deutschland ... sine ira et studio (zu) bewerten." (a. a. O., S. 19)

Schülern wie Lehrern wird es angesichts der sich hinter den Zahlen F. Klanbergs oder den Fallschilderungen J. Roths deutlich zutage tretenden Elends tatsächlich schwerfallen, sachlich, neutral zu urteilen. Hier kann kein Patentrezept für die Behandlung im Unterricht gegeben werden. Es hat sich allerdings als sehr nützlich erwiesen, im Zusammenhang mit diesem Thema durch Experten (Sozialarbeiter, Mitarbeiter der freien Wohlfahrtsverbände) einen praxisnahen Einblick zu bekommen. Zudem kann aus diesem Stundenthema ein Engagement der Schüler für eine weitere Unterrichtsreihe gewonnen werden (z. B. ‚Soziale Brennpunkte unserer Gemeinde' o. ä.).
Das Stundenziel wäre erreicht, wenn bei den Schülern Vorurteile gegenüber den ‚Armen' abgebaut und Verständnis für eine konsequente und effiziente Sozialpolitik gewonnen würde. Der Zugang zu dem Thema kann nun sowohl über einige kurze Fallschilderungen oder über die eher ‚sachliche' Darstellung F. Klanbergs gewonnen werden. Beide Varianten werden vorgestellt. Falls der Zeitrahmen es zuläßt, sollten beide Varianten durchgeführt werden, um neben der Betroffenheit durch Fallbeispiele auch sachliche Auseinandersetzung vorzustellen. Auf jeden Fall muß auf einer den Schülern zugänglichen Ebene eine Vorstellung über die persönlichen Auswirkungen von ‚Armut' vermittelt werden.
Dazu wurde hier eine Zusammenstellung des ‚Musterwarenkorbs' für Sozialhilfeempfänger vorgestellt. Hieran können sich Unterrichtsaktivitäten entwickeln, die hier nur kurz erwähnt werden können, wie z. B. Preisermittlung für die einzelnen Güter; Entwurf von Musterspeiseplänen, evtl. Versuch, selbst mit diesen Mengen auszukommen.
Der Stundenvorschlag stellt nur ein äußerst knapp bemessenes Problemfeld vor.

Material

Wird für die Behandlung des Themas exakt eine Stunde veranschlagt, ist eine der beiden Varianten zu wählen:
- Arbeitsblatt 14: Auszug aus J. Roth (a.a.O.), ausgewählte Beispiele S. 24–28 oder Auszug aus F. Klanberg (a.a.O.), S. 207–219 (s. Anhang zu dieser Einheit).
- Arbeitsblatt 14: Der Wochenwarenkorb eines Sozialhilfeempfängers.

Ziele der Einheit

Die Schüler sollen
- den Zusammenhang zwischen sozialer Ungleichheit und Armut mit Hilfe der vorgestellten Theorien beschreiben können (Schichttheorie, Klassentheorie, Theorie von der Disparität der Lebensbereiche);
- Auswirkungen der Armut mit Hilfe eines Textes erläutern können;
- diese Auswirkungen auf die Lebensführung der Betroffenen nachvollziehen können;
- die Bereitschaft entwickeln, für eine Verbesserung einzutreten.

Verlaufsskizze

1. Unterrichtsschritt:
Soziale Ungleichheit und Armut

Unterrichtsgespräch unter der Leitfrage: Woher stammt die Armut in der Bundesrepublik? (Wird die Existenz von Armut angezweifelt, Textarbeit nach Unterrichtschritt 2, und danach wie Unterrichtsschritt 1.) Im Gespräch wird der Zusammenhang: Entstehung von Ungleichheit (die besprochenen Theorien) und Armut hergestellt
- Schichttheorie: Armut entsteht (Unglücksfälle, Katastrophen ausgeschlossen), wenn Menschen a) entweder keine Tätigkeit ausüben, die gesellschaftlich geschätzt wird oder b) wenn ihre Tätigkeit ‚sozial' verachtet wird.
- Klassentheorie: Armut entsteht (wie vor) auf Grund des Klassengegensatzes: Die Proletarier verarmen immer mehr, da der produzierte Reichtum einzig den Kapitalisten zufließt. (Lumpenproletarier: Menschen, die nicht arbeiten wollen, Kriminelle usw.)
- Disparitätsthese: Armut entsteht, weil staatliche Politik nur solche Bereiche bevorzugt, von denen die Stabilität des Systems abhängt. Randbereiche (Obdachlose usw.) haben kein politisches Gewicht und werden entsprechend behandelt.

Evtl. als Tafelbild.

2. Unterrichtsschritt:
Textarbeit (entweder Textauszug Roth oder Klanberg)

Die Fälle bei Roth können leicht in Einzelarbeit durchgelesen und erschlossen werden. Der Klanberg-Text eignet sich eher für Gruppen/Partnerarbeit.

3. Unterrichtsschritt:

Die Auflistung der von Roth geschilderten Fälle bereitet keine besonderen Probleme. Das Ergebnis kann im Tafelbild festgehalten werden (s. Stundenblatt).

2. Variante
Auflistung der ‚Armutsbereiche' und Erklärung der verwandten Fachbegriffe. Auch hier kann das Ergebnis im Tafelbild festgehalten werden (s. Stundenblatt).

4. Unterrichtsschritt:
Konkretisierung

Im Unterrichtsgespräch schildern die Schüler ihre konkreten Vorstellungen von Armut.

Dabei sollte das Gespräch auf die Konsummöglichkeiten von ‚Armen' gelenkt werden. Zur Illustration konkreter Armutszustände wird Arbeitsblatt 14 – Warenkorb – vorgelegt und die Schüler zur spontanen Stellungnahme aufgefordert.

Hausarbeit:
Vergleich des Warenkorbs für Sozialhilfeempfänger mit den eigenen Konsumausgaben.

Text zu Unterrichtsschritt 2

F. Klanberg, Armut und ökonomische Ungleichheit in der Bundesrepublik, S. 207–219 in Auszügen, a. a. O.

Ermitteln Sie aus dem Bericht über Armut in der Bundesrepublik
– Art und Umfang der Armut!
– Versuchen Sie eine erste Einordnung nach Ursachen, Auswirkungen und Hilfen in der jeweiligen Situation vorzunehmen!

I. „Unter armutspolitischen Gesichtspunkten ist eine Reform der sozialen Alterssicherung der Frau eine der vordringlichsten Aufgaben einer Neuordnung der Sozialpolitik in der Zeit vor uns. Die z. T. gravierende Lage alleinstehender älterer Frauen wird sowohl aus den offiziellen Sozialhilfestatistiken als auch aus den Ergebnissen dieser Arbeit deutlich. Dieses bedeutet natürlich auch, daß gerade in diesem Personenkreis die Zahl derjenigen besonders hoch ist, die sich aus irgendwelchen Hemmungen oder Rücksichten heraus scheuen, Sozialhilfe in Anspruch zu nehmen, obwohl sie nach ihren Einkommensverhältnissen dazu berechtigt wären. .... Armut unter alleinstehenden älteren Frauen ist indessen nicht ausschließlich eine Frage der Höhe der Witwenrente. Sie kann ihre Ursache ebenso in einer Lohndiskriminierung erwerbstätiger Frauen während ihres Arbeitslebens wie in persönlichen Umständen haben, die im Zusammenwirken mit einer Orientierung an einem früheren, der Wirklichkeit nicht mehr entsprechenden Leitbild von der Rolle der Frau in der Gesellschaft zu einem nicht mehr existenzsichernden Rentenanspruch führen. Ferner sind diejenigen Fälle zu bedenken, wo Ansprüche an öffentliche Institutionen und privatrechtliche Ansprüche nebeneinander existieren und die Ursache materieller Armut im Zurückbleiben des aus privatrechtlichen Ansprüchen erzielten Einkommens gegenüber der allgemeinen Einkommensentwicklung liegt."

II. „Der wichtigste Erklärungsfaktor für das empirisch beobachtete Phänomen einer höheren Nachweisquote der Armut in kleineren Gemeinden dürfte allerdings in dem Problem der sogenannten ‚verschämten' Armut liegen. In kleineren Gemeinden ist diese psychologische Einstellung weitaus häufiger und akuter als in größeren Städten. In einer Umgebung, in der Sozialhilfe nach wie vor mit dem Ballast der Armenfürsorge behaftet ist, werden offensichtlich materielle Einschränkungen in Kauf genommen, als daß Sozialhilfe, welche bestehende Einschränkungen lindern könnte, beantragt und dadurch Armut psychologisch erst manifest gemacht wird. Eine objektivierende Aufklärungsarbeit sowohl staatlicher Instanzen als auch der freien Wohlfahrtsverbände ist hier stärker als bisher notwendig, damit dort, wo die eigenen Kräfte der Hilfebedürftigen nicht ausreichen, auch tatsächlich geholfen wird. Bei allen Überlegungen, die eine Verstärkung der Wirksamkeit der Sozialhilfe zum Ziel haben und bei denen der Grundsatz einer möglichst ortsnahen Hilfe und persönlichen Betreuung der Hilfeempfänger aufrechterhalten werden soll, ist daher der Bereitstellung sozialer Einrichtungen gerade in ländlichen Gebieten verstärkte Aufmerksamkeit zu widmen."

III. „Bei dem dritten armutspolitischen Problem von zumindest potentiell weitrei-

chender Bedeutung, Kinderreichtum als Kennziffer der Armut, finden sich in den Daten des Jahres 1969 wenig Anhaltspunkte dafür, daß Armut unter kinderreichen Familien ein Problem mit gleichem Gewicht wie unter alleinstehenden Frauen im Rentenalter wäre.

.....

Eine Erörterung des Problems berührt verschiedene Ebenen. Eine erste Überlegung betrifft das Verhältnis von Arbeitseinkommen und Regelsätzen der Sozialhilfe. Im geltenden Recht (§ 4 Regelsatzverordnung) ist bereits der Grundsatz verankert, daß die gesamten, von der Sozialhilfe zu gewährenden Leistungen nicht höher sein sollten als die im Durchschnitt des Geltungsbereichs der jeweiligen Regelsätze erzielten Nettoarbeitsentgelte zuzüglich Kindergeld. Dieser Grundsatz muß also auch für kinderreiche Familien Gültigkeit haben. Falls er verletzt wird, ist zu prüfen, ob dafür zu geringe Arbeitsverdienste, zu niedriges Kindergeld oder falsch strukturierte Sozialhilfesätze verantwortlich sind. Für die Annahme, daß unterschiedliche Arbeitseinkommen für das Unterschreiten der Armutsgrenze bei kinderreichen Familien verantwortlich ist, gibt es so gut wie keine Anhaltspunkte."

15. Unterrichtseinheit

Gleichheit und Gerechtigkeitsvorstellungen im Grundgesetz und in gesellschaftlichen Gruppen

Vorbemerkung

Das Thema Gleichheit/Gerechtigkeit wurde in der Einleitungsstunde zwar angesprochen, eine Vertiefung sollte allerdings nach der Behandlung von Ungleichheit zum Ende der Reihe erfolgen. Nachdem die Schüler soziale Ungleichheit in den zentralen Dimensionen und in den individuellen Auswirkungen kennengelernt haben, dürfte von dem erweiterten Wissenshorizont eine fundierte Diskussion eher möglich sein.

Gleichheit ist ein wesentliches Merkmal unserer Verfassung. Die herrschende Grundrechtsinterpretation räumt allerdings einen erheblichen Spielraum noch zulässiger Ungleichheit ein. (Vgl. Exkurs S. 22/23) Angesichts der realen Ungleichheitszustände mutet eine ausschließliche Interpretation der einschlägigen Grundgesetzartikel etwas akademisch an und sollte daher aus didaktischen Gründen mit den Gleichheits- und Gerechtigkeitsvorstellungen der großen gesellschaftlichen Gruppen in Verbindung gesetzt werden. Die gesellschaftspolitischen Vorstellungen können allerdings hier nicht in aller Breite dargestellt und analysiert werden (vgl. dazu Exkurs S. 22).

In der folgenden Einheit wird es vielmehr darum gehen, die zu Beginn der Reihe aufgeworfene Frage nach Gerechtigkeit und Gleichheit in der Bundesrepublik auf der politischen Ebene für die Schüler neu zu hinterfragen. Dabei werden folgende Punkte angesprochen:

a) Gleichheitsgebote und zulässige Ungleichheit nach den einschlägigen Artikeln des Grundgesetzes
   Art. 1 – Menschenwürde
   Art. 3 – Gleichheitsgebot

Art. 12 – Freiheit der Berufswahl
Art. 2 – Freie Entfaltung der Person

b) Sozialstaatsgebot
Art. 20 – Verfassung in Kurzform
Art. 28 – Verpflichtung der Länder
Art. 79 – Festlegung des Sozialstaatsprinzips
Art. 14/15 – Sozialbindung des Eigentums/Möglichkeit der Vergesellschaftung

c) Mögliche Ungleichheiten
Art. 2 – Freie Entfaltung der Person
Art. 3 – Differenzierungsverbot
Art. 6 – Schutz von Ehe und Familie
Art. 14 – Entschädigungen für Enteignung

Für den Unterricht wurde das Gegensatzpaar Menschenwürde/Freie Entfaltung der Persönlichkeit, aus dem sich sowohl Gleichheitsgrundsätze als auch ein gewisses Maß an Ungleichheit ableiten lassen, ausgewählt. Dies geschieht anhand einer Textarbeit (s. Arbeitsblatt 15). Hier kann verhältnismäßig leicht das Spannungsverhältnis zwischen Gleichheitsgebot und zulässiger Ungleichheit beschrieben werden. Ebenfalls läßt sich zeigen, daß die Verfassungsbestimmungen Raum für eine gesellschaftspolitische Gestaltung bieten. Im zweiten Teil des Unterrichts sollten dann ausgewählte Beispiele aus den Programmen der Parteien, Arbeitgeber-, Arbeitnehmerverbände besprochen werden. Diese Auszüge können auch als Referate vergeben werden. Der Stundenvorschlag greift nur den Aspekt ‚Bildung' auf.

Material

1. Arbeitsblatt 15: Auszug aus einem Kommentar zum Grundgesetz
2. Textauszug am Ende der Verlaufsskizze

Ziele der Einheit

Die Schüler sollen
- Gleichheitsgebot und zulässige Ungleichheit nach dem Grundgesetz an Hand eines Beispiels kennen und beurteilen können;
- die Gleichheitsvorstellungen der gesellschaftlichen Gruppen/Parteien kennen und beurteilen können.

Verlaufsskizze

1. Unterrichtsschritt:
Problemaufriß: Widerspricht Armut dem Grundgesetz?

Nach kurzer Wiederholung der Stundenergebnisse folgt der Einstieg in das neue Thema mit Hilfe der Problemfrage. Da den Schülern das Grundgesetz i. d. R. nicht geläufig ist, wird wahrscheinlich sehr schnell eine kompetente Information durch den Lehrer erforderlich werden.

2. Unterrichtsschritt:
Textarbeit/Partnerarbeit, Arbeitsblatt 15

Die in dem Arbeitsblatt angesprochenen Probleme beziehen sich nicht direkt auf das Ergebnis der letzten bzw. ersten Stunde der Unterrichtsreihe. Bei der folgenden Diskussion sollte auf eine Anknüpfung an diese Stunden geachtet werden.

3. Unterrichtsschritt:
Diskussion der Ergebnisse/Maß der zulässigen Ungleichheit–Gleichheit

Es kann nicht vorhergesehen werden, inwieweit den Schülern das Ergebnis der ersten Stunde (Gerechtigkeit, Gleichheit) noch präsent ist. Es empfiehlt sich daher, entweder das Tafelbild oder den Textauszug der ersten Stunde neu zu zeigen. Das Ergebnis der Grundgesetz-Interpretation wird mit einem Tafelbild festgehalten (s. Stundenblatt).

4. Unterrichtsschritt:
Konkretisierung am Beispiel der Verbände/Parteien

1. Variante (Material im Anschluß an die Verlaufsskizze)
Gleichheit und Ungleichheit im Bildungsbereich
Nach kurzer Textarbeit können die Vorstellungen der gesellschaftlichen Gruppen von den Schülern identifiziert und beurteilt werden. Die Zusammenfassung und Gegenüberstellung erfolgt im Tafelbild (siehe Stundenblatt).

2. Variante (Material muß ergänzt werden)
Gleichheit und Ungleichheit in weiteren gesellschaftlichen Bereichen (z.B. Entlohnung, Ausländer, Frauen usw.)

3. Variante
Referate zu den gesellschaftspolitischen Vorstellungen der Parteien und Verbände

5. Unterrichtsschritt:
Abschließende Diskussion – Gleichheit und Ungleichheit in der Bundesrepublik

(Evtl. als Hausarbeit: z.B. ‚Gleichheit ist ein Verfassungsgebot, also ist Ungleichheit verfassungswidrig! Nehmen Sie zu der These begründet Stellung!')

Textvorschlag zum 4. Unterrichtsschritt

Auszug aus K. U. Mayer, Soziale Ungleichheit... a.a.O., S.160f., 167, in Auszügen.

Arbeitsauftrag: Ermitteln Sie aus den Textauszügen die Gleichheits-/Gerechtigkeitsvorstellungen der einzelnen Gruppierungen!

Auszüge beziehen sich auf den Bereich ‚Bildung'.
1. SPD: „Bildungspolitik ist einer der wichtigsten Hebel zur Verbesserung der Chancengleichheit in unserer Gesellschaft. Abbau der ungleichen Bildungschancen durch
– einheitliches Bildungssystem
– Abbau sozialer Benachteiligungen durch vorschulische Förderung der Kinder."

2. CDU: „Im Bildungsgang soll niemand durch Herkunft und soziale Stellung der Eltern, durch Wohnort und soziale Struktur, durch materielle Nachteile und mangelnden Bildungswillen seiner Umwelt behindert werden."

3. DGB: „Jedem Kind müssen die seinen Anlagen und Befähigungen entsprechenden Bildungs- und Ausbildungsmöglichkeiten offenstehen, und zwar unabhängig von der sozialen Stellung und der wirtschaftlichen Lage der Eltern. Der Übergang von einem Schulzweig zum anderen ist zu erleichtern. Verbesserung des beruflichen Bildungswesens."

4. DAG: „Verwirklichung der Gleichheit der Bildungschancen. Optimale Bildung jedes einzelnen entsprechend seinen Anlagen und Fähigkeiten. Die Erwachsenenbildung ist als gleichwertig in den Gesamtbildungsplan einzubeziehen."

5. Bundesvereinigung der Deutschen Arbeitgeberverbände: „Unerläßlich ist ein höchstmögliches Maß an Chancengerechtigkeit; jeder ist nach seinen Fähigkeiten und Neigungen zu fördern, unabhängig von sozialer Herkunft. Die Leistung, die Anforderungen des Beschäftigungssystems sowie die finanziellen Möglichkeiten in Gesellschaft, Staat und Wirtschaft müssen die Maßstäbe für die Förderung sein."

16. Unterrichtseinheit
Funktionen der Sozialpolitik

Vorbemerkung

Aus dem Sozialstaatsgebot des Grundgesetzes (Art. 20) als normativer Festlegung und den empirisch unstreitbaren Armuts- und Ungleichheitszuständen ließe sich soziologisch, ohne historischen bzw. politischen Rückbezug, die Sozialpolitik in der Bundesrepublik nur schwer vermitteln. Es wäre allerdings dem Sachgebiet unangemessen und eine Überforderung von Schülern und Lehrer, ‚Sozialpolitik' in zwei Unterrichtsstunden zu vermitteln. Zur Vertiefung bieten sich die bereits erwähnten Materialien an. In dieser Einheit muß leider ausgewählt werden. Es wird hier, wie im Alltagssprachgebrauch auch, Sozialpolitik als Politik der ‚Sozialen Sicherung' betrachtet. Im Kern besteht das System der sozialen Sicherung aus dem Sozialversicherungssystem (RV, KV, ALV), Sozialhilfe und weiteren besonderen Systemen wie BAFÖG, Wohngeld etc.
Über einen kurzen historischen Einstieg und einen systematischen Überblick über die Sozialversicherung wird die Frage diskutiert, ob soziale Ungleichheit durch Maßnahmen der Sozialpolitik aufgehoben werden kann. Diese Diskussion wird je nach Intensität der Unterrichtsschritte 1 und 2 u. U. sehr kurz ausfallen, so daß dieser Problembereich als Hausarbeit vergeben werden sollte.

Material

1. Arbeitsblatt 16 / 1. Teil: Entstehung des Sozialrechts. (Hier bieten die Geschichtsbücher bessere Quellen; allerdings muß dann aber für die Behandlung des Themas erheblich mehr Zeit eingeplant werden.)
2. Arbeitsblatt 16/2. Teil: Übersicht über das System der sozialen Sicherung (durch Schüler ausfüllen lassen). Evtl. kann das Heft ‚Über Sozialpolitik....' (s. Literaturverzeichnis) eingesetzt werden. Es bringt eine leicht verständliche Einführung, die von Schülern der S II an einem Nachmittag durchgearbeitet werden kann.

Ziele der Einheit

Die Schüler sollen
- die Entwicklung des Systems der sozialen Sicherung als Antwort auf die soziale Frage beschreiben können;
- den Aufbau des Systems der sozialen Frage beschreiben können;
- die Notwendigkeit von Sozialpolitik erkennen und begründen können.

Verlaufsskizze

1. Unterrichtsschritt:
Wiederholung des Ergebnisses der letzten Einheit / Vorstellen des neuen Themas

Im kurzen Unterrichtsgespräch wird das Ergebnis der letzten Einheit noch einmal aufgegriffen (oder als Hausarbeit von den Schülern vorgetragen). Die Beziehungen Gleichheit / Sozialstaatsgebot führen zur Forderung nach staatlichen Eingriffen und Hilfen.

2. Unterrichtsschritt:
Entwicklung des Systems der sozialen Sicherung

Anhand der Leitfragen sollen Ursache und Entstehung der sozialen Sicherung erarbeitet werden. (Textarbeit: Arbeitsblatt 16, 1. Teil)

3. Unterrichtsschritt

Vortragen der Ergebnisse und u. U. Fixierung der folgenden Punkte

a) Auflösung der ständischen Gesellschaft erforderte neue Regelung der sozialen Sicherung.
b) Industrialisierung brachte weitere Probleme durch Verstädterung und Proletarisierung = Soziale Frage.
c) Soziale Sicherung als Antwort auf die Soziale Frage.

4. Unterrichtsschritt:
System der Sozialen Sicherung im historischen Überblick

Der Lehrer trägt die wesentlichen Schritte vor. Fixierung durch Tafelbild oder Arbeitsblatt (s. Stundenblatt).

5. Unterrichtsschritt:
System der Sozialversicherung ‚heutiger Stand'

Das Tafelbild entspricht dem Arbeitsblatt 16, 2. Teil. Im Unterrichtsgespräch werden die Lücken ausgefüllt. Hier können die Schüler je nach Vorkenntnissen mehr oder weniger selbständig arbeiten (Tafelbild s. Stundenblatt).

6. Unterrichtsschritt:
Beurteilung der Sozialpolitik / Diskussion

Sozialpolitik kann soziale Ungleichheit sicher nicht aufheben, aber in den entscheidenden Bereichen erheblich mildern (Schutz vor Krankheit, Alter und den Folgen von Arbeitslosigkeit). Das Sozialversicherungssystem verhindert auf jeden Fall Massenarmut (Pauperismus). Massenarmut war bis zu Beginn des 20. Jahrhunderts eine ständige Begleiterscheinung der Industrialisierung und ist auch heute wesentliches Kennzeichen sogenannter ‚Entwicklungsländer'. Teilbereiche der Sozialpolitik, wie Hilfen nach dem BAFÖG, verbessern die Startchancen für tendenziell benachteiligte Gruppen.

17. Unterrichtseinheit
Grenzen des Sozialstaats?

Vorbemerkung

Mit der letzten Einheit dieser Reihe wird ein politisch höchst brisantes Thema angesprochen, die ‚Grenzen des Sozialstaats'. Das Problem stellt sich auf zwei Ebenen:
– Die Krise der öffentlichen Finanzen und der Sozialversicherungsträger.
– Die unterschiedlichen Vorstellungen über das Ausmaß und die Grenzen staatlicher Tätigkeit.

Beide Ebenen scheinen in der öffentlichen Auseinandersetzung miteinander verwoben und lassen sich auch in der didaktischen Analyse nicht voneinander trennen.
Die Legitimation ständig steigender Sozialausgaben, die letztlich die Krise der öffentlichen Finanzen mitverursacht haben, erfolgte auf den Verweis auf ‚Chancengleichheit', Gerechtigkeit und Propagierung des ‚Wohlfahrtsstaates'. Die Kritik benutzt das umgekehrte Schema: Bevormundung, ‚Soziale Hängematte' etc. führte dazu, daß dem Staat immer mehr Gelder fehlen, die nur durch einen riesigen Einkommenstransfer zu beschaffen sind. So erscheinen dann auch die unter finanzpolitischen Gesichtspunkten u. U. gebotenen Kürzungen einerseits als Abbau notwendiger Leistungen, andererseits Abbau von Mißständen. Für eine hinreichend abgewogene Beurteilung sollten beide Ebenen des Problems vorgestellt und behandelt werden. Erst dann scheint eine Diskussion aktueller Fragen – Haushaltssanierung, Rentenfinanzierung etc. – sinnvoll. Da die Schüler der S II zum Teil bereits wahlmündig sind, sollte dieser Aktualisierung nicht ausgewichen werden. Als Erweiterung der Stunde empfehlen sich Presse/Zeitschriften und Stellungnahmen der Parteien etc. (evtl. als Referate).

Material

1. Im Anhang zur Verlaufsskizze sind einige Daten zum Sozialbudget abgedruckt, die in der Einheit verwandt wurden. Es empfiehlt sich, die jeweils aktuellen Daten heranzuziehen.
2. Arbeitsblatt 17: Stellungnahmen der Parteien zu ‚Grenzen des Sozialstaats'.

Ziele der Einheit

Die Schüler sollen
- die Grenzen des Sozialstaats an dem Problem der Finanzierung von Sozialleistungen erkennen und beurteilen können;
- die ideologischen Vorstellungen zu Grenzen des Sozialstaats kennen und dazu Stellung nehmen können.

Verlaufsskizze

1. Unterrichtsschritt

Kurzer Lehrervortrag (evtl. anhand einer aktuellen Meldung) zur Frage:
Ist der Sozialstaat nicht zu bezahlen?
Die kurze Diskussion leitet zum zweiten Unterrichtsschritt über.

2. Unterrichtsschritt:
Wachstum und Umfang der Sozialleistungen

Die auf Seite 77 aufgeführten Zahlen zur Entwicklung des Sozialbudgets geben recht anschaulich die Entwicklung der letzten Jahre wieder. Für den Unterricht empfiehlt es sich, jeweils die aktuellen Zahlen heranzuziehen und evtl. als Umdruck zu verteilen. Der Schülergruppe sollte auf jeden Fall relative und absolute Höhe des Sozialbudgets einsichtig gemacht werden.

3. Unterrichtsschritt:
Ursachen der Entwicklung

Über die Beschreibung der Veränderung/Erhöhung des Sozialbudgets hinaus sollten nun Hypothesen über die Ursachen aufgestellt werden:
- Veränderung der Sozialstruktur,
- Veränderung der Anspruchsstruktur,
- politisch beabsichtigte Ausweitung der Sozialleistungen.

4. Unterrichtsschritt:
Grenzen des Sozialstaats

Textarbeit: Arbeitsblatt 17.
Die Stellungnahmen spiegeln die ideologischen Komponente der o. a. Entwicklung wider. Die gegensätzliche Begründung bzw. Ablehnung weiterer Sozialausgaben ist hier gekoppelt mit einer ‚Beschreibung' des Begriffs ‚Sozialstaat'.

5. Unterrichtsschritt:
Darstellung und Diskussion der Ergebnisse aus der Textarbeit

Neben der Textreproduktion soll den Schülern ausreichend Raum für eine persönliche Stellungnahme gegeben werden. Um den Zusammenhang zwischen finanzieller Begrenzung und ‚ideologischer' Begrenzung des Sozialstaats deutlich zu machen, sollte der Lehrer auch die finanzielle Komponente mit in die Diskussion einbringen: ‚Die Sozialquote steigt von 16 % auf 24 % des Bruttosozialprodukts – wie kann das weitergehen?' Hier können dann die Schüler Vermutungen über die Leistungsfähigkeit des Sozialbudgets und seine Finanzierungsmöglichkeiten äußern. Auch hier empfiehlt es sich, aktuelles Material einzusetzen. Die wohl noch einige Zeit anhaltende Finanzierungskrise der öf-

fentlichen Haushalte wird sicher für genügend Diskussionsmaterial sorgen.
Der Zusammenhang zwischen finanzieller Begrenzung und ideologischer Beschränkung des Sozialstaats sollte abschließend mit einem Tafelbild veranschaulicht werden (siehe Stundenblatt).

Text zu Unterrichtsschritt 2

Das Sozialbudget

Das Sozialbudget soll auf eine mittlere Frist über die Höhe, Struktur und Entwicklung der Kosten der sozialen Sicherung orientieren und eine Hilfe bei Entscheidungen über die Einkommensverteilung zugunsten der Empfänger von Sozialleistungen geben...

Sozialbudget (nach Institutionen)
Leistungen in Mio. DM

	1950	1960	1970	1975	1979
Soziale Sicherung	11.795	39.671	109.086	229.147	318.851
Soziale Hilfen	1.132	2.016	6.995	19.035	24.725
⋮					
Sozialbudget insgesamt	15.712	46.710	127.311	263.542	362.729

Sozialbudget (nach Institutionen)
Leistungen in v. H. des Bruttosozialprodukts – Sozialleistungsquote

	1950	1960	1970	1975	1979
Soziale Sicherung	12,1	13,0	15,91	22,02	21,10
Soziale Hilfen	1,1	0,6	1,02	1,83	1,64
⋮					
Sozialleistungsquote	16,0	18,03	18,57	25,33	24,00

Zit.: Übersicht über die Soziale Sicherung, Hrsg. v. Bundesminister für Arbeit und Sozialordnung, Juli 1977, S. 25ff. in Auszügen.
Die Daten für 1979 stellen aus damaliger Sicht Projektionen dar, die aber insgesamt erreicht wurden.

Stundenblätter Geschichte/Gemeinschaftskunde

Sekundarstufe II

Blumenthal, Hans Ulrich/
Schlenker, Michael
Industrielle Revolution und Soziale Frage
Klettbuch 927621

Deichmann, Carl
Politische Parteien
Klettbuch 927551

Göbel, Walter
Deutschlandpolitik im internationalen Rahmen
Klettbuch 927671

Größl, Wolf-Rüdiger/
Herrmann, Harald
Die Russische Revolution und die innere Entwicklung der Sowjetunion bis zum XX. Parteitag
Klettbuch 927651

Größl, Wolf-Rüdiger/
Herrmann, Harald
Das Dritte Reich – Beispiel eines faschistischen Staates
Klettbuch 927721

Maier, Gerhart/
Müller, Hans Georg
Die Weimarer Republik
Klettbuch 927121

Mühlhoff, Friedbert/
Reinhardt, Sibylle
Rollentheorie
Dahrendorfs „Homo Sociologicus" in der Sekundarstufe II
Klettbuch 927541

Scholdt, Günter
Deutschland nach 1945
Klettbuch 927691

Schulreich, Heimo
Die Entwicklung des Parlamentarismus in Deutschland 1848–1918
Klettbuch 927521